中国当代著名教学流派·名校文库

勤志：坚守中创新教育之道

QINZHI: JIANSHOU ZHONG CHUANGXIN JIAOYU ZHI DAO

李新生 著

SPM 南方出版传媒 广东人民出版社
·广州·

图书在版编目（CIP）数据

勤志：坚守中创新教育之道 / 李新生著．—广州：广东人民出版社，2020.7（2023.1 重印）
ISBN 978-7-218-14401-6

Ⅰ．①勤… Ⅱ．①李… Ⅲ．①中学教育－教育工作－经验－济南 Ⅳ．① G63

中国版本图书馆 CIP 数据核字（2020）第 134874 号

Qinzhi：Jianshou Zhong Chuangxin Jiaoyu Zhi Dao
勤 志： 坚 守 中 创 新 教 育 之 道

李新生 著

出 版 人：肖风华

责任编辑：陈泽洪 李幼萍
执行编辑：韦 玮
责任技编：吴彦斌 周星奎
封面设计：焦海崇
内文设计：杜 玲

出版发行：广东人民出版社
网　　址：http://www.gdpph.com
地　　址：广州市大沙头四马路10号（邮编：510199）
电　　话：（020）85716809（总编室）
传　　真：（020）83289585
天猫网店：广东人民出版社旗舰店
网　　址：https://gdrmcbs.tmall.com
印　　刷：北京一鑫印务有限责任公司
开　　本：787 毫米 ×1092 毫米　1/16
印　　张：15.75　字　数：320 千
版　　次：2020年7月第1版
印　　次：2023年1月第3次印刷
定　　价：58.00 元

如发现印装质量问题，影响阅读，请与出版社（020-85716849）联系调换。

P 序言
REFACE

与名师为友，走向优秀

自改革开放，尤其是进入 21 世纪以来，我国教育事业取得了巨大的成就。城乡免费义务教育全面实现，职业教育快速发展，高等教育进入大众化阶段。教育公平迈出了重大步伐，全民素质大大提高，从人口大国向人力资源强国的转变逐步实现。但我们必须清醒地认识到：我国教育还不能完全适应国家经济社会的发展，还不能完全满足人民群众接受良好教育的需要。2010 年 7 月，党中央、国务院召开了 21 世纪以来第一次全国教育工作会议，颁发了《国家中长期教育改革和发展规划纲要（2010—2020 年）》（以下简称《规划纲要》），描绘了未来教育改革发展的宏伟蓝图，指明了今后教育事业科学发展的方向。《规划纲要》提出：到 2020 年，我国要基本实现教育现代化，基本形成学习型社会，进入人力资源强国行列。这是一项艰巨而光荣的任务。要完成这个任务，需要广大教育工作者辛勤劳动、开拓创新，尤其需要一线教师坚守教育理想，提高专业素养，创新教育教学模式。因此，当前教育改革发展的一项紧迫任务，就是要建设一支师德高尚、业务精湛、结构合理、充满活力的高素质专业化教师队伍。

时代呼唤优秀教师。有一流的教师，才有一流的教育；有一流的教育，才有一流的国家。《规划纲要》明确指出，“有好的教师，才有好的教育”“倡导教育家办学”，要“创造有利条件，鼓励教师和校长在实践中大胆探索，创新教育思想、教育模式和教育方法，形成教学特色和办学风格，造就一批教育家”。教育改革的一个重要任务，就是培养一大批拔尖创新人才，但正是在这个问题上，我们遇到了瓶颈。当然，杰出人才的培养受到诸多因素的制约，其中一个重要原因，可能就是教育家型的教师还比较少。名师出高徒，伟大的事业呼唤伟大的人才，英才的涌现呼唤一流的教师。出名师、育英才、成伟业，是时代赋予我们的神圣使命。

那么，怎样才能培养出优秀的教师？一个重要途径就是让广大教师们向杰出的前辈、同行学习。只有向最优秀的榜样学习，并在学习的基础上不断创新，一名教师才可能走向优秀。改革开放以来，随着教育改革的不断深入，教育战线涌现出了一批杰出教师。他们痴情教育事业，默默耕耘，刻苦钻研，勇于创新，不断进取，不断超越，形成了各具特色的教育思想和教学风格。正是他们的成功实践，创造了具有中国风格的教育经验，丰富了具有中国特色的教育理论宝库。他们的经验，对广大普通教师的成长具有良好的启示作用和重要的借鉴意义。总结、宣传和学习他们的经验，是打造一支优秀教师队伍的有效途径。本书详述、总结了济南市历城第二中学校长及该校一批杰出教师的先进办学、教学经验，尤其是提供了学校校长、名师教育思想的精华、成功的教学案例以及他们走向优秀的心路历程，这必将给其他教师带来启发和思考，并对教育教学工作起到积极的推动作用。一个教师如果愿意潜下心来，钻进这本书，学习优秀的经验，与名师为友，与高尚的心灵对话，进而反思自己的教育教学生活，那么他在教育教学上必将悟出些育人之道，并且走得比别人更远，超越前人。

古人云："国将兴，必贵师而重傅。"兴国必先强教，强教必先重师。教育大计，教师为本。加强教师队伍建设包括培养一大批优秀教师，是教育事业最重要的基础工作。编写这样一本书，就是为了探寻教育工作者的智慧，并分享他们成功的教育教学经验。

为丰富中国教育理论，形成具有中国特色、中国气派和中国风格教育理论体系摇旗呐喊是一件非常有意义的工作。希望本书走进更多的学校，走近更多的教师，为新一代优秀教师的涌现播撒希望。

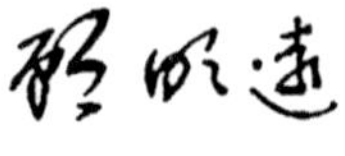

C 目录 ONTENTS

引论：办老百姓身边的现代化高中学校 001

第一章：勤志领导，用管理创造一种管理 019

写在墙上，不如校长先做出样子 022

一次行动是姿态，反复行动才能塑造实力 028

人人在行动，还要岗岗在心中 037

只有“坚守”，才能转化为“创新” 043

创建“小管理”，回收大格局 050

第二章：勤志行为，“人人做得出来”才叫学校文化 057

什么是“人生在勤”？ 060

什么是“志达天下”？ 067

“勤志教育”怎样实现？ 076

第三章：勤志价值，“好学生”才是学校的特色 087

好学生，从道德到智慧的教育逻辑 090

好行为，从行动到道德的教育过程 098

好教育，从身教到行动的教育示范 108

第四章：勤志动力，“好老师”担纲教育王道 115
“一张王牌”：新手还是名师，都在发展的路上 118
“三个升华”：我有我的目标，我要领导好我自己 123
“三大工程”：对号入座，成长过程殊途同归 128
“四个平台”：让每一个人都有自己的舞台 131
“教学中心”：教师专业归属得到认同和践行 135
“心无旁骛”：从“一个插座”到“一座座楼房” 138

第五章：勤志根基，“守标准”守正教学质量 141
顺势而行，课程与教学有了勤志思维 143
坚守高地，把每个学科都建成品牌 152
开放思路，学校物态文化的课程取向与统筹 162
释放价值，每个学科都是一个完整系统 168

第六章：勤志未来，“艺术与科学”铺就人人成才路 179
艺术与科学对话的教育根基 182
从科技创新到“普惠创客”的科学时空 187
从艺术到审美的教育大格局 204

第七章：勤志服务，“影响力”担当名校公共大义 215
以“示范·迁移·应用”来实现教育价值增值 218
以“一体三类”基本体制实现二中经验迁移 223
以“内善外达”探索教育服务路线 226
以“专业一体”来实现共同发展 230
集团化学校发展价值之约 239

引论
NTRODUCTION

办老百姓身边的现代化高中学校

老子说：上士闻道，勤而行之；中士闻道，若存若亡；下士闻道，大笑之，不笑不足以为道。

意思是说：上等智慧的人懂得了道理，勤勤恳恳，埋头实干，努力去实行；中等智慧的人听说了道理，将信将疑，犹犹豫豫，等待观望；下等智慧的人，即使告诉他道理，他也会认为这空洞无边，旁观嘲笑，这样的人也不少啊。

回顾我在历城二中当学生读书、当老师教学、当校长做教育的几十年，特别是从 2001 年 8 月至今的 20 年，“勤而行之”已经从外在的管理变成全校师生共同的价值认同，并成为一种行为习惯，深深地烙进历城二中的每一个日日夜夜。

2018 年，是历城二中发展历史上的又一个里程碑：这一年，是学校建校 60 周年；这一年，学校整体搬迁到历城唐冶新校区；这一年，学校已连续 3 年被新浪山东评选为“山东省最具综合实力高级中学”……2019 年，历城二中在一个高起点上再一次腾飞，在教育部、人社部公布的“全国教育系统先进集体”名单中，二中榜上有名；在“齐鲁名校长”“齐鲁名师”“山东省优秀教师”评选中，二中师生与领导脱颖而出；12 年一贯制集团化办学结构与模式建立，吸引亚洲基础教育年会在学校召开……面向 2022 年的教育现代化，展望 2035 年基础教育发展的格局与应变，二中人选择继续通过提升格局来打开教育的视野，站在新的起点，开拓新的无限可能。

然而，回望历城二中建校60年，正是这一段段艰苦的历程，一幕幕奋斗的场景，一次次咬牙的坚守，构成了这所农村高中学校走向全面教育现代化的坚守与创新之道。

二中发展故事

历城二中从1958年建校至今，随着时代的大潮起伏变迁，不但学校校名曾有变更，校舍所在地也几经搬迁，发展过程是曲折而艰难的，但幸运的是，由于坚守教育的规律和原则，学校始终走在一条不断超越自我的路上。

1958年春天，首任校长尚一带领筹备小组筹建学校。9月1日，学校正式开学，校名为山东省历城第三中学，当时只招了初中一级新生8个班，432名学生；1961年，高中一级新生96人入学；1962年，校名由山东省历城第三中学改为山东省历城第二中学；1964年，第一届高中学生毕业，高考录取29人，升学率33.7%，同年，尚一校长调离；1987年，历城撤县建区，校名改为济南市历城第二中学。

我是在历城二中读高中而后考上的大学，1990年从曲阜师范大学毕业后分配回到历城二中，便开始了30多年的历城二中教育人生。

大学毕业回校任教，本来是值得高兴的事情，但是，当时我印象特别深的是，8月29日我来学校报到那天，学校里正好在举行开学前的全体教师大会，我的一个高中同学当时在学校里教政治，他遇见我后很吃惊地问："欸？你怎么来了呢？！"我也很惊讶，说："我怎么不能来？"他说："你是本科毕业的，怎么可能来历城二中工作呢？"原来，当时历城二中无论是教育质量还是社会地位，都是非常低的，在大家的心目中，本科毕业生来到历城二中任教就不太正常！师专毕业或中师毕业的才来这里，本科毕业生在当时就是要进市直学校，要留在济南市区的洪楼地区——即便是到历城三中一类的学校，也不可能到历城二中。我只好调侃地说："没办法，没有条件、没有本事，就只能来到这里了。"他说："哎呀，可惜了。"

的确，从 20 世纪 80 年代至 90 年代初，分配来学校的教师多数是专科毕业生，也有很多老中专、老高中毕业生，直到 1997 年学校的师资达标率才基本达标，当然是含初中、专科毕业师资。

那一年同我一起被分配过来的本科生有 3 个，另外两位教师后来都调到了历城四中，就是现在的高新区实验中学，这两位教师来得也都比较晚，其中一位教师晚来了一个多月，现在看来，可能也是不太情愿来当时知名度和条件都不高的历城二中。其实，现在历城二中在职的几位学校领导，他们从师范专科毕业后，也有的因为不满意分配而晚来了一个多月——就是想去其他单位或者历城区的其他学校。

当时，就是这么一个状况，在很长的一段时间内，很多县级中学、乡镇中学都比历城二中有吸引力，宁可去历城职专也不来历城二中的老师、学生比比皆是，原因是他们认为在历城二中工作、求学没有尊严。

是的，不仅仅是因为历城二中地处农村，关键是在当时，在社会的评价和舆论中，这还不是一所好学校。在 20 世纪 90 年代初，一直到 1995 年之前，历城二中对师生的吸引力是赶不上历城职专的，很多学生宁可去历城职专也不来历城二中，是因为当时上职专还比较好找工作，但在历城二中连升学都很难。

其实，一个更加典型的事例是：到目前为止，历城二中建校已经有 62 年了，但是在二中退休的教职工人数加起来只有 50 多个人，这批退休职工中还有 30 多人是这十几年退休的。出现这个状况的原因是，很多人在工作中途都调走了，“有本事”“有条件”“有能力”的人在当时都想尽各种办法调走了。所以说，过去的历城二中就是“人才输送器”，干得好就走。1990 年，我来到这个学校，跟我同时期来的老师，能坚持到现在的已经很少了，这就是我们学校的历史：综合实力很差，社会地位不高，教师缺乏职业尊严。

尊严不会从天而降，当然也不太可能有一蹴而就的捷径，无论是个人还是学校，发展在于坚守教育的规律、顺应时代的需要、创造自己的机遇。当时的我认为，只要满怀希望，勤勉行动，历城二中总会改头换面——我有这个决心和信心。

1994 年，历城二中开始争创省级规范化学校，实施了规范办学条件、绿化美化校园、强化学校管理、加强学生培养等多重举措。1997 年 9 月 21 日，山东省教育厅派出的省级规范化学校检查验收小组对学校进行了全面考核，对学校工作给予了充分肯定，学校顺利通过验收，成为历城区第一所省级规范化学校，为学校的进一步创新发展奠定了基础。

2001 年 8 月，我接任历城二中新一任校长，开始了 20 年不间断的学校发展历程。我上任之初，学校迎来的最大机遇，也是最大的挑战就是济南市教育局 2002 年开始的“五个一教育优化升级工程”。历城二中从优化升级工程开始，历经四大步教育发展战略，通过近 20 年的时间，努力一跃，成为济南市乃至山东省最好的学校之一。

第一步战略，优化升级战略。2001 年 12 月，在济南市基础教育工作会议上，历城二中被确定为第一所优化升级的高中学校，自此，我便带领老师们走遍全国各个知名的教育装备企业考察、比较，我也从那时开始，了解并熟悉了全国教育装备的整体状况——从发挥自己擅长的历史专业知识到逐渐掌握学校软硬件整体装备的大学问，这一过程只有靠着亲临现场的努力才能实现。为了一间理化生实验室的装备，我带领几位老师走遍全国，反复比较质量与价格，后来，历城二中所装备的每间功能教室都成为了当地学校学习的标杆。就这样，到 2002 年 5 月，在短短的时间内，我们就完成了一系列的硬件装备：完成理化生实验室、仪器装备室的装备，基本达到一人一组的实验标准；完成动植物标本室、语音室、劳动技术室、多功能电教室、科技活动室、学术报告厅、美术书法综合教室、舞蹈教室、史地综合教室、音乐教室等 17 个功能室的装备；完成图书馆现代化管理和阅读系统的装备；建立校园骨干网，建设校园软件信息平台及资源系统、管理系统，完成学校闭路监控系统的设置；完成校园广场建设，建设了文化长廊；完成学生公寓设施配套工程，做到设备齐全；完成校园绿化美化工作；完成运动场工程；完成学生餐厅综合楼主体工程等辅助设施建设；完成学校公寓建设工程，包括 6 座教工宿舍以及教学楼扩建、改建，校史馆建设等；最终形成了《济南市历城二中优化升级行动标准》。优化升级让学校发展到达了一个全新的起点上。

第二步战略，精细化与扁平化管理。虽然是第二步战略，但事实上，精细化管理的实施在时间序列上也大约开始于2001年。历城二中的精细化管理是指在管理过程中把事情做精做细，做到位，做出质量，做出品位。我们认为："精"就是指管理行为准确有效，没有任何盲目性，做事的人要有精益求精的心态；"细"指的是管理效力的每一个环节、每一个流程、每一个细节都认真对待，用心去做，专心致志。这是一种全过程、全员、全方位的管理，是一种建立在优秀制度文化基础上的岗位责任管理。由此，从"管理无空白""细节在于细心"到"抓不落实之事，查不落实之人"，一直到最后的"扁平化管理"的实施，实现了"用管理创造管理模式"的发展之路。扁平化管理加强"顶层"建设，强化决策职能，弱化"中层"管理职能，强化服务意识，加强"基层"的"级部"建设。"顶层"设立校长、副校长（专职）岗位，其他领导全部下到级部，其中两名副校长兼任级部主任，与其他领导组建管理团队，管理团队在级部主任的统一领导下开展工作。级部管理团队办公地点设在级部，靠近师生以便实施管理。这一管理体制变"纵向"为"扁平"，降低了管理重心，减少了中间环节，整合了管理职能，克服了纵向管理中的多头、分散管理带来的扯皮现象，提高了管理效率，把被旧体制束缚的活力释放出来。由于管理中间层的压缩，学生、教师、校长之间建立起了相互理解、良性互动的关系。

第三步战略，名校品牌战略。2002年，历城二中与山东省实验中学、山师附中、济南外国语学校、济南一中共5所学校开始了第一批次招生，学校也进一步强化了"从行为习惯到道德人格"的学生发展战略，从要求学生理平头、不化妆、不染发，到要求学生穿校服、不时髦、不攀比，再到开展一日常规、一周活动、一月主题教育，引领学生"先学做人"的教育逐步显现效果，不仅生源结构与质量开始逐步优化，而且教学成绩开始提高并实现在济南市的全面领先，学校成为许多初中毕业生的报考首选，社会赞誉度开始提升。2004年开始，学校成立教科室，着力打造名师队伍，并与中国教育学会合作，全面引入各级各类专家资源，形成了学术研究的氛围，构建起了教研模式、教学模式、课程开发模式、名师成长模式等，培养了一支以全国领航校长、齐鲁名校长、齐鲁名师、特级教师为代表的优秀师资队伍，到现在为止，教师队伍品牌已经建立起来。2008 年，历城二中开始举办奥赛，加强拔尖人才的培养，并取得了显著成效，获奖人次在全山东省领先，最近 10 年，历城二中的奥赛成绩在山东省都是最好的；同年，历城二中开始开展科技创新教育，坚持实抓、创新干，现在我校的科技创新教育在全国走在前列。2010 年，历城二中开始抓艺术教育，到目前为止，我校的艺术教育在全省都是一面旗帜。现在，历城二中全面发展，并在全国享有一定声誉，成为在整个山东省被大家普遍认可的一所齐鲁名校，历城二中的学生品牌、教师品牌、教育品牌逐一建立起来。现在看来，以学生行为习惯为主体的人格道德教育，以高素质人才培养为目的的学科奥赛等课程建设，以名师为代表的教育家型教师队伍建设，以及面向未来普惠发展的科技创新教育，惠及学生一生的艺术美学教育，基础教育 12 年一体化的集团化办学模式等，都构成了历城二中教育的品牌。

第四步战略，文化服务战略。现在的历城二中尽管还有许多需要完善、需要发展的地方，特别是在教育品质与价值上的再发展、再提升还有很多可行的空间，但是，“勤志教育”的品牌已经建立并深入人心，“勤文化”成为每一个历城二中人都坚守的人生信条，并一直影响着每一个师生的家庭，产生了广泛的社会效应。名校就要担当名校的责任与义务，而历城二中的集团化办学就带来了这样的文化服务条件。学校积极探索“教育集团 + 优质学区”的办学模式，构建“1+N”发展、集成创新的新格局，让学区内的家长有更高的“获得感”，把唐冶新区打造成全市的教育高地，促进区域教育优质均衡发展，让孩子享受高品质的教育，从而打造区域基础教育优质均衡发展的新样态。展望未来，历城二中给出了回答：教育是“不易”的，历城二中在坚守“勤志教育”的教育规律；教育是“变易”的，历城二中通过特色发展担当起教育的大任；教育是“简易”的，历城二中的扁平化管理正在供给教育新动力。一所学校的探索，一个案例的解读，会伴随着新一轮教育改革产生更深远的价值，新的历城二中，新的征程，就在脚下的这片土地上延伸。

在这四步战略发展过程中，有一个坚守不变的“道”，那就是学生成长的基本规律，既包括学生在学校里的成长，也包含着学生一辈子的成长。我们知道：考试成绩只决定学生一时的成败，而好习惯、好品质才是助人成功的根本。为学生发展计长远，是我和历城二中做教育的坚定选择。

历城二中和历城二中教育集团就是在这样的坚守中创新发展起来的，这个过程靠的是什么？这个品牌的打造靠的是什么？第一是靠“坚守”，也叫守正，即坚守住历史上形成的有利于学生和学校发展的优良传统和好作风，比如敬业奉献精神、吃苦耐劳精神等；第二是靠“创新”，敢想敢干，比如开展科技创新、艺术教育、学科建设等，我们做到了一些学校都在讲，却没有去做，至少是没有做好的事情。

在 60 多年的发展过程中，历城二中从教学质量到发展规模都几经波折，学校最终从一间各方面都尚显薄弱的农村中学，发展成为今天老百姓心目中极具综合实力的齐鲁名校，在二中执教也成为让人羡慕的工作。这个过程是品牌建设的过程，是文化发展的过程，是学校一步一步踏踏实实走出来的勤志之路。

二中发展的基本规律

在 2019—2020 学年的开学大会上，我向全体教师提出了历城二中发展的新问题与新的方向：“怎样通过提升格局来打开视野？”在工作上，作为领导者，我带给大家的应该是始终向前看的思维方式与人生态度，然而，面对着二中已经开启的新的 60 年，我认为回望才能促使二中人明白应如何面对过去，如何更好地前行。

在“认真、实干、不打折扣”的群策群力发展中，历城二中从全国同类高中学校中脱颖而出，在中国的农村大地上，用自己坚实的脚步一步一步走出一条发展之道，概括地说，即遵循信奉“人生在勤，志达天下”的过程中所自然创生的“勤志教育”之道。“勤志教育”既是二中 60 多年办学的结晶，也是学校近 20 年坚守与创新的自然结果。坚守了教育的规律和底线，并积极探索一个孩子、一个家庭、一个国家民族的未来，才有了今天这所好学校发展动力源源不竭的局面。

“勤志教育”不是一个概念，也不是一个口号，更不是由学校领导所设计出来的一个教育愿景，而是实实在在地在中国农村的高中教育背景下，在济南历城的地域文化熏陶下，由历城二中全体师生长期践行的自然结果。所以，“勤志教育”既是一个“果”，又是一个“道”，从这个“果”出发，不断反思与挑战自我，才能更好地坚守教育发展的“道”。

如此，就可以概括二中发展的基本规律。

1. 把“人生在勤，志达天下”的常规坚守成了“勤志”文化。作为一名校长，我常常有一种“错觉”：历城二中的领导和老师们都有一股子“傻气”，只会干不会说——听说什么是对的，马上就有人去落实，从来没有人犹犹豫豫，更没有人说“这个事让人家干，咱们不干”。

正是有了这样的一群人，才能够二十年如一日，将“人生在勤，志达天下”这么普通的“道理”付诸实践。现在看起来，让很多人觉得有些“傻气”的历城二中人，走出了一条“上等智慧人”该走的路。而学校所秉承的“为每一位师生搭建成长的阶梯”的办学理念，更是成为历城二中每一位教职员工内化于心的教育原则。

这条路就是历城二中“人生在勤，志达天下”之路，这条路是通过“勤而行之”才“行”的。看一个人“行不行”，看一所学校“行不行”，不单是看能力、看成绩，而且是看“有没有行动”。行不行？行动了，你就能“行”；不行动，你再有本事，你也“不行”。这个道理就这么简单，而历城二中人每一天去“行”，一直“行”了20年，在教育方面给出了一个“勤而行之”的标准答案。

文化是现实中的行动者通过每一天的努力创造出来的，正如梁漱溟所说：“文化不过是那一民族生活的样法罢了。”一个团队在教育这件事上加以坚持，持之以恒，该团队就会拥有内在的信仰，团队的文化也就形成了。历城二中的文化，就是历城二中建校60年，特别是快速发展近20年以来，每一个人、每一天、每一件事中教育生活方式的累积和再现。比如有“人生在勤，志达天下”的信念、极为整洁的校园、人人自律的行为、超前领先的教学质量，还有许许多多可以被传承迁移的社会口碑。透视历城二中的教育密码，从文化视角观察，学校有了自己的话语体系和文化风格，更重要的是，历城二中的话语体系在平实自然中拥有耐人品味的持久影响力。

只有当一种文化彻底濡染人们的观念和信仰的时候，这种文化才有生命力，而人们之所以具有某种特定的行为方式，是由于他们认为那些方式是正确的，或者在很多实际情况中并不能想出其他可行的方式。历城二中的文化深深地感染着每一位教师、每一名学生，并指引着他们的行动，这就是历城二中能够成为老百姓家门口的好学校，能够成为老百姓家门口的现代化高中的文化密码。

在当前的基础教育界，有很多学校做出了“大教育”“新教育”“全教育”，但在历城二中，从校长到老师一以贯之，并且影响到学生的，反而是“不跟风”“守标准”的“小教育”，简简单单，大道归真，持之以恒，与时偕行，这让历城二中在 2016 年、2017 年、2018 年连续获评“山东省最具综合实力高级中学”。

这个过程是“勤志教育”的发展过程，也是“勤志文化”的发展过程。文化和教育是人类社会在共同的社会生活中所独创的，二者相互促进又相互制约，由于文化和教育都有一个根本属性——“以人为本”，二者在功能上常常密不可分。历城二中的教育和文化自然也是相互依存的，而且，每一个细节都能够充分体现文化的教育功能，以及教育的文化选择。

2. 将“勤志教育”转换并深化为学校的“管理”策略。二中提倡用管理创造一种管理，第一个管理指的是“勤志教育”实施的过程，第二个管理指的是“勤志教育”创造的管理模式。为什么我们将二中的发展经验聚焦到管理上呢？这其实类似于上层建筑和经济基础之间的关系，理论来源于实践，实践是检验真理的唯一标准，所以管理就是学校发展中唯一具有决定力的实践。

历城二中倡导“为每一位师生搭建发展的阶梯”，每一位师生，既是指师生的全体，又是指发展的全面，每一个人的全面发展是所有人全面发展的条件，而优质的办学质量、完善的人格塑造、普惠的人才培养，体现了历城二中文化的全覆盖。历城二中让学生在实践中创新发展，突出科学、艺术、体育以及学科实践的机会，是因为“生产劳动给每个人提供全面发展和表现自己全部的即体力和脑力的能力的机会”①，并且认为，这有助于促进“建立在个人全面发展和他们共同的社会生产

① 中共中央马克思恩格斯列宁斯大林著作编译局. 马克思恩格斯选全集：第三卷 [M]. 北京：人民出版社，1960：644

能力成为他们的社会财富这一基础上的自由个性”①的发展。

历城二中管得严，这是遵循文化规律的“严”，也是基于学生共性基础上个性自由的“严”。我们学校全体师生从发型到着装，从一举一动到承担大责，都要符合严格的统一要求，这是基于我们对“全面发展”中的共性基础的理解而提出来的。另一方面，全面发展如果界定为人的每个方面都得到完整、充分的发展，这几乎不可能实现，在马克思的理论中，全面发展隐含着人的个体独立性，每一个生命个体的完整的生命体验、成长经历是核心，而每一个人如何发展是他的自主行为。因此我们强调在实践中创新发展，这是基于我们对“全面发展”中的自由个性的理解而提出来的。综合来看，符合人的生命个体的发展需要的发展就是全面发展的理想状态。每一个人都有着不同的经历，无论是物质活动还是精神活动，在这个过程中，发展与活动是一体的，那么，促进人的全面发展就是要让人有更多的经历。

从教育的价值和意义来看，教育也是一种经历，没有生命的经历和历练就没有教育发生，这就是教育过程的本质。现实的经历是教育的一部分，而人类创造的文明成果往往存在于精神和历史的层面上，很多时候和学生的人生体验并不一致，教育的作用就在于创造一致性，让个人的发展与人类的成果形成一致性，这就是文化价值存在的哲学根基。

简单来说，现在做什么样的事，将来就会成为什么样的人！怎么做呢？说到底就是管理。

山东省有很多高中学校在发展过程中都是昙花一现，问题大都出在他们只强调“术”，忽视了“道”，忽视了一个国家、单位、学校要发展，其核心在于深层次的东西。“物有本末，事有终始”，教育要还原深层次的东西，就是要还原事物的本质，就是要“让人学会做好人”。人没有天生的好习惯，好孩子更需要好教育，关键在于如何引导。“勤志教育”能够真正促进学校的发展，历城二中能够发展到现在，其核心就是靠管理。而管理靠的是理念和一个一个的具体细节。

很多校长跟我说：没有时间做管理，我们要紧抓学习，老师要把更多的时间放

① 马克思，恩格斯．马克思恩格斯论教育［M］．北京：人民教育出版社，1986：133.

到组织教学中去。我觉得这就是舍本逐末。学习不是单纯地靠投入时间，学习是要讲求环境和氛围的。比如信教的人要去做礼拜，有人会有疑问：为什么非要去教堂做礼拜，在家不可以吗？其实那是不一样的，因为当你身处那个环境中，会产生那种虔诚的感觉，这就是宗教仪式感对人的影响。同样，好的学习环境不是天然而成的，而是靠管理而来的，在这样的环境里才能让学生养成良好的习惯，发展出胸怀、修养和审美能力，这就是我们管理的目的。

的确，学生学习的时间很重要、老师备课也很重要。老师付出很多，学生特别刻苦，他们却不能获得很好的成绩、不出效果，原因是他们没有抓住管理的核心，而管理的核心是要让孩子养成好的习惯。层次较低、成绩较差的学校都有一个通病——管理落后。有的人说应归咎于老师的积极性之类的——其实那些都是外在的表现，内在的问题还是出在管理上。2001 年，历城二中对学生的发型和校服提出了要求，这一举措在一开始实行时引起了一些非议，但是当时我们认为：这是符合教育规律、符合中国式审美追求的事情，是没有错的。于是，不管别人怎么说，我们就是这么做了，并且最后坚持下来了。今年是我们坚持的第 19 年，如今没有人再有非议了，家长也很放心地把孩子交给我们——原本热衷于玩手机的同学把手机上交了，不愿理发的同学也都主动去理发了，有的同学胸前挂的吊坠也都摘下来了，因为他们也认同了这些做法，历城二中的文化和品牌就是这样慢慢凝聚起来的。

历城二中的管理靠的不仅是制度，在深层次上靠的更是文化管理——依托于“勤志教育”而实施的文化管理。不仅仅是学生发生了变化，事实上转变更大的是老师。许多从师范院校毕业来到历城二中任职的老师，经过 5 年、10 年的历练后，不仅在做题速度和讲课水平上有所提升，而且个人的事业心也愈发增强，个人的品位和人生境界也大幅提升。文化是一种审美表达，管理是促成这种审美表达的动力。

从文化角度来看，“为每一位师生搭建发展的阶梯”就是让每一位师生都能够有所体验，都有自己发展的阶梯，并且我们对此深信不疑。法国思想家布尔迪厄认为，每一个社会成员对其文化都有他们自己的解释。他也反对结构主义的“语言决定言语”的假设，认为意义是通过实践不断地“酿造”出来的，因此会随着时间不断变化。法国哲学家德里达则比布尔迪厄更进了一步，他主张意义的结构永远不可能被完全转译，也不可能通过参考外部世界而固定下来。所有文化，包括我们自己的，都是自我结构、自我控制的意义世界。①每个人都在实践、行动，一种教育模式就随之建立起来了。

这就涉及学校办学经验的核心问题——品牌和文化。我们注重品牌建设。打造品牌是一个长期过程，只有日积月累，经过漫长时间的坚持，才能够形成自己的风格，形成自己独特的文化，这种文化才能为社会所认可，从而形成品牌。每一位加盟历城二中的老师都知道自己必须明确这一点，这是身为二中人的共识。

勤志合一的中国教育

历城二中与“勤志教育”是在新中国的土地上建设与发展起来的，具有鲜明的中国文化品质和中国教育传统，二中是具有新时代社会主义文化品性的高中学校。我们也深深地感受到，新的百年在召唤着教育者的坚守和创新，也在召唤着在中国大地上土生土长却有着现代化视野和情怀的教育，历城二中希望走出一条属于中国孩子、中国家庭，具有中国特色的教育道路，也希望能够以此做出品牌、做出标准、做出范式。

“风正校强”，这是历城二中到目前为止能够给出的一套具有中国特色的办学经验与办学模式系统。中国文化里的“风气”是一个独特而有意义的事物，国家和社会层面倡导的是核心价值观和社会风尚，家族与家庭环境里倡导的是家风或者家训，学校里倡导的则是校风的建设，乃至班集体的班风。“风”，似乎看不见、摸不着，但是又无处不在，润物无声。历城二中“校风正”，这是文化表达，也是学校的基本经验。

经历了近 20 年的快速发展，二中塑造了自己的“勤志教育品牌”，也建构起了我们所独有的“勤志教育文化”。

① 罗伯特·莱顿. 艺术人类学［M］. 桂林：广西师范大学出版社，2009：2-3.

一是“学会做人”，从中国教育的根子上来寻找教育的规律和方向。从 10 多年前起，每到开学季，就有很多没有被历城二中录取的学生的家长，要把孩子送到历城二中来借读，选择借读的学生中，有的成绩是很好的，有的成绩却很差。成绩很好的还比较好适应学习进度，因为二中的教学质量高，学生择校到历城二中来借读，能更大程度地促进成绩的提高。但有些学生成绩本来就很差，我就向家长提问及建议：有必要来借读吗？把孩子送过来，每年需要交借读费，但对孩子的成绩提高帮助不大，因为他的学习基础和二中学生相比，差别本来就太大。可是，很多家长都告诉我：“李校长，你不用说我也明白孩子到底是个什么样，我也不祈求孩子成绩能有多好，不期盼他考上什么大学。我之所以要把孩子送到这里来，是因为我明白一点，孩子在这里上学能学会做人。”还有些家长说：“我的孩子太顽劣，谁也管不了，把孩子送到这儿来，孩子才有可能成为有出息的好孩子，才可能学会做人，这样我才能放心。”

家长的这些语言很朴素、很朴实，这是每年都会遇到无数次的小事，但是我认为，这是对整个历城二中这些年来办学的最高奖赏和认可。社会认可、认同历城二中是教学生学会做人的地方，学校在做真正的教育。至于学生能考上什么样的大学，学生将来能够从事什么样的工作，都只是做人教育的一种延伸发展而已。我们教育的根本是什么？就是让孩子去学会做人，而这一点社会各界已经充分认可。不管整个高中阶段的教育是什么样子的，不论是要素质教育还是要应试教育，我们认为，历城二中在坚守教育的一片净土，尽管我们或多或少也存在自身的问题，但是，在这里有适合学生成长的教育。

《大学》中说：“自天子以至于庶人，壹是皆以修身为本。”也就是说，每一个人都要以修身、做人为本，这个根本被扰乱了，或者被颠倒了，一个人、一个家庭乃至一个国家都是治理不好的；反过来说，要治理好国家、家庭、个人，就在于让人人都学会做人。做好教育最重要的是懂得本末、先后、轻重、缓急，懂得万事万物发展的“道”，并且要坚守这个“道”，把这个“道”当作信仰、当作美，当作一切活动的出发点，这就是历城二中的教育品牌，也是历城二中给出的教育价值和规律之一。

二是“严格要求”，没有什么方法是最好的，只有你信任并实施的教育方法。教育要顺应学生的天性，顺应每个学生不同的个性。没错，这是古今中外都证实了的教育真理。问题是，我们常常弄错了什么是天性，更弄错了什么是个性！无论天性还是个性，其核心都是作为一个人的人性，人性的根本是向善的、向上的，是具有感情的，所以人懂得感恩，懂得如何在一个社会集体中健康成长。一个学校集体健康了，学生个体也就健康了，个性化的成长与学校的严格纪律要求不是矛盾的，而是统一的。

如家长们所说的，不管是什么样的孩子，来到历城二中，都会发生改变。一方面，学生的习惯、品行会自然而然发生变化；另一方面，大家反映最强烈的是，学生的学习动力会变得特别强。每年二中都会接收极个别的学生来高三借读，我同样也会问他们：“有必要吗？你在济南别的中学也同样是很优秀的学生，甚至在班里是前几名，有必要再到二中这里来吗？”但是有的学生家长表示：“校长，你不知道啊，你们学校真了不起。”我问：“哪里了不起？”他们说，孩子来了以后发生了很大变化，原来在家里从来不做家务，现在做起了家务，还有的孩子知道孝敬父母了。还有的家长说起了另外的变化：原先孩子一回家就玩游戏，从来不主动学习，但来到历城二中以后，他知道要主动学习了，回家以后不用督促，就先做作业了，并且不管在周末还是假期，都会主动去学习了。学生告诉他的爸爸妈妈：“到了历城二中，如果不喜欢学习，就好像格格不入，人家都学我不学，我觉得我就是另类了，然后不由自主地就去学习了。”

是啊，严格的纪律空间或是一个人文的陪伴空间，都不见得是最好的教育，最好的教育是让在其中的每一个人都能够获得关注，上下关联。在一位教师的心目中，他的同事是重要的；在一个同学的心目中，他的同学是重要的，这就构成了“君子以见善则迁，有过则改”的自我教育环境。这样的环境，用一个关键词来解读，那就是“向往”，这也构成了今天历城二中成为人人向往的学校的根基。

给出一个什么样的要求和愿景，学生就会还给我们什么样的惊喜。“自由”是天性，“纪律”就不是天性了吗？马斯洛说：“我们有理由怀疑当前心理学家、社会学家、人类学家过分强调人的可塑性、灵活性、适应性以及他们的学习能力。有理由认为人有远比现代心理学所估计的更强的自主和自我调节能力。”①他律的理论前提显然就是人的可塑性，那么从他律到自由是必不可少的吗？学生的成长是否一定是按部就班地遵循“无序—他律—自律—自由”的层次递进呢？其实，当他律变成约束与控制的时候，实际上，自由甚至自律也就逝去了。教育也是一种保护，保护的是学生的自由之本能，这种保护是一种过程理论，而“无序”并非人之本能。

实际上，这是我们的又一个品牌特色，即环境和氛围的打造。因此人们会形成一个共识：历城二中就是适合学生学习的地方。

三是“爱岗敬业”，想让学生成为什么样的人，老师先要成为这样的人。一个学生犯了错误，班主任处罚他，他不服气。我把这个学生找来，只问了他几个问题：“孩子，你给我想一想，每天晚上你睡觉的时候，班主任是不是还在值班？每天早晨你起来的时候，班主任是不是已经站在宿舍门口了？你的爸爸、妈妈睡得比班主任晚吗？你的爸爸、妈妈起得比班主任早吗？如果能，那他们天天这样陪着你读书成长了吗？”我没有批评学生，也没有问学生犯了什么错误，就这样描述事实。学生听完，回去找班主任说：“老师，我错了。”

人是怎么长大的？是看着父母、老师、长辈的背影长大的。二中给学生立的规矩不少，但是对于正处于激烈的、反叛的青春期的学生们来说，他们能自觉遵守，并能自我约束，关键的一点在于：要求学生做到的，老师们先做到了。

言传身教、以身作则，中国教育传统里最好的教育策略，被历城二中用来作为每一天的教育原则。虽然历城二中的老师也存在着一些问题，或许也有不敬业的个别现象，因为只要有人群的地方，就会有自然分层和不同的表现。但是有一点，外界对历城二中的老师最多的评价就是：老师特别敬业——尤其是班主任会从早到晚陪伴、督促着学生学习。家长也会举出很多例子说自己的孩子之所以有进步，是因为历城二中的老师特别好。历城二中有良好的学习氛围，历城二中的老师特别敬业，

① 马斯洛．马斯洛人本哲学［M］．北京：九州出版社，2003：180.

这就是一种品牌。

“爱岗敬业”不是一个口号，也不是学校倡导的一种信念和纪律，它应该是一种自觉自愿的生命需要。首先是历城二中的教工努力把历城二中的各个岗位做成了有尊严的、让人羡慕的岗位，能够满足每个人的事业心和生活愿望；其次是历城二中的教工将个人的人生与工作岗位紧密衔接起来，使之构成了一种人生的信仰，这样就具备了一种内在的动力，甚至可以化解生活中的困境。如此一来，就能实现教师个人发展与岗位水平提升的统一，从而相互成就，爱岗敬业就成了现实。爱岗敬业的教师才有能力培养出勤奋好学的学生，因为教育的根本密码在于“言传身教”。

四是“教育现代化”，以有限的教育资源，满足学生无限的成长可能。国务院办公厅 2019 年 6 月 11 日发布的《关于新时代推进普通高中育人方式改革的指导意见》提出，“强化对学生爱国情怀、遵纪守法、创新思维、体质达标、审美能力、劳动实践等方面的评价。”历城二中在学生“德、智、体、美、劳”的教育过程中，以学科高地建设、教学教研创新、习惯养成教育等实现了宏观目标的软着陆。不仅如此，学校强调严格管理、以身作则，很好地完成了“遵纪守法”教育的常态化、过程化。所以说，学校正在向着“德、智、体、美、劳”与“法”的六育目标迈进。这其实是从内涵上打开了教育现代化的若干大门。何谓教育“现代化”？就是遵循教育发展基本规律，在适应现代社会、现代文明的同时，以教育的现代化思维服务于人的现代化成长，服务于国家的现代化建设，并且创造一个适应现代发展的教育范式。历城二中以现代化的管理、新时代的德育、学科高地建设、物态文化建设等形成的“勤志教育”来实现这样的发展诉求，学校正走在这样的道路上。

《中国教育现代化 2035》提出了推进教育现代化的八大基本理念：更加注重以德为先，更加注重全面发展，更加注重面向人人，更加注重终身学习，更加注重因材施教，更加注重知行合一，更加注重融合发展，更加注重共建共享。明确了推进教育现代化的基本原则：坚持党的领导、坚持中国特色、坚持优先发展、坚持服务人民、坚持改革创新、坚持依法治教、坚持统筹推进。历城二中一直从这样几个坚持入手：一是坚持从道德到智慧的教育质量观，以培养学生良好的行为习惯作为第一要素，从习惯开始逐步实现全体学生良好品质的培养，在此基础上帮助学生获得最好的学习质量；二是坚持从坚守到创新的教育发展观，坚守教育规律不动摇，坚守立德树人的基本任务不动摇，抓住一个点，坚守下去就是创新，就是现代化道路；三是坚持从常规到文化的学校文化建设观，持之以恒地把学校常规做好了，就形成了学校文化，例如“人生在勤”形成了共识，影响着每一位师生，甚至影响到家庭、社会；四是坚持从细节到整体的学校治理观，教育无小事，一张纸片、一个开关都关系到学校的发展秩序，学校治理就是人人参与的过程治理；五是坚持从现代到未来的教育价值观，学生的科技创新、艺术素养、身心健康都是全面发展的基础，也是学校办学特色的立足点，这 3 个方面的特色就是二中面向 2035 年的教育特色；六是最重要和最基础的一点，即坚持在从思想政治方向到课程教学的整个过程中，始终以党和国家的教育方针和课程方案为标准，建设学科课程高地。只有让语、数、英、政、史、地、理、化、生、音、体、美、综合实践活动等学科的价值落地了，把“德、智、体、美、劳”与“法”的育人目标落实了，教育现代化才不会成为一句空话。

01

第一章

勤志领导，用管理创造一种管理

二中勤志领导故事：

我经常巡察校园，有时会在这个过程中发现一些“小问题”，以下这个故事也是在全市论坛上讲过的这类“小问题”之一：

在初中部距离教学楼较远的北墙内侧有两个学生厕所，女厕在一楼，男厕在二楼，教工厕所则在距离教学楼较近的东侧陶艺馆一楼。如果您是校长，您会不会舍近求远，刻意上二楼学生厕所去转转看？我每次转到那里，都会到二楼看看，有一次居然发现了一个饮料瓶子。“不就是一个饮料瓶子吗？何苦小题大做？”“不，我不这么认为，我认为又一个管理的契机出现了。”在这之前，学校里的饮料、方便面都早就已经下架，所以出现饮料瓶子绝对是一个不正常的现象。

我开始查找饮料瓶的来源，组织相关人员对食堂超市进行全面检查，以防这些部门没有彻底执行规则，只做了表面文章；利用升旗仪式、级部领导会，提倡组织主题班会，号召学生养成“管住自己的口！——自觉抵制碳酸饮料、保持健康饮食”

的生活习惯；在校园东门门口的显眼位置制作宣传展板，号召家长不将饮料、膨化食品等垃圾食品带入校园；将校园按照班级划分责任区，定期捡拾发现的饮料瓶等，责任到人。

一个小小的饮料瓶子，引发的是历城二中自我反省、自我检讨的大教育。我们认为，问题普遍存在，发现不难，查找也很容易，但发现、查找到问题后如何处理却不易。要让所有管理者和被管理者都知道问题的存在，进而能够规避并杜绝该问题的发生，这才是管理的重点和难点。中国有句俗语叫“一问三不知”，这“三不知”是指一个人对某件事情的开始、过程和结果三者全然不知，而管理过程中问题的处理就是要做到让全体师生从“三不知”到“全都知”。

一个饮料瓶子，这样处理，带来的是学校的洁净精微、整洁如新；如果真的当作一件小事来处理，带来的可能就是垃圾遍地、熟视无睹。

我认为：学校管理的效果最终要在学生身上体现。但学生千差万别，问题无时不有、无处不在，因而学校管理就是要采取“问题管理”模式，坚持走动管理，时时处处查找问题；追根溯源，彻底解决问题；防微杜渐，把问题消灭在萌芽状态。同时，要加强部门之间、师生之间、家校之间的联动，因为问题是大家的问题，也要由大家来共同解决，从而实现无边界管理。

勤志领导思考：

学校好不好，在于是不是有“道”，而不在于“术”怎么变化。在山东省内，有一些高中学校在发展过程中只强调“术”，结果昙花一现，带着“辉煌”凋谢了。“术”不长久，“道”无止境。历城二中用管理创造一种管理，就是在创生属于自己的绵延不息的“道”。

作为领导者，就是要带领着大家寻找到正确的事情，然后把正确的事情做好，即“凡益之道，与时偕行”。

与时偕行，指的是不断地做合理的调整，这就是“益之道”。其实这里包含着深刻的中华文明哲理，处上者，就要“损上益下”，倡导、发扬一种风气。家有家风，需要家长倡导；校有校风，需要校长倡导。这叫在上而“益”，说白了，历城二中的风气和文化，来自校长的倡导。而处于基层者，就要“损下益上”，坚守内心的定力，在家、在校、在社会主动完成自己的角色，这叫在下而“损”。把每一位师生的价值观念凝聚起来，把每一位师生的工作干劲调动起来。管理做到了上下通达，文化就产生了。

再具体说，一个国家，有“核心价值观”，是自上而下发起并引领的；一个家，有“家风”，是由家长发起并引领的；一所学校，有“校风”（含校训、学校文化风气），是由校长发起并引领的。“勤志教育”就是一个损益之道。上下同欲，自然能够获得突破。

我常常对自己、对学校全体教职员工说：教育不能跟风，不能随波逐流；教育者不能今天来一个理念，明天来一个模式，否则，我们不是办教育，而是在折腾教师和学生。

我是这样说的，也是这样做的。

做出来的，就是经验，就是范式，就是概念，用我的理解，就是积20年管理之力创造一种管理范式。前一个管理是过程、是实践，后一个管理是智慧、是品牌。前一个管理就是日常关注细节的管理过程，坚持久了，这样的管理过程就变成了学校的一种文化、一种教育范式，就是新的“管理”，是可以示范、迁移、应用的管理之道。现在，历城二中在济南唐冶新区内外有集团学校10多所，就是因为有了可以示范、迁移、应用的办学范式。

写在墙上，不如校长先做出样子

历城二中流传着这样一句话：每天校园中最后一盏“灯”，一定是校长的手电筒。现在手机也可以照明了，我每天晚上在校园巡视一周，这样，睡觉前，学校的每个角落、每件事情都可以再回放一遍，有问题就更清楚了，有收获就更明白了。

轮船夜航需要灯塔，飞机航行需要航线，一个集体的目标可以是远大的梦想，但是，必须有一个实实在在的样子。领头人、领路人、领导者就是要先把这个样子做出来。

要求老师做到的，校长先做到！

那么，要求学生做到的呢？老师该怎么做？家长该怎么做？

“古之学者为己，今之学者为人”，管理不能单凭制度，不能过度依赖制度的完备、法规的强化，更不能指望直接把国家的法规拿来用就行，学校管理是“有人在场”的，这个“人”是指学生、老师，更是校长等领导者。只有从校长开始倡导“修己之道”，才能成就“安人之术”，这就是“言传身教”，这点想通了、做到了，才不会成为纸上谈兵，学校管理的路径就形成了，校长的领导力也就在其中慢慢凝聚起来。

把正确的事情坚持下去

“人生在勤，志达天下”写在了历城二中的各个角落，我们认为这是正确的事情。应该做到的事情，怎么做？那是需要校长相信它正确，而且能够首先做到才行。

在历城二中，只要是写进学校文件的事情，只要是学校认可的事情，只要是形成制度的事情，校长都是第一个做出样子，这就形成了文化。“勤文化”与“勤志教育”就是从校长的一言一行、日复一日的工作中开始的。

历城二中的“勤文化”是学校办学质量的保障，是学校综合实力产生的根源，“勤志教育”的施行则首先来源于校长的发起与坚守。

学校的发展不能跑偏，校长和教师们有了信念就要一起坚持做下来，不能因为外界的影响而中断或放弃，要坚持自我，让时间证明我们正在做的是正确的事情。

我们这样坚持下来的就是始终不变的“人生在勤，志达天下”。

早上 7 点出门，晚上 12 点到家，作为校长，我每天都是在“高负荷运转”，但却不能喊一个“累”字的。“教育不单是说教，更多的是率先垂范。”校长要给学校干部树立一个榜样，学校干部要给教师做榜样，全校教师言传身教，给学生树立一个榜样。历城二中流传着这样一句话：“每天校园中最后一盏‘灯’，一定是校长的手电筒。”我相信，这句话不是褒奖，是更大的责任，是需要校长用自己“一生如一日”的教育信念去坚守并做到的。

子曰：“道千乘之国，敬事而信，节用而爱人，使民以时。”这句话的意思是，治理有千辆兵车的国家，慎重、敬畏地处理政事，恪守信用，节省开支，爱护人民，尊重农时。这个“信”，既是诚信、信用，也是信念、信心，更是信任、笃信。治理学校和治理国家一样，校长要相信并坚守着。

当校长 20 年，学校的大事小事、一草一木，我记在心里；学校的发展需要我去倾力付出，这里列举几件小事：

十几年前，全省学校开始进行大规模的实验室建设，许多学校是坐等厂商把货品送上门的，这样容易造成货品质量良莠不齐。为了避免发生这种事情，我带着几位老师奔赴江南、东北去选购，从材质到造型，从色彩到稳定性，从科学性到价格比对，一丝一毫也不敢放松。最终，历城二中花了最少的钱，购买到了最先进、最领先的实验室装备。兄弟学校来参观考察，看到的是“成果”，而这一成果的获得需要校长的“勤”作保障。

我常常说：我在校长位子上干过的几件事，别人也都干过，可是，只要我来干，我就一定要成为这个领域内的明白人。

近一年多来，历城二中进行新学校建设，政府投资 18 个亿，我完全可以坐在办公室里，派政府监督人员去督查施工情况，可是，学校是学生学习的场所，作为校长，我应该比别人更懂得学生需要什么样的学校，因此，我不敢懈怠，每天不论早晚都要到工地去督查落实。那段时间，我一边紧抓老校区的教学，一边关心新校区的建设。特别是夜深人静的时候，我都会在建筑现场细心察看一番，形成一个感性的印象，临睡前，在脑海里面过一遍：哪个地方有问题？哪个地方需要改进？哪些人需要明天去督促？一一理出头绪。

这也是校长的“勤”在发挥作用。

旁观者是这样评价的：

校长应该怎样示范？历城二中给出了答案：

校园中的一片纸屑校长会随手捡起，学校中任何一个环节的工作出了一丁点问题，校长都会要求相关负责人马上整改。在一篇文章中，李校长这样写道：“别人说我是善于挑毛病、专门挑毛病的校长。问题意识不是人人都有的，这本质上是危机意识，是发展意识，是创新意识。一个优秀的教育管理者，是必须具备这种意识的。”同时，校长还认为，这既是保证学校这艘巨轮沿着正确的航线加速前行的必然要求，亦是对学生的一种“无声胜有声”的引导和示范。在历城二中，有这样一个故事广为流传：每天晚上，李校长都会到各自习室去转转，发现问题立即解决。有一次，他路过高一年级某班，发现该班电视机上的布没有盖好，于是他马上责成该班的班主任纠正。第二天，当李校长再次经过这个班的时候，发现电视机上的布依旧没有盖好，这次他没有找班主任，而是自己搬来椅子，亲自动手把布盖好了。

李校长这样一个小小的举动，影响了整个班级，学生以此为主题召开了班会，要以校长为榜样，注重细节，做好每一件小事。正所谓“其身正，不令而行”，强有力的示范引领比枯燥乏味的说教效果要好得多。

为什么二中的干部每天早上提前半小时到岗，节假日仍坚守在学校；为什么曾经带高三级部的副校长田庆民因为嗓子发炎不能说话，一直打着哑语都没有去医院检查……可以这样说，干部们是属于历城二中的，因为高强度的工作已经注定了他们要把更多的时间和精力放在学校。但正是因为他们的以身作则和率先垂范，老师们就会越来越钦佩和敬重他们，以他们为榜样，将学校所推崇和倡导的“勤”落实到自己的实际行动中。这种力量是无形的，久而久之，二中的正能量逐渐增大。

把最小的事情做长久

的确，管理一所大校，就需要校长首先弯得下腰去，能够随手把地上的一片纸、一片落叶捡起来。小事做久了，才会成就大事。

“丢失一颗钉子，坏了一只蹄铁；坏了一只蹄铁，折了一匹战马；折了一匹战马，伤了一位骑士；伤了一位骑士，输了一场战斗；输了一场战斗，亡了一个帝国。丢钉子是小事吧，最终却导致了国家的灭亡，所以小事不小啊！同样，教育也无小事，在校园里，所有的问题都指向学生的生命成长。今天，我就来谈一下学校管理中问题的查找、处理及防微杜渐。”

这是我在“济南市优秀管理者论坛”上发言的开场白，其实这也是历城二中的管理之道：从不掉一颗钉子开始，从校长弯腰捡起一片纸做起，从小事做起、从问题发起、从我做起的管理之道慢慢成为校园里无处不在的影响力，当这种影响力弥散到各个角落，便成了领导力。什么是领导力？简单说，领导力不是监督别人去做，而是在自己做的过程中人人都在跟随着做，慢慢变成人人都在自觉地做。

历城二中教育领导力的生成，不是从轰轰烈烈的大事入手的，恰恰来源于学校的小细节、小问题。

教育无小事，事事关联教育命脉。

反过来看：教育无大事，把每一件小事做好了，就是伟大的教育；教育无大事，其中的一件小事忽略了，就是失败的教育。

李矿水副校长曾说："我出门在外，只要看见路上有塑料袋我就难受，我就要捡起来，这已经养成习惯了。在学校里只要看到废纸我就会去捡。你别看这个小小的举动，教育就要坚持从最基本的、最简单的小事做起。有一个早晨，在前往董家老校区上班的路上，我看到广场上有一张废纸，便小跑过去，把这张纸捡起来了。当我捡起来的时候，一个高个子女生跑过来，说：'校长，我给点个赞。'我心里感觉暖暖的。"

在历城二中，"精细化管理"的概念已经不足以承载学校细致入微、精益求精的极致追求，学校的每一件事、每一个角落都在叙述着"小管理"的大效应。历城二中的学生都经历过"六培养六起点"的过程：在 2009 年山东省全力推进素质教育期间，学校认为，大到素质教育这样的蓝图，也是需要学生从一点一滴的小事做起的，于是，我们让刘和国副校长带领各个级部领导以及团委的同志，从小处入手，建立起了学生综合素质的"六培养六起点"。

"六培养"是指"良好习惯培养、感恩之心培养、爱国情怀培养、意志品质培养、规则意识培养、艺术修养培养"；"六起点"是指"学习从生活做起，生活从叠被子做起；感恩从感恩父母做起；爱国从升旗做起；意志品质从跑步做起；规则意识从遵守校规校纪做起；艺术修养从学会欣赏做起"。这些看起来都是小事情，但是小事情做久了，就会发生质变。比如，在学生良好行为习惯养成方面，提出"学习从生活做起，生活从叠被子做起"，目的是让学生从早晨起床就进入精细精致的自我约束过程，关注当下的、身边的每一件事情，这样就会构成对自己所有事情的持续关注。良好的行为习惯不是让学生去找几件事反复做，而是把每一天遇到的事情都反复做好。

历城二中的管理工作就是由这些小事串联起来的，解决小问题，促进大发展。有了老师们在背后默默无闻的奉献与坚守，当不解、质疑甚至指责被认同、赞赏的声音所取代时，我深深感受到了管理的价值和力量。事实证明，我们的探索是值得的，我们的付出是有回报的。

“勤志教育”是历城二中人在自己的教育园地里辛勤种植出来的文明硕果，是内生的文化，是凝聚于每一位老师内心的教育动力。

一次行动是姿态，反复行动才能塑造实力

做好一件事情容易，把一件事情10年、20年地一直做好就不容易了。“合抱之木，生于毫末；九层之台，起于累土；千里之行，始于足下。”要把事情做好，就要下定决心把这件事和自己的人生梦想结合起来，不仅要把一个个细节坚持好，不肆意妄为，还要坚持正向前行，永不退缩。

老子说：“吾言甚易知，甚易行。天下莫能知，莫能行。”意思是：我的话很容易理解，很容易施行。但是天下竟没有谁能理解，没有谁能实行。为什么呢？其实关键在于人们没有自始至终、慎终如始地坚持，而历城二中则是把自己认准的事情坚持做了出来、反复做了出来而已。

每个学校都会有自己的办学理念，也都会有自己认可的事情，但是，只是大张旗鼓、声势浩大地去做一次无非是摆摆架子、造造势而已，教育最怕的就是“朝三暮四，追赶时尚”。而在历城二中，我们会把自己提出来的事情事事落实好，也就是：说出一句话，夯实一个点；提出一个要求，就是一次接一次地落实、自评、反思，再落实、再自评、再反思。

事可成，也可败

学校有没有持续发展的动力，在于是不是坚守自己提出来的信念。“勤志”成为历城二中的风气，我们不仅仅是将它写在墙上、由口说出、记在心上、落实在行动上，更重要的是，我们自始至终坚持不懈、反反复复地将其发扬光大。

同样是一句话，如果只是写在墙上，如果只是校长偶尔提一下，接下来大家就淡忘了，这件事不但成不了，而且还会形成一种心理暗示：说说就行，不必当真。这样，学校就没法管理了。事业的失败不在于有多大的灾祸发生，而在于没有把该坚持的坚持下去，没有把该做的做出来。所以，要么不做，要做就要做到事成为止。

每个学校都有教代会，历城二中的教代会是学校发出自己文化声音的阵地，这是二中将之十年如一日地加以践行的成果。时至今日，每一届教代会上，学校都会以主题倡议书的形式，不断丰富和拓展“勤文化”的内涵，时常触动老师们的思想，坚定其信念，久而久之，“勤文化”便成为学校独具特色的文化基础，为师生所认同并践行。

比如，在九届四次教代会上，我们在主题为“提升教师素质、构建高效课堂、深化课程改革、实现科学发展”的倡议书中发出了“我们应该怎样做教师？我们应该做什么样的教师？我们教师具体应该怎样做？”的追问，并且提出了“多读书，多学习；勤思考，勤实践；既教书，也育人”的具体建议。

在十届三次教代会上，主题为“解放思想，打破发展瓶颈，寻求高层次持续发展”的倡议书中我们特别提出了：教辅与后勤服务上，要继续发扬“服务教育教学、善于急人之困”的优良传统，乐于走进师生中间，悉心倾听师生的意见和建议，勤于了解大家的生活状况和工作学习环境。下面这些问题是每天不能不想的：1. 怎样才能够让师生生活、工作、学习的环境更安全、更舒适？ 2. 如何进一步提高师生对我们服务工作的满意度？如何增强我们服务的主动性？ 3. 我们还能为学校、为师生创造性地开展哪些服务工作？ 4. 如何使我们的服务运行机制更科学、更高效、更灵活？……

十一届一次教代会上，主题为“传承学校文化，自主科学发展，打造教育乐园”的倡议书中提出：我们往往重视了“业精于勤荒于嬉”，却忽略了“行成于思毁于随”，因为“勤”绝对不等于“忙”，更不等于“忙乱”与“乱忙”。

十二届一次教代会上，主题为“守望教育信仰，打造智慧课堂，建设新时代名校”的倡议书中提到一代代二中师生60年践行一个“勤”字，提出要延续这个“勤”字，要处理好优良传统和新时代精神的关系、师生个人成长与学校总体发展的关系、二中声音与区域教育共同体的关系等。

下面我们来看看历城二中九届教代会的一些主题——每届教代会的主题也是该届教代会向老师、同学们发出的倡议。我们从中可以看到对践行“勤文化”的坚持，校风与文化是并生不悖的。

九届二次：抓细节，促落实，解放思想，科学发展。

九届三次：抓细节，促落实；抓创新，铸特色；全面推进新课程实施和素质教育改革。

九届四次：提升教师素质、构建高效课堂、深化课程改革、实现科学发展。

九届五次：增强科研意识、传承学校文化、促进内涵发展（具体如下）。

增强科研意识 传承学校文化 促进内涵发展

倡 议 书

老师们：

2011 年是国家“十二五”规划的第一年，也是《国家中长期教育改革和发展规划纲要（2010 — 2020 年）》深入实施的关键一年。紧跟国家教育发展革故鼎新的时代步伐，在经过了几年长足的跨越式发展之后，我们学校也已进入了一个崭新的发展时期。

我们“怎样想”才能使学校发展始终坚持正确的方向？我们“怎样做”才能使教育教学处于最佳的状态？加强教育教学研究、提升教书育人能力和传承学校文化精神是个人专业成长和学校内涵发展的必由之路。为此，学校提出如下倡议：

一、人人练就一手绝活，争做科研型、专家型教师

教育科研是变革教师教学生活，提高教师业务素质，优化教师智能结构和促进教师专业发展的重要途径。我们应以促进每个学生的全面发展为宗旨，研究和解决教学实际问题，总结和提升教学经验，提高课程开发和建设能力，使日常教学工作和教学研究、教师专业成长融为一体，形成在研究状态下工作的职业生活方式，努力把自己打造成为科研型教师和专家型教师。

怎样才能成为科研型教师和专家型教师呢？

1. 要有主动研究教学的意识。我们应当认真分析当前的教育环境状况，深化校本教学研究，树立自我发展、主动发展、终身发展的观念。

2. 要有研究教学的微科研行为。真正优秀的教师应该具有把深奥的东西通俗易懂地教给学生的能力，这就要求我们应该反复研究教材、不断创新教法、深入研究学生，从而更好地为学生的全面发展服务。

3. 要形成自己的教学特色。学生一辈子不能忘怀的是有绝招的老师，在工作实践中练就一手绝活是教师成长的需要。因此，我们要将眼光从“向外”转为“向内”，不断审视自己的优势和不足，不断地实践与反思，

努力发展自己的长处，形成自己的特色。

二、传承学校文化精神，营造健康向上、和谐共赢的工作氛围

经过几代人、50余年的积淀和提炼，我校逐步形成了以“人生在勤”为根基、以“志达天下”为核心理念的学校文化特质。勤也好，志也好，最终都要落实到日常工作上去，落实到课堂教学上去，落实到教书育人上去。这就要求我们要给自己建立一个相互悦纳的良好群体，将课堂看作是与学生一起成长的人文生态圈，将办公室当作是与同事一起演绎人生的大舞台。我们应该尊重每一位同事并虚心向他们学习，我们应该善待每一个学生并悉心呵护他们的成长。

没有传承，就没有发展；没有和谐，就没有凝聚力。让我们在继承中发展，使学校的文化精神时时处处得以彰显，并不断发扬光大。让我们在和谐中进步，使学校的育人环境日臻完善，让人与环境和谐、师生和谐、生生和谐。

老师们，人的生命是有限的，但人的思想光芒却可以辉映千秋万代！我们要不断锤炼自我，研究自我，提升自我，深入发掘自己的生命潜质，用真诚和勤奋赢得大家的尊重，用激情和理性打造事业，让个人思想的光芒在学生身上闪耀，让自己独特的生命之树长青！

2011年1月27日

此后，每年的倡议书都会发挥一个承上启下的作用，抓住一个点，就在连续几年、连续几届的教代会上坚持下来。如：

十届一次：回归生命课堂，传承学校文化，促进内涵发展；

十届二次：传承学校文化，回归生命课堂，深化内涵发展；

十届三次：解放思想，打破发展瓶颈，寻求高层次持续发展；

十一届一次：传承学校文化，自主科学发展，打造教育乐园；

十一届二次：传承学校文化，探索教育真谛，建设幸福家园；

十一届三次：弘扬学校文化，聚焦核心素养，建设新美二中；

十二届一次：守望教育信仰，打造智慧课堂，建设新时代名校。

“传承学校文化”，一件事一直坚持。做好一件事情容易，把一件事情做10年、20年就不容易了。老子说：“合抱之木，生于毫末；九层之台，起于累土；千里之行，始于足下。”要把事情做好，就要把细节坚持好，不要肆意妄为。老子言“民之从事，常于几成而败之”，只有“慎终如始，则无败事”。

每一次对“勤”的反思与解读，都是基于问题的思考与研究。历城二中的教育带着问题的发现，带着解决问题的办法，带着全员通过的决议投入一轮又一轮的践行中，全校教职工的文化认同、文化践行得以不断强化和实现。

把工作落实到“落实”

学校管理最忌讳的是不能够持之以恒。校长今天提出一个好主意，明天又有一个好点子，这到底是不是好事？好与不好只有一个标准：能否落实。而落实的根本在于坚持规律不动摇，把需要做的、应该做的、必须做的都一而再、再而三地强化落实。所以，今天部署的工作，今天就要抓落实；明天要求完成的事情，明天一定要检查。而校长说出的话、做出的规定，以及会议决议、教代会上通过的文件制度等，都不可随意放松，要反复强调。久而久之，就会在师生中形成一个言出必行、行必有果的文化坚持意识。

比如，学校强调学生在校期间的行为习惯，就要时时处处关注细节。有的学生可能会利用周末时间偷偷染黄头发，还有的学生偷偷抹了口红，虽然很淡，但只要是发现了，我们都会第一时间提醒改正、拍照留给班主任或级部处理，绝不会姑息。从校长开始反复强调、反复提醒，则上行下效，老师也自觉执行其相关的任务，事情就落地了。又比如学校特别强调艺术教育对学生智慧、人格美的启迪。而强化艺术教育，不是在一次会议上校长说一下就行了，而是要把这件事情装在心里：新教师培训时要强调，教师会议上要宣讲，每年要组织十几次的文艺演出团队进校园活动，要大量配备学校音乐教师……干，就要干到底，就要在各个时空里反复强化。

我们认为，这就是学校“勤志教育”的一种行为表现，从校长开始，到每一位老师，知道自己该做什么，然后把该做的做好，不搞一阵风，不搞形式主义，更不会因为无端的质疑而忘记初心，如此二十年如一日，天天坚持不断地做下去，一所好学校的基因就这样培育出来了。

需要我们自己注意的是，反复不是重复，更不是机械性地应付，而是把一件事情放到心里去，在反复的强调中不断警醒和改进。曾子曰：“吾日三省吾身：为人谋而不忠乎？与朋友交而不信乎？传不习乎？”意思是，我每天多次反省自己：替别人做事有没有尽心竭力？和朋友交往有没有诚信？老师传授的知识有没有按时温习？曾子就是这样反复警醒自己来求改进的。我们应该将需要做到的事情一点一点地进行反省，然后期望做得更好。

我校的王春刚老师曾谈到自己的思维方式变革，并认为这就是一种学校教育理念的落实过程。他说：“作为教师，第一个敌人是态度不端正。态度是第一位，要有好的态度，要有正能量的思维方式，要学会换位思考，千万不要拒绝成长，特别是不要拒绝领导的批评。从这个角度来讲，不要怕自己能力平平，如果自己比其他人都努力，反而可能会获得更大的成功。第二个敌人就是时间不持久。现在对教师要求越来越高，教师要在尽量短的时间内急速成长，以我自身为例，确实是这样，我感觉我还是离不开历城二中，还得继续修炼。第三个敌人是乱较劲。有时人会跟自己较劲，如果是正面较劲还行，但我们往往很多时候是负面较劲，比如领导跟我谈话，督促我好好教，越谈我越不愿意教，我就是负面较劲。所以较劲要较对地方，千万不要乱较劲。第四个敌人是只想少做。换句话说就是拈轻怕重，你为什么会有经验？就因为你做了才会有经验，你不做，光坐在那里想，你就永远都不会，你在成长路上遇见很多困难或挫折，你不去做，你就不知道到底自己能力有多大、水平有多高，光说了没用，所以有时候大家就要想干活。咱不要觉得干活是受罪，领导抓你去干点活，你说很累，但你干活的同时你自己其实也得到锻炼和成长。举个很简单的例子，我们办公室的高老师，和大家一样也是年轻教师，他除了教 8 个班的体育课之外，一周 16 节课，还在我年级办公室兼职。干什么？扫描试题，弄大数据。大伙儿说他多干活了，但是他最后把核心东西掌握了，弄大数据、扫描试题，这些专业东西他都掌握了，他自己又成长了，其他老师也经常需要他的帮助了。你必须得明白，当别人离不开你的时候，就显示出你的重要性来了。当别人觉得你可有可无的时候，也就意味着你被淘汰了。我觉得现在我们年级就离不开他了，其他老师隔一会儿又叫上小高，让他帮着干点这个、干点那个，小高成了我们整个年级的香饽饽，其他老师有点好吃的也会拿给他。他干活是不是多？多。而且他晚上干什么？他晚上帮着我一块儿去督查学生，（这样一来）小高的管理学生水平也提高了吧，所以高一我准备安排他当班主任。如果他不锻炼、不成长，你让他当班主任，可能吗？包括我们的崔东辉老师，也是体育老师。大家想一想，体育老师当班主任，不可思议，跟家长说把孩子送到体育老师班里，家长有意见啊。高一我再让崔东辉老师当班主任，一干就是 3 年，家长集体反对，到最后顶住压力叫他上，事实证明，崔东辉老师的班级在理科普通班里的高考成绩是最优秀的。为什么？肯干。第五个敌人就是冲动。我就曾经因为卫生问题跟一位校长吵起来，当时他说我们班卫生搞得不好。但我觉得卫生搞得很好，哪里就孬了？当着那么多老师的面，校长下不来台，我也下不来台，这就很不好。这都是教训，都阻碍我自己成长。试想，如果周围的环境不和谐，怎么能干出成绩来？”

王老师的反省是一个代表，代表了二中所有教师的一种教育和生命状态，这是历城二中最宝贵的精神动力。

现在，历城二中具有了持续的吸引力，很多老师在这一干就是20年，甚至30年。在这个过程中，能不能持续不断地保持旺盛的精力，能不能继续在自己的岗位上创造新的价值，说到底，还是一个“落实”的问题，还是一个将学校文化与自己相互对照、相互促进的问题。这也是领导者要时刻提醒自己、提醒所有人的核心问题。

人人在行动，还要岗岗在心中

一所学校几百位教职员工，几十个工作岗位，一荣俱荣，一损俱损，校长心里装的是整体，装的是学校每一个人每一天的生活和工作。只有环环相扣、节节相连才能形成一个整体，学校越大，越不是缺一也可，而是缺了谁也不行。

校长是统揽一所学校全局工作的，这是人人都知道的，但是，什么是统揽？说到底就是抓“整体格局”。一个学生的积极性在于他努力完善自己、刻苦学习并寻求进步；一位教师的积极性在于他把自己的学科、自己的班级看得至高无上；一名员工的积极性在于他把分内的大大小小的事务一丝不苟地处理好；一位中层领导的积极性在于他把自己分管的工作看得比什么都重要。校长则不可以如此，各种资源的平衡、各个观点的疏导、不同需求的满足等都需要一个健康的出发点。

学校组织是健康的

一个健康的组织有两大特点，一是“健全”，即组织结构完整，每个岗位合理布局，就像人的身体一样，各个器官必须是齐全的，并且都能正常地工作，才可以称得上是有健康基础的；二是“康达”，即岗位之间是通畅的，不是闭塞、孤立存在的，也像一个人的身体一样，器官齐全，还要保持气脉畅通、血液畅通——不通了，就会得病了。一个人的身体如此，一个家庭、一个学校、一个国家也是如此。

学校出问题，也往往出在“健康”两个字上，第一个问题就是部门设置不齐全、职责不清晰、缺少战斗力；第二个问题是部门之间沟通不力、合作力低、欠缺相互支持的力度。

从第一个问题来看，学校里有可能随机设了许多并不特别需要的岗位。比如设置了许多貌似必须有，却又分工不清的部门——教导处、教务处、办公室、教师处、教学处等，功能不清，使得管理落实不到位。曾经有一所学校，考核教师的中层机构就有 6 个之多，搞得老师们无所适从，最后，无论是哪个机构的考核打分都激发不起老师们的关注度。也有一些学校有部门、无职责，有的极忙，有的极闲，造成了人力资源的浪费，学校的事务安排不下去，即便安排下去了，也执行不到位。还有一些学校有部门、有职责，但岗位执行者不懂得应该怎么执行。比如有些学校卫生质量极差，不是没有人管，而是管理的人自己都不知道该怎么去管。这就是“不健康”的第一个问题：不力。

第二个问题就是，虽然设置了相关部门，而且每个部门都在努力工作，但是沟通协调不畅，关键时候找不到人、找不到东西，这也是“不健康”的具体表现。我们常常看到的“大家都在忙，却忙不出个头绪来”的现象，归根到底是沟通不力，这个问题可能要比部门功能发挥不力更加致命，因为让学校陷入困局的往往不是哪个人、哪个部门出了问题，而是人和人之间、部门和部门之间互相不清楚、沟通不畅。孔子说“不在其位，不谋其政”，深一层的意思就是说，在其位的，要把其政谋好，而且，相互之间都要知道“谁在其位，谁谋何政”。不但校长要知道，部门之间要相互知道，还要让老师们知道，做到了这一点，才可以称得上健康，从而避免学校管理中出现的“不健康”的第二个问题：不畅。

二中的管理、文化就建立在健康发展的基础上，校长心中装着每一个部门、每一位老师，全校每个人的沟通与努力都得到了关注。

谁都可以是示范者

学校教育从前勤到后勤，从学生到老师，从老师到校长，从校长到烧水工，从校内工作人员到校外资源，人人、事事都会占据不同的岗位，这些岗位有大有小，有鲜明有沉寂，只有每个岗位都做到顺畅运转、通畅通达，学校的健康发展才能得到保障。在历城二中，有勤奋的好老师，有勤奋的好领导，更有勤奋的各个小小岗位上的其他职工，每个人都对岗位认同、坚守，并且愿意在各个岗位间流动，学校自然就发展起来了。

来看看学校副校长、高一年级的田庆民老师的一天：

清晨5点40分，田老师已来到办公室准备工作材料，随后在教学楼外迎接学生，并逐层查看各班学生的早读情况。6点50分，到餐厅维持学生早餐用餐秩序，早餐后在操场组织学生参加升旗仪式。8点至10点，接待前来学校考察的外地教育同仁，并准备下午班主任会和备课组长会的材料，然后组织学生做课间操。10点之后，作为信息技术考试的副主考，巡视考场。之后到教室调研听课；与班主任交流工作；进行学生活动的筹备安排工作。11点50分至13点，先后到餐厅和宿舍楼维持学生午餐用餐、午休秩序。13点到16点，主持召开班主任例会和备课组长例会；准备述职材料；接待学生家长；到餐厅维持晚餐用餐秩序。17点50分，到教室查看各班情况，通过内线，安排学生晚自习相关事宜。18点至21点30分，逐层查看学生晚自习情况；与年级副主任交流工作；与班主任一起安排晚休值班分工。21点50分，晚自习后，在教学楼外送学生。学生晚休后，在宿舍楼巡查守护，一直到23点。23点02分，他走出学生宿舍楼，结束一天的工作。

与田老师一样，二中的领导班子成员都是从一线教学、班主任、级部负责人一步一步成长起来，历练出了独当一面的能力。而且大家都有亲和善良、朴实真诚的优秀品质。更难能可贵的是，他们能耐得住寂寞，坐得住冷板凳，工作再苦再累也默默承担，真正把“责任”二字落实在行动上。日复一日、年复一年，他们将自己全部的爱心与热情都奉献给了学校和学生。

再来看看2014年大众网记者记录的高三年级王佰义老师的考前17小时：

5点30分起床。6点走进教室查看学生早读情况。7点到食堂3楼就餐。饭后快步走回办公室，解答来咨询的学生的问题。8点参加考务会。12点在餐厅吃完饭后快步赶到学生宿舍查寝。1点回家属院休息一会儿。1点50分走进教室，看学生唱“课前一支歌”。下午5点，组织学生看考场。晚上陪伴学生上晚自习。9点50分继续到宿舍查寝，11点到家。

这只是一个普通班主任的一段经历，二中的每一位老师都在用自己平凡的故事诠释、践行着学校的文化。

距离预产期不到一周的李玲老师，今天仍旧坚持在自己的工作岗位上，一心一意地陪伴着高三学子度过高考前的最后一周。连续上完两节课后，经过长时间的站立，她的腿已经有些浮肿，于是她回到办公室稍作休息。但是劳累的她并没有停止工作，而是继续批改学生试卷，课间有学生来向她请教问题，她都一一耐心解答。办公室的老师们都愿意帮她代课，但她认为考试临近，学生们面对新老师多少都会有些不习惯，所以一直坚持来上课，让学生安心备考。这位“准妈妈”的坚守与陪伴，让学生们在满满的感动中坚定了信心。

其实以上例子基本反映了历城二中老师们的工作常态。有些老师出于特殊原因更换了工作岗位，仍在不同的工作岗位上坚守学校的共同价值观，这在历城二中也是一种常态。

2009年，朱坤调入历城二中，担任英语教学和班主任工作；2012年，他服从学校安排，成为总务处的一名老师。总务工作杂、多、累、耗时、精细，需要耗费大量的精力和体力，非但没有完整的周末，就是暑假也难得有几天休息。2013年，他在总务处工作的第一个暑假就只休息了3天。而“资产清查”这个老大难问题，需要充足的体力与精力、足够的耐心与韧劲才能予以解决。从2013年5月至7月底，他和同事们清查了建筑物27座，对每一个房间、每个角落的资产都做了统计，填写清查表500余页，清查资产万余件，并将资产清查情况录入电脑、打出清单，为学校清理出十几年的账面资产与实物，为学校资产的清理报废准备了第一手资料。

在资产清理过程中，他将1996年以来的废旧淘汰资产归类，从账本到实物一一核对，共清理调拨资产5038件，计7024272.5元。在2014年至2016年的资产清查中，他使学校固定资产基本达到了账账相符、账物相符、账实相符的要求，为学校统一调配资产及编制政府采购预算奠定了基础。

陶行知先生说："真教育是心心相印的活动，唯独从心里发出来的，才能达到心的深处。"历城二中的领导、教师就是这样，"不驰于空想，不骛于虚声"，以扎扎实实的行动诠释着"人生在勤"的训言，也将"勤"的行事风格与态度潜移默化地传递给学生，鞭策他们踏实进取，走好人生每一步。

每个岗位都是重要的

在我的工作过程中，我会把学校的每一位教职工装在心里，而一些最平凡的员工也给我带来了最深的感动：

学校的一位保洁工王兆英，每天天不亮就来到学校打扫卫生，用干净整洁的环境迎接老师、同学们，但是，由于上班时间太早，她没法照顾家里年幼的孩子，只好让孩子也早起。许多老师提出，带着孩子干活是不符合学校制度规定的。我认为：学校制度是必须遵守的，但是，我们也需要平衡各种关系，要在"情、理、法"中间找一个平衡点。换一个角度来看，这位员工不仅仅是把自己工作岗位上的任务完成了，而且，也照顾好了孩子和家庭，这是令人感动的。这样的道的坚持和理的分析有助于学校的各个岗位、每一位员工释放出自身无限的潜力。

一所学校几百位教职员工，几十个工作岗位，一荣俱荣，一损俱损，校长心里装的是整体，装的是学校每一个人每一天的生活和工作。只有环环相扣、节节相连才能形成一个整体，学校越大，越不是缺一也可，而是缺了谁也不行。

在历城二中文化大环境的熏陶下，不仅仅老教师工作勤勉，连刚刚踏上工作岗位的新教师都会自觉自愿地迅速进入工作状态。2019年，学校招聘了一部分新教师，在实施暑期培训期间（从放假开始一直到新学期开始），每一位老师的休息时间只有三四天，整个日程是这样安排的：

7 月 22 日—7 月 28 日，课程、教学工作专题素养培训、班主任工作培训，每位教师参与课程方案以及各学科课程标准的培训；其间听取课程标准的报告，每位教师撰写不少于 6000 字的学习文章。（其间选聘班主任、学生学习导师）

7 月 29 日—8 月 9 日，学生经典、科学、艺术、行为习惯课程培训与课程开发，同时进行各个功能教室、活动教室的分组设计与教学内容张贴。

8 月 12 日—8 月 18 日，学科备课培训与专项研究，邀请区教研室做常规培训，创新备课方式，每位教师完成第一个月的备课。

8 月 19 日—23 日，学年工作计划、学年教学计划、学年宣传计划传达与研究。

8 月 26 日—31 日，迎新强化周，全体人员进行岗前述职与岗位目标设计，投入开学前的工作。

每一位教职工的尊严与价值得到了维护，他们就会把自己的精力回报到学生的身上。学生的感受是最真实的。一位毕业生曾写下这样一段感言：

“高考结束了，面对离别，除了感激我说不出其他。我感激老师们，他们付出的太多太多，早上比我们早到，晚上要督促我们去休息，还要改作业、备教案，找学生谈心，二中的老师个个都非常勤奋。历城二中，教我读书，更教我做人！”

另一位毕业生徐浩同学考上武汉大学后，将打暑期工赚到的钱用来拍摄了一部自编、自导、由同学出演的 MV，来回馈学校的培养，感恩学校教了他勤奋上进的人生哲学。

“上下同欲者胜”，历城二中的每一个人，包括学校所关联的每一个家庭同心同德，产生了文化效应。越是朴素的号召力，越是能感召每个人走在勤志的路上。

只有“坚守”，才能转化为“创新”

在历城二中近20年的发展过程中，我们一直坚持“不跟风、不盲从、不随波逐流，坚守教育的底线，按教育教学规律办学”，不因为外界不理解（质疑）而动摇或放弃，“坚守”根基，固本培元，最大程度地促进“创新”，从而开辟了自己独特的教育现代化之路。

一种教育模式不是通过创新的设计得来的，而是在学校每一位教职员工的坚守中积淀下来的。因为我们坚守住了根基，不随波逐流、不盲目求新，所以，常常有人会误解，说历城二中在教育问题上从来不激进，也没有创新的意识。但是，我们梳理一下历城二中近20年的教育发展后不难发现：在许许多多的领域，特别是人事改革、学习条件创新等领域，我们都创造了可观的教育创新成就。为什么一所不折腾、不跟风的学校能创造这么多的创新性成果？我们认为，原因就是“坚守”。

“坚守”和“创新”：二中教育的两个关键词

“坚守”和“创新”是《教育家》杂志在深度报道学校之后，为历城二中的教育发展找到的两个“关键词”，其实这两个所谓的“关键词”就是历城二中人近

20年所秉持的理念，也是历城二中“发展公平而有质量的教育”的内在文化基因。

一是“坚守”。1990年大学毕业后，我便回到母校任教，直到后来执掌二中，把自己最美好的年华都献给了这方教育热土，不敢有丝毫怠懈。在这过程中，历城二中从一所偏僻的农村中学，成功跻身“中国百强”，如今正向国家级示范性名校迈进。跨越发展的背后，是二中人对教育事业的满腔热忱与责任担当。人生在勤，不改初心，不忘使命，这种坚守精神正是事业取得成功的最重要的基石和保障。

坚守是一种态度，是一种精神，正在深刻影响着历城二中的每一位师生，甚至他们的家庭；同时，坚守又不仅仅是精神和态度，也是创新的动力和来源，正是有了“守”，才有了理直气壮的“新”，也就是中国文化里说的“继旧开新”“返本开新”“传承发展”。

二是“创新”。二中有中国首个青少年太阳能研究基地，在全省率先实现后勤服务社会化，率先将“发明创造课”作为必修课列入课表，是济南市首家实行电子备课、网络教研的学校；是济南市教育局“五个一”优化升级工程的第一所高中学校……诸多“率先”“首家”“第一”，彰显出二中人敢为人先、改革创新、志达天下的胆识与气魄，这无疑成为学校不断缔造新辉煌的最强大的推动力。

文化基因的生成过程也是教育过程。历城二中在20年前是一所基础较为薄弱的学校，教育发展的规律就是先改变人，继而改变学校。

坚守不是抱守，创新不是标新。

2015年1月10日，教育部印发了《普通高中校长专业标准》，要求校长确立“以德为先、育人为本、引领发展、能力为重、终身学习”的办学理念，提出了校长的专业职责，包括：1. 规划学校发展；2. 营造育人文化；3. 领导课程教学；4. 引领教师成长；5. 优化内部管理；6. 调适外部环境。其中，校长专业职责的每一个方面又包括：专业理解与认知、专业知识与方法、专业能力与行为3个方面的具体要求。

我的理解是：1. 校长专业化是在校长职业化基础上的内涵提升。校长逐步被认定为一种职业类别，具有职业特征，要遵循职业道德，完成职业使命，而专业化是在这个基础上，对于职业素养的标准化界定。2. 校长专业化是教育现代化的基本要求。面向2020年、2035年的教育现代化，更需要由专业的人来治理学校，校长专业化是展示学校办学防线、体现学校办学能力、实现育人目标的基础。3. 校长专业化是破解教育行政化思维的必由之路。校长是办教育的，不是当官的，好校长是全身心把学校与自己的生命信仰联系在一起的，这是专业行为，不能单纯看作行政行为。

我的做法是：立足于多年来在校长岗位上的办学经验与思考，结合所提出的校长的6个专业职责，在校长专业化方面拟订了以下6个计划。1. 从规划学校发展来看，要实现“校长领导下的人人坚守与创新”。简单来说，老师们要把学校的既有规定、常规工作一丝不苟地落实，保证育人基础，中层领导要每时每刻把学校现在发生的事情及时处理，保证育人秩序，这样，校长才有精力从学校的整体布局出发，用更多的时间来做好未来规划。2. 从营造育人文化来看，要实现“把常规当作文化来打造”。文化不是虚设的，更不是说给别人听的，而是实实在在地体现在每一个师生每一天的教育实践中的。从校长开始做起，二中人二十年如一日地奉行“人生在勤，志达天下”，这就是学校文化。3. 从领导课程教学来看，校长要做的就是“建立学校里的学科课程高地”。历城二中从学科奥赛，到如今各个学科的一流教学质量，再到学校的创客空间、艺术空间、德育空间、心理空间、文化空间等，都是这一点的具体体现。4. 从引领教师成长来看，校长专业化就是要“不拘一格用人才”。二中招聘教师不单重视学历，而且重视情商和在职发展的潜力。我相信，在二中文化氛围、教研氛围的影响下，老师们都会得到自我提升。5. 从优化内部管理来看，我们坚持的是“用管理创造一种管理”，前一个管理是过程、实践，后一个管理是管理思想、管理标准，有了思想、标准，内部管理就可以自然优化。6. 从调适外部环境来看，二中做的是“我在前面走，社会后面看”，不是强求家长、社会支持，而是先把工作做到极致，以获得家长、社会的高度认可，这样才能谈“调适外部环境”。

2019年2月23日，中共中央、国务院印发了《中国教育现代化2035》，提出到2020年，全面实现“十三五”发展目标，教育总体实力和国际影响力显著增强，劳动年龄人口平均受教育年限明显增加，教育现代化取得重要进展，为全面建成小康社会做出重要贡献。在此基础上，再经过 15 年努力，到 2035 年，总体实现教育现代化，迈入教育强国行列，推动我国成为学习大国、人力资源强国和人才强国，为到本世纪中叶建成富强民主文明和谐美丽的社会主义现代化强国奠定坚实基础。2035 年具体目标是：建成服务全民终身学习的现代教育体系、普及有质量的学前教育、实现优质均衡的高中阶段、全面普及高中阶段教育、职业教育服务能力显著提升、高等教育竞争力明显提升、残疾儿童少年享有适合的教育、形成全社会共同参与的教育治理新格局。

我们的理解是，《中国教育现代化 2035》提出了推进教育现代化的八大基本理念：更加注重以德为先，更加注重全面发展，更加注重面向人人，更加注重终身学习，更加注重因材施教，更加注重知行合一，更加注重融合发展，更加注重共建共享。明确了推进教育现代化的基本原则：坚持党的领导、坚持中国特色、坚持优先发展、坚持服务人民、坚持改革创新、坚持依法治教、坚持统筹推进。

如本书引论末提到的，二中“坚守与创新”的使命是在面对“2035 教育现代化”的基本任务中，从六个坚持入手：一是坚持从道德到智慧的教育质量观；二是坚持从坚守到创新的教育发展观；三是坚持从常规到文化的学校文化建设观；四是坚持从细节到整体的学校治理观；五是坚持从现代到未来的教育价值观；六是最重要和最基础的一点，即坚持在从思想政治方向到课程教学的整个过程中，始终以党和国家的教育方针和课程方案为标准，建设学科课程高地。

“人生在勤”与“志达天下”：二中文化的两个关键句

“是教育塑造人还是人构成教育？”历城二中近 20 年的发展说明，首先是有了有梦想、有追求的一批人，才会有“有梦想、有追求的教育”，人来改变学校，人来改变环境，人来改变教育；历城二中是因历城二中人的改变而改变的，这是“人生在勤，志达天下”的信念转化为行动后的自然发展。

这与许多其他学校的发展刚好是“反其道而行之”的，历城二中人不是在一个

“名校”光环下享受教育的滋养，而是通过学校里所有人的努力去创造学校的文化教育。这就是孔子说的“人能弘道，非道弘人”，学校是由人创新发展起来的。

历城二中坚守“以人为本”的“人生在勤，志达天下”的文化本质，才有了这样一个由“人”塑造环境的教育过程观。

教育是历城二中人干出来的，路是历城二中人走出来的，文化是历城二中人凝合而来的，这就是新时期教育文化发展的基本路径。我们可以将这样的文化发展定义为“新百年名校”文化发展观。

许多百年名校有着优良的传统和发展基因，这些都是宝贵的文化传承。那么新兴的学校又应该具有怎样的特征和文化生成过程？历城二中用自己的教育实践、文化塑造给出了答案：文化是由处于其中的人创造出来的。中国新的百年名校在这个新时代将会得到新的发展。

建校 60 周年之际，2018 年暑假，学校整体搬迁，历城二中的发展翻开崭新的篇章，推行集团化办学、12 年一体化教育，让学生从文化传承走向文化创造。同时，学校开启了新的规划：迁入新校区后，历城二中教育集团积极探索“教育集团 + 优质学区”的办学模式，构建“1+N”发展的新格局，使师生和家长都有更高的获得感，把唐冶新区打造成全市乃至全省的教育高地，打造区域基础教育优质均衡发展的新样态，以实际行动回应社会对优质教育的新需求。

学校在发展，必然也会面临着问题。从内部发展来看，还是存在着一定的劣势，特别是在学校踏入快速发展阶段后，一些客观存在的问题尤为突出，影响着学校未来的发展，但如果这些问题能得到解决，也许就能为学校带来新的发展空间。所以，仔细分析短板是一件重要的事情，甚至比认知自身优势更为重要。二中的主要短板存在于 4 个方面：一是在学校快速发展过程中，虽然学科教师队伍的素质水平整体提高了，但是“一流学科名师”仍欠缺。二中毕竟是处于县区层面的农村高中，在提高老师的整体教育教学水平的过程中，我们深切感受到，学校还缺乏在某一学科领域内处于全国一流甚至超一流水平的老师，学校需要有自己教室里的“明珠”和“珠峰”。二是名校的职责与压力让学校内部必需的改革与创新选择了求稳的路子，虽然这也是学校一贯坚持的原则，但是在这样的背景下，很多老师，包括学校领导对于一流学校的领航地位所带来的挑战其实还没有做好心理准备。作为“山东省最具实力高中学校”的改革创新压力是前所未有的，这无形中也成了学校的“紧箍咒”，我们要时时刻刻自我提醒：老百姓心目中的好学校一定要走好自己的路。三是在教育评价越来越趋向于精细化、显性化的发展态势中，激励机制的创新与突破不足。农村高中学校难以给奉献者、付出者更多的回报，虽然全体教职工付出了极为艰苦的努力，让二中的办学条件提高了，但与市直等城市学校相比，二中的总体环境评价结果仍处于较低水平，这就会让教职员工产生一定的心理落差。四是学校远离市区，虽然已经配套建设了高标准的家庭、集体、个人宿舍，也从各个渠道努力改善了老师们的生活条件，但是部分教师子女在入学、就业、就医以及出行等方面仍遇到一些困难。这些都是学校发展，包括校长在管理和领导学校发展过程中必须直面的种种劣势。

那么，基于“人生在勤、志达天下”的勤志教育，我们要做的事情还有很多：1. 思想管理。做好教育，“既不能和国家讲价钱，也不能和自己讲价钱”，没有舍我其谁的担当精神，是做不好教育的，短板不能靠“木匠”补，要靠“学校精神”来拉动。学校领导要从思想境界上做出表率，做好引领，倡导二中精神，发挥内力的持久性。2. 情感管理。人才战略，对教师来说，也是情感战略。作为校长，我将继续创造老师们干事创业的良好外部条件。首先要优化教师专业发展的机制和平台，同时为老师们的生活需求提供机制保障，从校长到学校中层领导都要为“人人创业创新”铺路搭桥。3. 系统战略。借助集团化办学，从小学到初中，再到高中，实现整个基础教育的一体化发展战略，在培养人才、输出管理等过程中，实现学校自身持续不断的发展。4. 学术战略。让学校成为走向教育现代化的学术战略高地，建立全学科无边界的学校教育研究共同体，在课程研究、教学研究、德育研究、管理研究、文化研究、学校建筑美学研究等领域成为集大成者，为基础教育发展再做贡献。

在新的时代中，学校发展有了新的目标、资源和特征，也融汇了家庭、社会、国家新的期待，面对这么多的“新”，历城二中人清醒地意识到：我们仍需坚守教育的基本内涵、本质。最好的时代理应需要最好的教育，历城二中秉持责任感和使命感，坚持走在“人生在勤，志达天下”的路上。

创建“小管理”，回收大格局

好学校离不开对细节的重视。小问题不忽视，防微杜渐，随时随地落实管理；小角落不瞒过，紧盯细节，让管理步步到位；小成绩不忽略，让人人都得到尊重；小进步不错过，搭建师生不断进步向前的阶梯。

在当前的基础教育界，有很多学校做出了“大教育”“新教育”“全教育”，但在历城二中，从校长到老师一以贯之，并且影响到学生的，都是一个“小”字：不忽略小问题，不瞒过小角落，不忽略小成绩，不错过小进步。我们取得了很多“大成就”，但究其根源都归功于“小管理”。“小”不是视野小、格局小，而是“以小驭大”的“小”，是管理落实到最细微的地方的“小”，是关注到容易被忽略的角落的“小”，是看到每一位师生的内心深处的“小”。

教育的大道，在小事里。这些小事的管理落实，体现在领导的亲身示范、“王牌教师”队伍的优秀表现、学生素养得到社会赞誉等方面，从而带动学校整体实现跨越式发展，为历城二中成为全国一流名校，打造国内领先品牌提供了有力的支撑。良好的管理保证学校健康发展、有序运行。我们不妨更深入地探究一下历城二中在管理与领导力建设中的奥秘。

三位一体管理模式

在历城二中的校园里你能体会到一种融合感：不仅仅人与环境是相融的，师生整齐划一的文明行为与学校洁净规整的校区校舍是相融的，而且人与人之间也是相融的——大家在不同岗位上秉持同样的理念做好自己的工作。每个人都在各司其职，这就是管理智慧的体现。在一所好的学校里，不同的分工注定了大家各自的工作重心是不一样的，在这基础上，还需要大家具有与自己岗位需要相符的思维方式，以便处理好 3 件事——“过去规定的事情”“现在发生的问题”“将来要做的事情”。这种三位一体的管理模式让二中的管理变得更有序。具体表现为：

一是全体老师、全校工作人员将“执行”无条件地落地，把学校“过去规定的事情”做好。一所学校几千名学生、几百位老师、几十个工作岗位，学校里每一天发生的教育事件多而繁杂，如何保证这些事情都是有序、可控的？历城二中的做法是：强抓常规建设，强调岗位常规，让人人坚守自己的岗位、完成已经规定下来的事情，从而保证各个岗位、各个环节都能够按照学校既定的制度、规则办事，令“处处协调，事事顺利”成为常态。

二是中层领导、岗位负责人将“应变”充分地体现出来，把学校“现在发生的问题”处理好。学校大，难免发生问题，处理问题既不主要是老师和普通职员的责任，也不主要是校长的责任，而是要依靠岗位领导迅速行动、应激行动。历城二中的中层领导能做到“问题快处理”“问题不推脱”“问题不过夜”，“现在发生的问题”就能处理好。我们认为，良好的人际关系是工作顺利推进的保障。依托淳朴的传统，二中在管理上注重营造和谐的人际氛围，让尊重、平等、宽容、欣赏成为师生们的寻常心态，这有利于中层领导、岗位负责人迅速落实工作。只有中层教干的执行力强了，学校的各种问题才能得到解决。

三是校长带领专业人员、专业团队将“规划”放得更高更远，把学校“将来要做的事情”先想好。校长的责任是“坚守”和“创新”，坚守容易，创新难，而校长的创新力也来源于良好的管理文化。正是因为老师们扎扎实实做好了“过去规定的事情”，中层领导及时处理了“现在发生的问题”，校长才能在坚守中分出精力来规划“将来要做的事情”。

这种三位一体的管理模式看上去是有层级的分工，把学校人员的行为“一分为三”，实际上是环环相扣、相辅相成的。人人把自己的本分守住了，学校再严也不“死”——学校的严格管理与内在的健康通达是分不开的。当每个岗位上的每个人都不再需要校长天天去管理时，校长在管理的过程中就少了冲突，多了配合，领导力自然就形成了。

扁平化管理模式

老子的“无为”是“不妄为”的意思，就是时时、事事按照规律来，运用到管理上来说，就是人人都需要一个平行的结构，继而生长出人人负责的智慧。

当前，中小学沿袭多年的以“上层”为“指挥部”、以“中层”管理机构为运作“轴心”、以“基层”松散组织（年级组、教研组）为补充的纵向管理体制，是一种“层级制”的管理模式，套用了西方“上传下达”的阶梯式管理，这一管理的价值在于“控制”，上层对下层具有良好的控制力，因此，这一管理模式的运作保障是“完整严密的制度”和“及时准确的执行力”。但是，很多学校在采取这一管理模式时，重心偏高，中间环节偏多，一线管理薄弱；在管理方式上，多为自上而下的行政干预，容易导致运作不畅，缓慢低效。

在学校里，事实上是有两套系统在运作的：一套是“类似行政系统”的行政体系，可以采取“自上而下”的行政管理模式；另一套是“类似学术系统”的业务体系，应该采取“自下而上”的学术研究模式。在我看来，“扁平化管理”的运作方式较为适合这两种模式的实现。

为打破体制制约，历城二中先觉先行，毅然推行扁平化管理体制已经10余年了。具体来说，就是加强“顶层”建设，强化决策职能；弱化“中层”管理职能，强化服务意识；加强“基层”的“级部”建设。二中实行“五部负责制”，初中部和高中 3 个级部，各自全权负责本部的各项工作，其角色类似“校中校”，而后勤直接为上述 4 个级部服务，并接受各部的考核和评价。“上层”设立校长、副校长岗位，其他领导全部下到级部，会同级部主任组建管理团队，在级部主任的统一领导下开展工作。级部管理团队办公地点设在级部，靠近师生，以便实施管理。这一管理体制变“纵向”为“扁平”，降低了管理重心，减少了中间环节，整合了管理职能，克服了纵向管理中的多头、分散管理带来的扯皮现象，提高了管理效率，把被束缚的活力释放了出来。

与扁平化管理相配套的重大举措是推行“高三教学岗位选聘制”。双向选择，责权统一。入选者优先评优，优先考核。这一机制极大地调动了教师的积极性，许多教师把入选高三任教视为一种荣誉，他们勇挑重担，“海量”工作，高强度运作，虽然辛苦，却又为自己的付出得到师生们的认同而感到自豪。

在历城二中，“扁平化管理”给老师们带来了“获得感”。每一位老师所做过的每一次努力会被记住，于是，老师们用行动诠释了“人生在勤，志达天下”的文化自觉：虽然身体不适，也陪同学生在烈日下军训；为了帮网瘾学生打开“心结”，带学生一起回老家过年，以耐心和真情让学生迷途知返；产假没休完就主动返回工作岗位；自费学习、进修心理健康教育相关知识，利用休息时间义务为孩子们做心理辅导……这样的动人故事在二中比比皆是。在老师们看来，为“家”工作、为“孩子”付出，再苦也心甘情愿，再累也乐在其中。

扁平化管理告诉历城二中教职工：每一个管理者也是一个执行者，人人负责，人人到位，在其位、谋其政。

打造全国一流名校

最好的管理者和最好的领导者是会让团队里面的每一个人都有方向感，人人愿意追随这个方向去努力的。

历城二中把管理做“小”、做“低”，但是，作为校长，我心中始终怀有一个最大梦想，那就是把历城二中办成全国名校。

名校怎么办成？还是从一点一滴做起，但是不要止于一点一滴，这就是用学校管理创造一种管理，创造一种可以长久影响教育发展的基本范式。

在历城二中发展、壮大的曲折道路上，需要始终有颗“定盘星”指引着前进的方向，始终有一面“镜子”映照着前行的人们，始终有一团“火焰”温暖着开拓者的心灵。这就要求我们必须深入打造不断传承和弘扬优秀办学传统、不断开拓进取的领导团队。

最近20年正是二中转型升级、实现跨越式发展的关键时期。我们所带领的团队以20世纪90年代末校园大规模“扩容”、办学设施优化升级为契机，提升士气，在新起点上前行：借力山东基础教育课程改革的东风，量身打造新的发展规划，不断对学校课程改革进行“顶层设计”；集中群众智慧并发挥团队创意，设计、完善了学校以“人生在勤，志达天下”为核心的理念体系，并逐步内化为师生共同的价值取向和行为方式；通过实践积累和头脑风暴法，保证了以目标为导向、以培养学生学科思维为重点的教育教学改革路线图；打破思维定式和陈旧羁绊，改革了管理体制，探索出领导力有效落实的机制。

2008年年初，学校行政会通过了一项重要决议：要让每一名学生参与到发明创造教育之中。当时很多人对这一决议持怀疑态度，但是，坚持了10年后，二中的“普惠创客教育”已经走向全国，成为学校的品牌。朱晓刚老师说：“认准了的事情，校长是一定要办到的。为保证每周五的二中讲坛顺利开展，周五上午文科老师不安排课，下午理科老师不安排课。二中讲坛已经开展10多年了，校长10多年来每期不落，抓考勤、抓纪律，抓到最后。”

有了“定盘星”，接下来怎么办呢？

一是要考虑传承发展中华优秀传统文化在学校行动层面应该怎样落地。民族复兴意味着民族文化复兴，文化复兴需要教育推动。2017年1月25日，中共中央办公厅、国务院办公厅印发了《关于实施中华优秀传统文化传承发展工程的意见》，提出：围绕立德树人根本任务，把中华优秀传统文化全方位融入思想道德教育、文化知识教育、艺术体育教育、社会实践教育各环节，贯穿于启蒙教育、基础教育、职业教育、高等教育、继续教育各领域。以幼儿、小学、中学教材为重点，构建中华文化课程和教材体系。编写中华文化幼儿读物，开展“少年传承中华传统美德”系列教育活动，创作系列绘本、童谣、儿歌、动画等。加强面向全体教师的中华文化教育培训，全面提升师资队伍水平。在这样的国家大势下，历城二中需要进一步思考怎么进行传统文化教育，怎么让传统文化教育进课程、进校本教材。

二是遵循以课程教学为核心的学校内涵发展战略，为学校内涵发展做最专业的设计：1. 树立学校与时代一体化的办学理念，定位发展，规范发展，示范发展；2. 加强现代学校体制机制建设，在课程领导与管理、教学模式创新、教师专业发展、学生品德与习惯养成、体育锻炼与艺术特长培养、教学质量监控与评价等方面，创建与深化课程改革相适应的系列化制度和运行机制；3. 构建学校课程体系，按照国家课程方案与标准开全、开齐课程，建立学校课程管理和运行机制，突显学校课程特色；4. 以学校行动研究为基本，不断进行实践反思和改革探索，及时借鉴和吸纳国内外相关研究成果，构建符合立德树人要求的素质教育模式；5. 在德育、文化、管理、科研、课程、人才培养等领域，彰显自己鲜明的办学特色，推进学校深层次发展。

三是推行“中华教育家型”教师成长计划。历城二中现在有一支由齐鲁名校长、齐鲁名师、特级教师等组成的名师队伍，接下来要考虑如何促进教师队伍的整体发展。国家将教师队伍建设作为教育战略，将“中华教育家型教师”成长作为基本使命，因此我们要打造教师发展模型，引领教师专业发展，以教师的教育过程作为研究的事实性材料，寻找中国式教师成长的范式与典型。

四是制定新高考、新课程、新教材的学校方案。整合和提升国内外教育考试、评价研究资源，打造学校教育考试与评价研究的领先者、学校考试与评价研究的探索者队伍，构建促进教育考试评价发展的优质服务专业平台，努力成为推进教育考试与评价制度改革的智库。

五是推进人工智能时代创客教育理论实践。在知识建构理论指导下，在充分使用互联网、人工智能支持教育的背景下，构建以知识建构为理论基础，以信息时代知识创新为教学目标，以学生自主探究合作为学习方式，以学习分析技术为支撑，以主题式、探究式、项目式、问题式、合作式教学为抓手，以学科整合融合为手段，以教育评价为核心的创新学习体系。推行超学科、讲原则的学习，自组织、评价导向的学习，一体化、多资源调动的学习，可复制、理论支持现实的学习，人本的、个体的深度学习。变革学习关系。

六是探索“新二中”教育集团化办学模式。这是一个实体项目，旨在建立一批由历城二中教育专家、学者、校长、教师参与建设的“集团化学校”，覆盖小学、初中、高中阶段，构建起立体多元的学校系统，体现“立德树人”“素质教育”“中国课程”“言传身教”“综合评价”“拉长补短”的特征，建立面向未来的示范性学校。

七是让深化工具研究成为学校管理的常态。二中致力于教育的落地生根，致力于为不同需求的老师、学生提供可以拿来就用的专业工具，继而实现学校的健康发展。学校的“健康”，一是健全，就是指部门齐全，各尽其责；二是通达，就是指沟通顺畅，一体共生。这就需要熟练运用各个部门、各个岗位、各个教育现场的良好工具，建立专属于一线课程与教学的专业智库，合理运用集团学校顶层设计、课程建设、教学改进、班级管理、家校沟通、德育一体化、作业管理、学生管理、安全管理、教育规划等匠心工具。

以“小管理”回收“大格局”，生成新的管理范式。二中将目标定在“全国名校”的愿景下，赋予了每一位教职工以领导力、信念和信心，大家方向明确、干劲足。

02

第二章

勤志行为，“人人做得出来”才叫学校文化

二中勤志行为故事：

历城二中有一支“铁军”，它就是国际、全国奥赛的金牌教练团队：苗斌、宋士见、刘红梅、赵玉喜、林成、车子全……他们既是二中老师中的普通一员，又各自创造着二中极不普通的教育奇迹。

2013 年，宋士见老师带领学生在第 22 届全国中学生生物学奥林匹克竞赛中勇夺 5 金 1 银，这样的成绩被全国同行称为奇迹。更难能可贵的是，他拒绝了百万年薪的工作，也拒绝了去做有几万元出场费的辅导报告，继续埋头二中讲坛默默耕耘。

为了让学生更加直观地了解、探究实验，他亲自深入到实验的每一个细节之中，学校周边的农田、草丛、垃圾堆、臭水沟都曾留下他的身影。刺扎过，虫咬过，蜂叮过……他的手臂上留下了很多疤痕。

有时候，他的妻子会抱怨他“没有家的概念，整天做甩手掌柜”，可他却说：“也许世界很大，但真正能带给我归属感和幸福感的只有我这一亩三分地。播种、

耕耘、收获，这个过程有辛苦、有压力，甚至有遗憾，但丝毫不能动摇我对此的坚守。我希望自己能够在这个领域中培养出更多优秀的孩子，能够为祖国生物学的发展储备更多的人才。”

勤志行为思考：

历城二中的教育是全体老师创造的，他们是学生行为的影响者，也是学校品牌与特色的建立者。特色学校、特色高中建设是国家战略，但是在执行过程中，个别基础教育学校由于对特色的认知停留在了“标新立异”的层面上，以致绕开了基础领域，甚至绕开了学生基础素养的发展，在边边角角，在单纯的课外活动、校外活动上下功夫，甚至有些极端个性化的特色活动已经严重干扰了学生基础素养的培养，学生的“道德”“智慧”“身心”“审美”“劳动”“法治”教育没有得到学科支持，没有落地。

历城二中的学校品牌建设有一个根本的立足点，那就是：以学生基础素养的表现来体现学校特色。因此，我们会从历史、现实与未来的多重视角来建立文化品牌，只要是能促进学生发展的，都可以拿来研究，以“勤文化”“志文化”为核心的学校品牌发展自然也是如此。

人生在成长中最大的悲哀，是不再相信放之四海而皆准的道理，如果今天有人非常正式地向我们训诫“一寸光阴一寸金，寸金难买寸光阴”“学向勤中得，萤窗万卷书”之类的诤言，对于成年人来说，可能已经引不起共鸣。时间久了、听得多了、人生经验丰富了，有些人可能已经对很多至理名言都不以为然了，甚至对此产生排斥，认为这些大道理是虚幻的！然而，恰恰是这些“大道理”对支撑实践是最有用的。历城二中就坚持了“相信文化”的基本理念和诉求——勤文化在学校里人人信任、人人付诸行动，这就构成了文化创造与坚守中独特的行为力量。

历城二中的勤志教育文化可以用3句话来表达：学生记得住，老师做得到，家长看得懂。

什么是学生记得住？就是要影响学生一生。“人生在勤，志达天下”八个字深入学生每一天的学习与生活中，学生据此打理自己的学习与人生，同时也把这一理念留在了自己的灵魂深处。

什么是老师做得到？就是把文化转化为教学常规。我们非常重视常规的力量，勤志教育的常理、常态、常道体现在老师们的备课、上课、辅导中，乃至老师们在家庭生活、社会生活中也能够据此来践行。

什么是家长看得懂？就是要实现家校共同发展。文化是真实的，不仅要在学校里真实地得到践行，还需要在学生的家庭里真实地落地。这就要求我们要让每一位家长（不论其文化水平如何，思想境界如何）都能看得懂、愿意做。

什么是“人生在勤”？

“人生在勤”是历城二中师生用双脚走出来的，不是书本上的格言，也不是墙上刻着的口号，而是伴随着学生入学、毕业一以贯之地影响他们一生的文化。教师勤业，学生勤学，领导勤政，每一个人都将“人生在勤”作为自己的人生信条，这是学校的愿景，也是永远的追求。

“人生在勤”是人人都懂得的道理，为什么还要强调不断坚持呢？就是因为“勤”说出来容易，做起来难。要克服人的自然倦怠心理是很难的，时间久了，有些道理可能已经不能引起兴趣，这时就需要重新寻找其价值。

中西文化里的“人生在勤”

把最简单的道理做出来，就是不简单的教育。在中华文明 5000 多年的历史长河中，教育思想推陈出新，但是我们知道，继承和坚守才是根本。“勤奋”是经典的教育思想，人人都知道，但是，只有做到了，它的价值才能得以体现。

少壮不努力，老大徒伤悲。——汉·汉乐府《乐府诗集·长歌行》

黑发不知勤学早，白首方悔读书迟。——唐·颜真卿《劝学》

莫等闲，白了少年头，空悲切！——宋·岳飞《满江红·怒发冲冠》

少年易老学难成，一寸光阴不可轻。——宋·朱熹《偶成》

千古圣贤豪杰，既奸雄欲有立志者，不外乎一个“勤”字。——清·曾国藩《曾国藩家书》

……

关于劝人“勤奋”“勤劳”“勤俭”“勤勉”的名言警句，比比皆是，我们还需要做更深层次的解读。

“上士闻道，勤而行之”的状态是对“勤”最好的解读。这个状态应该是怎么样的呢？在历城二中，“人生在勤”是师生用双脚走出来的，不是书本上的格言，也不是墙上刻着的口号，而是伴随着学生入学、毕业一以贯之地影响他们一生的文化。教师勤业，学生勤学，领导勤政，每一个人都将“人生在勤”作为自己的人生信条，这是学校的愿景，也是永远的追求。

在西方文明世界里，“勤”的例子也不胜枚举。比如达·芬奇既是艺术家，又是科学家，被誉为人类历史上绝无仅有的全才。他最初开始学画时，曾苦练画鸡蛋，务求打好基本功，这种勤学苦练最终造就了他的精湛画技，其杰作《蒙娜丽莎》《抱银鼠的女子》《卢克雷齐亚·克里韦利》和《最后的晚餐》等都是艺术瑰宝。此外，他还擅长雕刻、音乐、发明，通晓数学、生理、物理、天文、地质等学科，勤奋多产，保存下来的手稿大约有 6000 页。

历城二中的“人生在勤”

历城是伟大词人辛弃疾的故里，二中人也深受辛弃疾大抱负、大胸襟的感染与影响。据《宋史·辛弃疾传》记载，辛弃疾曾说过“人生在勤，当以力田为先”，并以此自号“稼轩”，体现了他重民生、求民乐的忧国忧民之心。这一精神与历城二中人的教育情怀不谋而合。二中将“人生在勤”作为校训，并赋予其新的内涵——“领导勤政、教师勤恳、学生勤学，全体师生孜孜不倦，学生以勤奋汲取教育清泉，教师以勤奋书写教育人生，学校以勤奋铸就教育伟业”，以此鞭策、激励二中人永远不要停下前行的脚步。而“志达天下”是指学生在学习过程中应确立的一种学习目标观——为天下苍生而学；也是指教师工作中应达到的一种理想境界——为天下育英才，舍我其谁；更是指学校管理者应具有的管理视界——是为成就人、促进人的发展提供服务的。校风“勤朴中和、志行高雅”，教风“博学谨业、修己立人”，学风“勤学善思、知礼乐行”都是以“勤”为主线，与“人生在勤”的校训一脉相承，奠定了二中独特的文化根基，也就此成为学生发展的核心素养。

我希望从二中走出的学子，都能够以勤立身，志达天下，以良好的德行和素养闯出自己的一片天，成为对国家、对社会有用的人。我也坚信，“教育的核心在于培养学生的基本素质，让他们成为勤奋、正直、善良、意志品质坚强的人”。

在历城二中，“勤文化”在贯彻执行中主要体现在以下 3 个方面。

一是立刻做出反应，马上去做，从行为态度上体现“勤”：上士闻道，勤而行之。（行为态度上来讲）每一件事的部署和布置，都会得到积极的响应，“令有所应，应有所回”。“马上去做”成为一种工作常态。而对学生来说，勤奋就是体现在积极反应的学习态度上，要保持敏感、保持热情、保持正面取向。

比如朱坤老师的工作信念是“绝不拖延”，这就是“马上去做”。他还有一个“多付出 5 分钟”的工作理念，这并不是指多干活，而是指多动脑、多总结：把总务工作中的每一项小工作都认真总结一下，查找问题，做到万无一失。“多付出 5 分钟”是对“绝不拖延”工作信条的有力补充，两者相辅相成，这样才能精益求精。

二是勤奋要自始至终，持之以恒，从日常行动中体现“勤”：居之无倦，行之以忠。（完全是忘我状态）每一天的每一个任务都是在勤奋的状态下完成的，每一位干部、每一位老师都在勤奋的状态中工作，这是“勤文化”在历城二中的老师和学生身上最突出的表现。在这个良好的环境里，学生投入到学习上的精力是发自内心的，就会学得忘我、学得投入，并将这种持之以恒的勤奋精神延续到了生活中。

在历城二中，忘我工作的老师不是只有一位，也不是有很多位，而是全体都是如此。曾有初到历城二中任教的老师说：“来到二中后，看到同事们都这么勤奋，也就把自己从前有些懒散的小毛病改了。”这就是历城二中人持之以恒的“勤文化”的价值。

三是勤奋不分岗位，人人在勤，从全体岗位上体现“勤”：自强不息，厚德载物。（人人事事都要勤）在学校里各人的分工不同，但是，在“勤文化”的涵养下，每一个人都会有不同的“勤”的表现，在前进和探索中自强不息。作为一线教师，创造、创新、超越自我，不断创造佳绩是勤奋的表现；作为学校服务岗位的工作人员，坚守、细致、默默无闻，每一天、每一分秒都把自己平凡的工作细节放在心上，也是勤奋的表现。

在二中，卫生无死角，教育无盲点。要做到这一标准，单凭校长和几个教干的管理是远远不够的，必须发挥每一个人的积极性和主动性，人人都是执行员，人人也都是监督员，这样才能保证“管理到位”“执行到位”“落实到位”。

如此一来，“人生在勤”便成为一种共识，在二中开始落实与传承。

“勤”，是二中人 60 多年来的文化积淀，正是勤文化的植入和传承，使二中获得了社会和家长的高度认可。在这里，每位老师都诠释着付出、担当、勤奋与奉献。比如，新教师吴迪给自己定下了“三勤”的目标：1. 勤于学习。“站上讲台就是用生命在唱歌”，初为人师的我一定要重视每一堂课。而备课则隐藏着教学的全部秘密，应做到备课标、备教材、备学生、备资源和备过程，只有充足的备课才可以让课堂变得凝练而精彩。2. 勤于读书。布罗茨基曾说过：“一个不读书的民族，是没有希望的民族。”作为教师，更应读书学习，这本身就是对学生的一种言传身教。学生具有向师性，教师的一举一动，学生都会揣摩效仿。读书不仅能增长知识，开阔视野，还能滋养我们的人生底蕴。3. 勤于思考。无论是备课时钻研教材，还是在课后都应勤于思考。备课时，我们要思考是否做到严格按照课标进行设计；课后，我们更应及时反思：教学过程是否完善？学生思维是否得到锻炼？多思考、反思才会收获成长。

同样是新教师的徐文焕也在“人生在勤”的背景下设定了自我目标定位——“我想在二中做一名什么样的教师”。

1. 做一名有“爱”的教师。首先，要热爱教师职业。既然今天我站到了讲台上，毫无疑问，我热爱教育，热爱教师这份职业。其次，要热爱学生。为人师者，要有一种慈母情怀，要把学生看作自己的孩子。我是那种看见小孩子就拔不动腿的人，我喜欢孩子，我相信我也会爱我的学生。2. 做一名勤奋的教师。手脚勤快，多干活，乐于为学校建设和教育教学工作多出力，不怕累；嘴巴勤快，善于沟通，与学生交心，与家长交流，做好家校共育；脑子勤快，多思考，多反思，勤学习，不断成长。3. 做一名有教育智慧的教师。我们不难发现优秀教师都有一个共同点——拥有教育智慧。他们在学生管理工作中不断摸爬滚打，练就了一身本领，把学生管理和教育工作做得十分出彩，这些都是教育智慧使然。我想，能够成为优秀教师、优秀班主任、优秀教学领导者的人，都是有教育智慧的人，而我也想成为这样的人。4. 做一名终身学习的教师。我在日常反思中时常感到惭愧，惭愧自己读书少，惭愧自己语言表达水平不高，惭愧自己没有一技之长……也终于在惭愧中悟出了终身学习的重要性。这里的学习不只是指学习专业知识，钻研教学，做一名业务水平过硬的教师，同时指向万事万物学习，做一个内涵丰富的人，同时多读书，增长见识，丰富内心世界。5. 做一名善于反思的教师。我会从坚持写教学反思做起，与学生们在教学点滴中一起成长。6. 做一名精益求精的教师。从细节抓起，凡事做到精致。优秀的教师对教育追求精致。所以我对自己的教学工作提出一点要求，尽力做到精雕细琢。我计划在二期培训中从练字做起，认真备写教案，做好教学基本功。工作之外，生活之中，也要做一个精致的人，更加热爱生活。7. 做一名谦虚好学、见贤思齐的教师。做人要知足常乐，做人也要永知不足。我把现在的自己比作二中的一棵小树苗，需要多汲取阳光雨露，即虚心向优秀教师学习，在工作中不断挑战自我，深深扎根二中沃土，慢慢成长为参天大树。希望在未来我可以成为优秀二中接班人中的一员。

“人生在勤”的心理结构

“勤文化”也对学生的智力因素和非智力因素提出了综合发展的要求。一个人的智力因素很重要，非智力因素也很重要，二者其实都包含着“勤”的内涵。

“勤奋”也是一种智力形式。燕国材教授主张学生的智力因素由 5 个方面构成，并形成一个结构体，这 5 个方面是：注意力、观察力、记忆力、想象力和思维力，其中思维力是核心。相应地，关注学生智力因素的教育就应培养学生“会注意”“会观察”“会记忆”“会想象”“会思维”，这“五会”显然应当是在每一天的坚持中形成的，也就是“勤注意”“勤观察”“勤记忆”“勤想象”“勤思维”，无法引领学生做到“五会”的学校教育显然不具备“有效”乃至“高效”的特征。

怎样培养出“勤注意”“勤观察”“勤记忆”“勤想象”“勤思维”的学生？二中发挥学科建设的优势和特点，在学生个性化思维建构上下功夫，每门学科都有自己的教学方法，每位教师都有自己的教育主张，每一个学生都可以按照自己的层次获得发展。在学习中学会学习，在“勤奋”中收获能力。

“勤奋”居于非智力因素核心。人们习惯上认为非智力因素影响智力因素的发挥，是一种辅助性因素。燕国材教授却不这样认为，他将非智力因素对学生学习的作用做了这样的分析：非智力因素能够转化为学生的学习动机，成为推动人们进行学习的动力；它可以帮助学习者确定学习方向，它能够引导学习者从动机走向目的；它可以使学习者发挥锲而不舍的精神，把学习活动坚持到底；它能够及时地调控学习者的心理和行为，激发其有利于学习的一面，克服其对学习有碍的消极因素；它可以提高学习者的生理与心理能量，使它们始终保持旺盛的学习劲头，积极探索，努力进取。这种由内而外的作用显然对学习具有决定性作用。

影响学习的因素除了智力因素，还有动机、兴趣、情感、意志与性格等非智力因素，非智力因素的价值在于其内在的动力性。而对于学生个体来说，单纯提升与培养学生的非智力因素是很难的，因为学生之间总是会相互影响的。因此，历城二中从群体文化价值入手，在整体倡导、整体落实、整体检测学生的非智力因素上下功夫，让“勤奋”居于非智力因素核心，从而实现人人发展。

构建以“勤”为核心的综合素质结构与组织。一方面，非智力因素对学生的学习和身心发展具有明显的决定性作用；另一方面，学生的非智力因素也会在其投入学习的过程中得以提升和强化。因此我们倡导“五学”，即：愿学（以动机为机制）、好学（以兴趣为机制）、乐学（以情感为机制）、勤学（以意志为机制）、独立学习（以性格为机制），并且与“会注意”“会观察”“会记忆”“会想象”“会思维”合为一体，以构成以“勤”为核心的发展动力源泉。

社会心理学研究的是关系，也涉及关系中的人的发展，特别是人的自我归类、社会表征、社会认同。社会于人的发展具有怎样的影响？有学者认为：“我们可以把社会影响过程概念化为‘参照信息影响’的过程：其他人的行为提供了有关适当态度和行为的信息，以至于它会成为参照群体（内群体自我类别）规范的例证。具有说服力的并不是他人行为的信息内容本身，而是依照参与内群体共识的情况，那种信息内容从社会心理上获得确认的程度。”①这是一种社会认同理论，规训并引领着人的发展，从而使得社会认同逐步实现，而社会认同的过程是一个人不断地发展、完善继而实现自我发展的过程。人的社会认同伴随着对社会的认知、趋向的一致性，教育的过程与之相类似。

二中师生对“勤”的认同与行动，就是一种社会关系的综合，其中既有强烈的个体倾向性，如情感、精神、人格、品质发展等，也有各种社会关系的作用和影响。当每一节课、每一件事情、每一天、每个学期，甚至每一年，师生都在勤奋地专注工作、专注学习时，“勤”也就变成了这一群体相对稳定的社会心理结构。“勤”为根，“志”生长，于是，我们就可以开始在此基础上讨论每一位师生的“志达天下”了。

① 约翰·特纳．自我归类论［M］．高明华，译．北京：中国人民大学出版社，2011：76.

什么是“志达天下”？

“吾十有五而志于学”，青春期正是立大志的时候。如果说“勤”是行为方式，那么“志”就是行动方向，方向就是力量的源泉。不仅学生如此，对教师来说，“人到四十再励志”，为天下育英才，为国家储栋梁，为帮助学生树立起正确的价值观和梦想，每一个二中老师都在用行动说话。

“志达天下”是一个既有“志”的内驱力，又有“天下”的价值力的文化选择。教育要“各从其欲”，让学生的个性与愿望得到发展，而不要让学生产生病态的欲望，需要顺从其最根本的欲望。尊重其现有的欲望，然后根据世俗的要求去慢慢引导学生，从欲望到愿望，从愿望到志向，大的志向就建立起来了，人生的未来也就在内心开始成形了。

中国文化里的“志达天下”

说到“志”，它在中国文化里比比皆是。志向对于儿童、少年、青年、中年人、老年人都有了不起的价值：幼年立志，可向往美好的未来；青年立志，可端正人生的方向；中年立志，可达成人生的梦想；老年立志，可激发人生的超越。

勤志 坚守中创新教育之道

三军可夺帅也，匹夫不可夺志也。——《论语·子罕》

志不立，天下无可成之事。——明·王守仁

一息尚存，此志不容稍懈。——清·程允升

“吾十有五而志于学”，这说明15岁的青春年华正是“立志”“励志”的大好时光。

一位班主任曾递给我一份非常用心的“学生成长规划”，细致地呈现了全班每一名学生在学校里学习发展过程中的优势、困难、挑战、机遇，非常有针对性地设计了面向每个个体的发展规划、学习计划，包括了阶段性的目标以及完成这些目标所要采取的教育教学的方式，甚至细化到每一天。我认为，这就是学生人生中的第一份规划，虽然是在老师带领下做出来的，但它属于学生个人，是学生在认识自我、发展自我过程中一份宝贵的依据——志向是要有依据的。

学生的发展规划应该涵盖其成长的每一个方面，核心是基于“立德树人”的道德人生。据此，我们可以探讨一下一份好的人生规划在学生道德成长中的地位与价值。可以说，有了这样好的生涯规划，才有了探讨“道德人生”的可能，而道德教育最终的落脚点就是对于道德人生的守望。

那么，人的道德生涯应该怎样规划呢？

还是孔子那句话：吾十有五而志于学，三十而立，四十而不惑，五十而知天命，六十而耳顺，七十而从心所欲，不逾矩。

朱熹认为：15岁之前是小学，15岁之后是大学。清人段玉裁读朱子《小学》后说：“小学宜兴全体，文字仅其一端。洒扫、应对、进退，未尝不可谓之小学。”《大戴礼记》定义：“古者年八岁而出就外舍，学小艺焉，履小节焉；束发而就大学，学大艺焉，履大节焉。”小学的学习显然更具有“全体”的意义，如果“行有余力”，则可以“学大艺”。所以15岁应该要立下志向了。

“勤奋是在勤奋之中锻炼出来的”，而“志向是在立志过程中树立起来的”，只有切合实际，沉下心去做，才能“由我到远”地建立“志达天下”的信念。让学生做个体规划，其价值与其说是在于对这个班级里的学生的未来产生正面影响，不如说是在于老师与学生们实实在在地做了这件事情，就每个人各自的学习过程、人生发展、道德领悟做了系统的整理和反思。过程就是意义，就是价值。

在历城二中，对学生的人生规划产生正面影响的事情有很多，比如唱班歌、进行班级宣誓、举行成人礼等，学生还要制定自己的生涯规划，要懂得什么是道德人生。有的学生说，我这一辈子要做一件事情——懂得人生的根本。那么可能很多人会问：那得找一句多么了不起的话来描述才行？其实，《论语》中说：“孝悌也者，其为人之本欤！”可能对于人生来说，越是大事，说起来越简单。对于现代人来说，人生要做两件事情：一是把父母孝敬好；二是把子女养育成人。这两句话结合起来，就可以构成人生的根本。也有的学生说，我这一生要把赋予我的每一个社会角色合格地完成。这也是一个人的道德人生。所以我们的判断是：坚守自己的一句话，构建自己的道德体系。

陶行知有一段非常精彩的描述：“行动是老子，知识是儿子，创造是孙子。你要有孙子，非先有老子、儿子不可，这是一贯下来的。但是我们知道，单独的行动，也是不能创造的，如中国农夫耕种的方法，几千年来，间有小小的改良外，其余的都是墨守陈规，毫无创造。还有许多书呆子，书尽管读得多，也不能创造。所以要创造，非你在用脑的时候，同时用手去实验；用手的时候，非你用脑去想不可。手和脑在一块儿干，是创造教育的开始；手脑双全，是创造教育的目的。行动的教育，要从小的时候就干起。要解放小孩的自由，让他做有意思的活动，开发他们的智力……因为小孩子还没有斫丧他行动的本能，小小的孩子，就是将来小小的科学家。假使我们给小孩子自由行动，我相信千百孩子之中，一定有一个小孩是天才，是一个创造者、发明者。”[①]这说的就是要去干事，就是要到实际中遨游一番，历城二中就给师生们搭建了这样的成长阶梯。

所以，“志达天下”仅仅是一个号召吗？不是，在历城二中，学生们胸怀“天下大同”的最高目标是从行动开始的，是从每一件小事开始的。

---

① 方明．陶行知教育名篇［M］．北京：教育科学出版社，2005：209−210.

历城二中的“志达天下”

历城二中倡导扎实的工作作风，体现到学校文化和精神理念的建设上，就是不说空话，万事都要找到依据。《大学》里有这样一句话：古之欲明明德于天下者，先治其国；欲治其国者，先齐其家；欲齐其家者，先修其身；欲修其身者，先正其心；欲正其心者，先诚其意；欲诚其意者，先致其知；致知在格物。

而这就是历城二中“志达天下”的由来，“平天下”的大志，需要“勤学习”的小节。历城二中“志达天下”的教育目标层次鲜明地体现在以下 8 个方面：“格物探求”—“以知致知”—“心诚意坚”—“正心端仪”—“修己安人”—“家校文明”—“报国之志”—“明德天下”。八位一体，让学生获得“取法乎上”的大收获。

一是格物探求。将学习和教育的重心下移到每一个人、每一天、每一节课、每一个活动、每一次工作部署与检查。二中师生，特别是学生，能够自觉做到的事情不胜枚举：几千人的校园里干净整洁，几百人的宿舍楼里秩序井然，几十人的班级里学风扎实，几个人的办公室里讨论的话题全都是学校的核心问题、棘手问题。万事万物都要从事实中来，从实干中来——在这样的主导思想下，二中建立起精益求精、格物致知的行为文化，将伟大的梦想和远大的志向与学生每一天的学习紧密结合，这也是历城二中实事求是的学习风气、工作作风、领导风范的体现。

二是以知致知。也就是说，每个学生都认识到学习的重要性，知道自己需要提高自己的认知水平，发自内心、发乎情感地将学习放到第一位，明白人生在勤的道理，领悟到“志达天下、勤于学习”是学生的本职，从而形成以学习为中心的良好风气。学校将认知教育、智慧修养教育落实到了每一天、每一件事情上，贯彻到学生学习过程的每时每刻之中——课前作业的布置有明确而具体的要求，课堂学习有基本的规程和最基本的学习状态要求，课后学习有清晰的指引。这样一来，学生的知识学习是扎实的，同时学校每一天的常规工作、每一周的活动、每个月的主题任务都得以顺利展开，使书本知识与社会实践相结合、认知学习与智慧生长相结合，造就了学养扎实、风采远播的二中学子形象。

三是心诚意坚。教科室的朱晓刚主任说，历城二中地处农村，之前，校外人文环境非常差，周边企业打工者素养较低，以致生活垃圾遍地都是，校门口的交通秩序混乱……但即便是在这样的情况下，只要一走进二中，就仿佛进入了另一个世界。只是一门之隔，校内、校外的文化环境对比鲜明，这就是历城二中人坚守的内心教育理想。教育环境，包括物质环境和人文环境，把两者都抓好是二中人对优质教育矢志不渝的坚持。

四是正心端仪。“把学校卫生搞好了，把每一个人的仪表仪容管好了，让每一个人的精神状态好起来了，你们学校的高考成绩就会大幅度提高”，这是我在2019年7月向一所县城中学提出的教育发展建议。教育有显性的成果，比如高考成绩等，但是，显性的成果一定来自隐性的付出，而这些隐性的努力往往会起到最关键的作用。在二中，每个人都要管住自己，每一位教师、每一名学生，从发型到着装，都要符合外在的和内在的统一要求，这既是教育价值观的体现，也是学校想让学生心无旁骛地学习的外在关怀。正心端仪，自然一生受益。

五是修己安人。指手画脚、“站着说话不腰疼”是人人都排斥的管理行为。从校长到老师，再到每一名学生，凡事多想一想自己该如何做到、如何做好，凡事从自身做起，多加锻炼。若有进步，需要我们每个人继续努力；若有问题和不足，更需要我们每个人主动改正。在历城二中，学生知道自己的职责和学习使命，并不会去抱怨别人。敞开心扉、积极沟通、拒绝抱怨，这就是学生“匹夫大志”的体现，也是学生“修之于身”的文明志向。

六是家校文明。家庭是学生成长的温暖港湾，历城二中通过德育一体化机制建立了家庭与学校之间的联系，孝敬父母、关心家人、兴家立业的思想情操渗透到学生的内心深处，同时，学校也成为一个大家庭，寄宿制学校里友爱互助的同学情、师生情构成学生家校文明志向的独特体现。学校还积极发挥公共服务优势。2016年5月25日下午，学校“扶贫援建家庭小书房”行动走进唐王镇田家村。二中工会副主席娄源勤带着书桌椅、图书、书包、台灯等近9000元物资来到田家村委，与早已等候在此的唐王镇政府宣传科科长、田家村党支部书记、柴家小学校长等进行交流，5 位家庭贫困学生的家长与 3 位贫困学生一起来到现场接受捐赠。这样的活动已经成为二中的常态，构建起了“学校—家庭—社会”一体化的教育平台。

七是报国之志。民族复兴、国家振兴需要体现在中学生的志向中。在历城二中，即便是就餐时间，只要是电视节目中响起了国歌，全体学生马上就会起立、静默，这成了学校的感人风景，也是学生报国之志的一种具体表现。在二中，有两句话比较重要——一句是属于社会学范畴的：不要问国家对你做了什么，要问问你自己对国家做了什么。答案是不言而明的，这可以说是“爱国”教育的目的。另一句话是属于教育学范畴的：你对国家重要还是国家对你重要？教育的答案是：你对国家更重要。这背后蕴藏着进行“爱国”教育的方法。这两句话里都承载了报国之志。

八是明德天下。我们倡导胸怀天下，理解世界文化，在学习过程中以平和包容之心建立自己的天下观、世界观。历城二中的学生在“读遍天下、行遍天下、学遍天下”的情怀中建立天下意识，下面我们来看看二中学生“志达天下”的要义。

1. 从学生的发展来看，是要帮助学生建立面向世界的视野和胸怀，拥有国际理解的情怀、国际包容的格局，能够以中国文化理解世界文明，成为与世界接轨的人，而这是通过学校的“国际理解教育课程”来实现的。

2. 从学校构建来看，是要建立广泛的国际教育合作，与国内外的同类学校建立互通关系，与国际教育机构建立共享机制，在世界教育的体系中发展完善学校自身体制。二中每年都会举办“国际游学”活动，给予学生深度进入国际社会体验国外教育和进行实践的机会。另外还开展国际教育合作，包括引入优秀的国际教师等。

3. 从课程设置来看，是要积极引入具有较高国际认可度的课程体系，特别是要促进国际课程的积极落地。逐步将具有国际水准的“核心素养”课程迁移到学校里来，包括促进国际课程里的即时性评价的落地。

4. 从教育方式来看，是要建立“学校 + 互联网 + 万物”的授课模式，顺应人工智能时代的教育发展新特征，将“知识建构”“深度学习”“万物关联”等理念纳入学校，使学生保持与世界联通。

5. 从人才出口来看，学生毕业以后不仅能够参加国内的任何考试，也能够通过国际申请等方式走向世界。

志达天下的伦理结构

志达天下是最高的道德体现。最积极的人生状态与人生志向是对自己的无限超越，也来自反思与改进。克己、慎独、格物等是人学习、成长、生活的提升手段。我们强调学习是综合性地提升自己，而不仅仅是运用头脑对研究素材进行分析加工。于是就有了“克己复礼”“修己安人”等综合性要求。

什么是“克己复礼”？“复礼”是指恢复到合理化。即克制自己的欲望，使每件事都归于“礼”。“克己”和“复礼”是一体两面，合起来看，便是我们常说的“克复”。克复什么呢？把非礼克复过来，使其合礼，便是克复。

非礼勿视，合礼的便要视；非礼勿听，合礼的便应该听；非礼勿言，合礼的当然要言；非礼勿动，合礼的必须要动。视听言动，无一不合乎礼的要求，便是立身端正。只要遵守“非礼勿视、非礼勿听、非礼勿言、非礼勿动”的准则，我们便具有很大的自由，可以加以拓展。所以孔子认为实践仁德，主要靠自己，不能依赖他人。自我觉醒，自我改善，还需要自我提升。一个人处处克制自己的不正当欲望，约束自己的不正当行为，便是克己复礼，便是自爱的表现。

幸福和不幸并不依赖于运气，尽管生活也需要运气。铸造幸福的是合德性的活动，相反的活动则造成相反的结果。因为，合德性的活动具有最持久的性质，而那些幸福度较高的人把他们的生命的绝大部分时间持续地用在了这些活动上。

亚里士多德指出：幸福是一种善，是一种合于美好德性的现实活动。①在他看来，幸福是一种最高的善，是一种最高的快乐，幸福是终极的、自足的，是无条件的。亚里士多德认为一个人若不具备德行条件，即使有最多的钱、最高的荣誉也不会有

①亚里士多德．尼各马可伦理学［M］．廖申白，译注．北京：商务印书馆，2003：17-29.

真正的幸福。他举例说："有些人偶感饥渴便纵饮无度；有些人为了两个铜元而不惜毁伤自己最相好的朋友；有些人心志愚昧像小儿或神情迷惑像疯子，这种怯懦、无礼、不义、愚昧和痴呆的人，是不会幸福的。"德性和实践智慧是幸福的主宰，"每一个人所得的幸福正好与他具备的德性和实践智慧以及依此行事的能力相等"。这种实践有如下几方面的体现。

一是乐趣。即自己所从事的学习与工作所带来的快乐。诺贝尔化学奖获得者奥托·瓦拉赫读中学时曾先后尝试在文学和绘画方面发展，结果都碰壁了。此时，他的化学老师认为他做事一丝不苟，具有做好化学实验所必需的品格，建议他试学化学。结果，瓦拉赫智慧的火花被点燃了，他从中体会到了无穷乐趣，最终通过自己的努力获得了诺贝尔化学奖。他的例子印证了对于学科的、活动的、事业的乐趣在人的发展中所具有的重要性。当然，单纯的低级欲望的乐趣是不可取的，所以就需要将之上升为兴趣。

二是兴趣。夸美纽斯在《大教学论》中说："我们敢于承诺一种伟大的教学法，即是说，将一切事物教给一切人的无所不包的艺术，它是真正能以确定性教授它们、务使必有成效的教学艺术，它是愉快进行教授的艺术，即是说，教师和学生双方都没有烦恼或厌恶，而是双方都引为最大的乐事，是彻底而不是肤浅地、浮华地进行教学的艺术，这种教学能导致真实的知识、文雅的道德和最深厚的虔信，最后，我们愿以先验的认证方法来说明这一切。即是说，从事物本身不变的本性中，如同从活的源泉中引出长流不息的小溪，然后把它们汇合成为一条集中的河流，从而为建立普遍学校的普遍艺术奠定基础。"①这里提出的乐趣不再是简单的快乐，而是上升到了一种人与人之间相互促进的关系，这就是兴趣，兴趣的根本点在于我与事一体，物与我一体，相互成就也相互影响，相互促进也相互限制。学生达到这样的高度，教育就顺理成章地进入了学生的内心。

三是志趣。家庭与学校的主要职责就是直接影响孩子情绪上、理智上和道德上

---

① 夸美纽斯．大教学论·教学法解析［M］．任钟印，译．北京：人民教育出版社，2006：7.

态度与性情的形成与成长。这就是志趣。①波士顿科学博物馆里数学馆的墙壁上镌刻着几十个当代伟大数学家的名字，其中就有华罗庚、陈省身、丘成桐。丘成桐是享誉全球的华裔数学家、哈佛大学终身教授、数学界最高奖菲尔兹奖得主。在《东方教育时报》对他的采访中，丘成桐一直强调，教师的重要任务之一就是为学生打下做学问的感情基础：“做学问没有感情投入，就无以成为大师。”丘成桐认为，立志做大学问，不能只有一刹那的激情澎湃，脚踏实地的研究需要靠真正的感情投入来延续。他还以自己的经历来举例。早在 20 世纪 70 年代初，他便对爱因斯坦的里奇曲率非常感兴趣，希望借助其研究宏观几何。有人曾针对里奇曲率提出过一个非常完美的猜想，但正是因为它过于完美，当时大部分数学教授都认为它是错误的。但这却点燃了丘成桐的热情之火，他废寝忘食地进行大量尝试，通过种种不同工具展开研究，每每在发现自己方向完全错误之后又把之前的所有研究全部推翻，从头开始。6 年之后，他终于证明了这一猜想。在这期间，光是做论证的准备工作，他就花了 3 年时间。“借用亚里士多德的话说，人类开始为所接触的不可思议的东西而惊异，进而疑惑，才开始发现问题。”丘成桐觉得，所谓“惊异”其实更适合用“惊艳”来形容。这种对问题的好奇心、对学问的探究兴趣，恰恰是教师应当给予学生的财富，而这也上升到了志趣的层面。

历城二中勤志的密码即在于此，这正是志达天下的梦想与实践相结合的途径。

---

① 约翰・杜威. 人的问题［M］傅统先，邱椿，译. 南京：江苏教育出版社，2006：47.

“勤志教育”怎样实现？

“勤”和“志”是相互促进的教育“两翼”；勤志是能够做到并产生效果的教育方法论，是能够让师生发生真正改变的教育，是对学生发展“收放合一”的教育。在历城二中师生身上，我们能看到经勤志教育塑造而显现出来的优雅艺术气质和蓬勃的生命精神。

“人生在勤，志达天下”是历城二中的教育哲学，它实际上回答了：育什么样的人？怎样育人？并且提供了以下问题的判断标准：育人的目的达到了吗？我们每一天都要不断追问这 3 个问题，因为它们与教育的目的和行动息息相关。

“勤”和“志”是相互促进的教育“两翼”

“勤”与“志”是相互影响的，不分先后，只要是在学校里落地了，就能相辅相成，发挥影响力。历城二中和全国千千万万的县城农村高中一样，每天都有无数的琐碎工作要完成，也面对着众多的工作压力和社会压力，每一个环节、每一个部门，甚至每一个人都需要加以协调与管理，这就要求我们必须做到自己该做的事情。

“不积跬步，无以至千里；不积小流，无以成江海。骐骥一跃，不能十步；驽马十驾，功在不舍。锲而舍之，朽木不折；锲而不舍，金石可镂。”这是对“勤行”的劝学篇，是二中教育脚踏实地的行事准则，也是二中师生们以“勤”为核心的教育坚守。

董遇学习的故事很能说明这个问题。

汉朝时有个叫董遇的人，为人朴实敦厚，从小喜欢学习，掌握了丰富的知识，并且不像浮华子弟那样夸夸其谈、哗众取宠。

汉献帝兴平年间，董卓虽然已被处死，但他的部将李傕、郭汜、樊稠、张济等劫掠烧杀，异常残暴；加以连年大旱，五谷不收，弄得关中地区发生了人吃人的现象，尸骨堆积得到处都是。董遇的家乡弘农一带恰恰是张济的屯兵之处。董遇和他的哥哥没法生活下去，只好远离家乡，投奔朋友。

在朋友那里找到歇脚的地方以后，董遇和他哥哥便入山砍柴，用卖柴所得的钱换一些粮食，以维持生活。在这样艰苦的环境里，董遇仍然没有放松学习。每次出门，他都带着书本，一有空闲就拿出来诵读。他哥哥讥笑道：“又累又饿，还不歇一歇，哇啦哇啦的干什么！读书能填饱肚子吗？”董遇听了，既不生气，也不泄气，还是照样读他的书。

董遇对《老子》很有研究，为《老子》做了注释。他对《春秋左氏传》也下过很深的功夫，根据研究心得写成《朱墨别异》。附近的读书人听说他学有专长，纷纷请他讲书。他总是告诉人家：“先用心读书吧！读上100遍再说。”请教的人见他不肯讲解，不免有点失望。他解释道：“不管什么书，只要认真读上100遍，边读边揣摩，总会懂得它的意思的；如果还有不懂的地方，我再来讲也不迟。”请教的人说：“您说得很有道理，可是我们哪有那么多的时间呢？”

董遇听到人家声称没有时间读书，便总是摇摇头，反问一句：“为什么不利用‘三余’？”

“什么叫‘三余’？”

“‘三余’就是3种空闲时间。冬天，冰天雪地，没有多少农活，这是一年里的空闲时间；夜间，黑咕隆咚，不便下地劳动，这是一天里的空闲时间；雨天，遍地泥泞，不好出门干活，也是一种空闲时间呀！好好利用‘三余’不就可以读很多书了吗？”

“书读百遍，其义自见”，几乎人人都懂得这个道理，但是，今天又有几个人能做到呢？董遇的“三余”学习与读书法，就是“志向”和“勤奋”相辅相成的结果。

所以，人的成长是一个逐渐变化的过程，而有意识的变化需要外在情境唤醒内心情感来加以支持，需要增进身处其中的人的真实感受并促进其内在选择；如若缺失了对自我认知与认同的自然感受和选择，变化的产生将是困难的，而没有变化就不会去学习。由此看来，教育的发生与情感密不可分，与人内在的体验密不可分。

勤志是能够做到并产生效果的教育方法论

“格物探求”—“以知致知”—“心诚意坚”—“正心端仪”—“修己安人”—“家校文明”—“报国之志”—“明德天下”，这八大志向构成了历城二中学生的基本品质。那么，为什么历城二中的学生有大志向呢？综合来看，二中还有以下这些值得重视的教育策略，我们称之为七大勤志教育策略。

1. 助学生立意。二中尊重学生是在管理基础上的尊重，是在学校认为每个学生都是可造之材基础上的尊重。尊重每一个学生，就是让学生知道：他对班级无比重要，他对家庭无比重要，他对学校无比重要，同样，他对自己也无比重要。人生取决于自己，让学生意识到他对个人、父母、家庭、学校乃至天下是能发挥力量的，他是能够为亲人和他人带来幸福的，学生便有了责任感，才能承载“大志向”。

2. 替父母立言。每年新同学入校，新招聘的教师入校，我在和他们的交流中都会首先感谢他们的父母，是他们的父母对孩子加以养育、培养，才有了孩子的今天。我们必须要建立一个学校办教育的基本原则：家国天下，首先要感恩父母。志向的第一德是一个人有志于把自己的事情做好，以感恩父母。

3. 替成长寻道。所有的道德律令对学生不仅有美的引领，也有轻重程度不同的压抑。因为人的自然之欲总是存在的，而道德律令在强化道德目的的时候会尽可能忽略“人欲”的成分，这对成长中的生命来说，会造成诸多不安，所以，历城二中借助成人礼、祭拜孔子等先贤、服务老人等丰富活动，让学生理解自我，自觉理解并建立志向。学校、老师该说的话一定要说出来，说到学生心里去；学校、老师该带领学生做到的事一定要做出来，让学生自己感通领悟。

4. 借时令立志。在二中，二十四节气是学生的必修课，特别是二中地处中国北方，这里四季分明，学生要学会在不同的节气下生活。在季节分明、工作生活富有规律的时代，怎样将活动和大自然的运行结合起来，在不同的时令、季节、时间段都有志向作业，为同学伙伴、父母兄弟、家人朋友做点事情？在这方面，学校阶段性的活动从不间断。特别是二中作为寄宿制学校，在这方面所推行的教育是对学生进行志向教育的最好基础。

5. 借节日立礼。逢节必有礼，仪式感是重要的。中华民族的传统节日、年轻人喜欢的各种新兴节日、专属于父母家庭的各种节日都是历城二中志向教育的契机。“月月有主题”“周周有活动”“天天有常规”，学生适应了学校的节日生活后，学习辛苦但不枯燥、加以坚持但不单调。在节日生活中，学生逐步知礼、懂礼、行礼，生活与教育成了一体两面。

6. 循经典明理。“根在二中，人生无限”，这是新的时代背景下二中教育的新的使命与方向。越是新，越需要回归，比如回归经典，让人为经典弘道。二中从 6 年中学教育逐步过渡到 12 年一贯制教育：12 岁以前读“蒙学”读本，种下孝道的种子；12 岁可开始读《易经》《孝经》《史记》；15 岁以后，比较阅读《论语》《道德经》《家训》《名人传记》，理解大志向。经典在心，岁岁年年都是志向教育。我们还组织老师们编写了中华优秀传统文化系列读本，为学生教育开辟了广阔的空间。

7. 以自省成人。时时念及家国观念与个人成长的相互促进关系，让学生在学校里不仅仅把知识学习牢固，还要系统培养对自己人生责任感的反思与理解。学校教育不是社会教育，志向教育也不是社会志向教育，学校教育的特征是系统化、可控制，有意识、有目的。引领学生时时念及家国天下的担当，才是中国人的“志向”的真意。

历城二中在这七大勤志教育策略方面开展了许多工作。比如，每年暑假前后，高二年级全体教师、学生、家长都会齐聚学校体育馆，隆重举行“话感恩忆成长，向未来勇担当”18岁成人礼仪式。受邀的社会贤达、家长、学校领导和老师们共同见证年满18岁的同学们走向成人的重要时刻。2017年的成人礼仪式上，校长代表学校向已成年的同学们表示祝贺，同学们也在加冠之后向长辈们行冠礼。老师们和家长们分别向同学们赠送《中华人民共和国宪法》、帮他们佩戴纪念章。52级家长代表向学校赠送了纪念品，祝愿历城二中越办越好。最后，家长与学生牵手走上“成人路”，接连走过“成人门”与“状元门”等寓意深刻的拱门。这一活动达到了让学生“知感恩、懂孝悌，立做人之本”的效果，让学生在高三启动的日子明确自己未来一年的目标和方向。

再比如在“游学三孔，激扬青春”孔庙拜师仪式上，学生们得以感悟国学之道，从中学习做人的道理，将优秀传统文化内化于心。2017年的活动中，历城二中的学子们有幸聆听了孔子学院杨金泉教授的讲解，他将孔子一生主张的理念向大家娓娓道来。在孔府，同学们将事先准备好的《读论语，拜孔子，学做人》倡议书赠送给身边的旅客，倡导大家一起学习儒家文化。最后，同学们在孔林悼念伟大的至圣先师。这一活动在学生心中留下不可磨灭的印记。

又比如，2016年圣诞节下午，高一（3）班班主任王宴明老师同10多位家长与全班50名学生共同走进历城区郭店镇祥和苑老年公寓，和公寓里的爷爷奶奶们一起度过了一个温馨的圣诞节。同学们走进老人们的房间，和他们聊家常，帮助他们收拾床铺，打扫卫生。简单几句问候，一些小礼物，在老人们看来是如此珍贵，有的同学也两眼红红，深受感动。类似的活动形成了系列，成为每一个二中学生在高中的人生必修课。这样几年下来，不仅仅学生们的学习成绩提升了，他们的综合素质也在提升，勤志理想在达成。

勤志是能够让师生发生真正改变的教育

“天行健，君子以自强不息；地势坤，君子以厚德载物。”积极进取，发愤图强；容载万物，积蓄实力。无论人生的选择是主导性的“乾”还是从属性的“坤”，都免不了一个学习进步的过程，这个过程就是个体的“勤奋自强，刚健有为”。在历城二中教育过程中，“勤奋自强，刚健有为”也是“人生在勤，志达天下”的另一种表达方式，既有显性的目标，也有隐性的内涵。

历城二中的师生们有哪些特征或者特点呢？我来试着描述一下：

第一，积极的精神。人人都阳光灿烂，学生从入校时的忐忑不安，逐渐转变为在校期间的积极向上，能够充满热情地投入到学习与生活中，在精神上具有积极向上的乐观品质，并能够对身边的人形成积极的影响，这是“人生在勤，志达天下”品质里的基本价值。父母给予子女容貌，而学校可以给予学生精神气质。

第二，敏捷的肌体。二中学子的身体敏捷程度正是二中教育特点的映照。学生与老师能够身心一体，健康开放地投身到学习活动中，始终保持敏感性、迅捷性、持久性。肌体的不倦也是精神强大的自然反映，更是勤奋、刻苦、耐劳、严谨、有志向的表现形态。

第三，主动的人际。人人打招呼，人与人之间以礼相待，君子之交淡如水在二中成为风貌和风范。人际关系与个体的积极进取是相辅相成的，在集体和社团生活中，学生能否保持主动成长、主动交往是关键，每一个学生的积极主动构成了校园内强大的人际互动，进而带来充分的学习适应感。

第四，坚韧的内心。敢打敢拼，不屈不挠，这不是一句空话，在全省辩论赛上的侃侃而谈，在国际奥赛上的摘金夺银，在全省艺术大赛上的一骑绝尘，都是二中学生的风采。遇到挫折能够不屈不挠，特别是在自己成功的领域内遇到打击的时候，能保持坚韧持久的信念，是考察“人生在勤，志达天下”之精神的关键。

第五，高远的境界。二中学生有激情教育，有激情的口号，但这些口号不是光嘴上喊喊，而是喊在心里的。敢于梦想是人的自然属性，也是人与人之间相互区别的行为品质。勇敢地设计、积极地实践自己的志向，是人生的自强境界，好学生通常具有远大的梦想和高远的境界。

第六，可控的行为。少年逐梦，激情无限，但也须彬彬有礼，自己对自己的言行负责，而且有能力为此而负责是“人生在勤，志达天下”的一大表现。每一位老师、每一个学生都有自己的“责任田”，都是自己带领自己“辛勤耕耘”的主人。

第七，探究的勇气。二中学生的发明创造成果多达几千项，并且申请了几千项国家专利。探究不仅仅是学习与学术的目标，也是人生的精神与行为的目标，动与静相辅相成，外与内相得益彰，既能够梦想高远，又能够凝神思考，如此的学习与生活才是志趣高远的。

“以修身自强，则名配尧禹。”（《荀子·修身》）自强是“人生在勤，志达天下”教育的核心，也需要渗透到教学全过程中去。

作为一名政治教师，胡魁标老师一直在做一件事：让课堂教学由重德性（认知性）学习向重德行（体验性）学习转变，让德行体验成为学生学习思想政治的重要方式。从高一开始，胡老师会在每节课课前开展5分钟的“时政微评”活动，让同学们轮流在政治课前与大家分享自己的感受和见解，引导同学们关心家事、国事、天下事。讲授民族与宗教时，胡老师设置了“我是新闻发言人”环节，面对一些挑衅性的提问，同学们搜集论点论据，组织语言，进入角色，慷慨陈词，调动与运用知识来论证与分析问题，有理、有据、有节，彰显家国情怀。讲授传统文化时，他请班里擅长茶艺的同学提前准备了道具、音乐、服饰，在课堂上现场进行了茶艺表演，还伴有解说词。古典的音乐、汉代的服饰，加之传统与现代结合的茶艺文化，这本身就是对传统文化的继承与发展。同学们身临其境，在潜移默化中接受了优秀传统文化的熏陶，感受到传统文化的特点，体验了中华文化的博大精深。

胡老师的课堂，追求的是通过德行体验教学，把小课堂变大、变活、变新，把学习、研究、社会实践有机结合在一起，让思想政治课堂“充满思想，充满观点，充满尊重与关怀，充满智慧和文化”。这也就实现了“勤”与“志”在教学过程里的融合。

老师们将研究教学过程变成了一个习惯，这个习惯体现了“人生在勤，志达天下”的合而为一。学校教育在学生的“勤奋自强，刚健有为”的教育过程中提供了个体奋发、学生之间进行合作，甚至进行积极向上的竞争的机会。我们认为，适当的竞争、合理的竞争以及在合作中的竞争是教育的有益手段。历城二中在许多方面引入了合作与竞争，而阶段性的考试与测验也激发了同学们自强不息的精神。从学生自我发展的内在动力来看，这是适应成长、挑战成长的重要过程，也是对学生人生远大目标的关注。

勤志是对学生发展“收放合一”的教育

历城二中对学生的管理是严格的，有人曾评价说：严格管教束缚了学生的创造性。但是，我要强调的是：正是因为二中对全体学生有明确的、有目的的、有系统设计的管理，才使得学生知道自己在常规时间里要做哪些事情。

我们借用陶行知先生的“六大解放”来实现“勤志教育”：“教育方法要采用自动的方法，启发的方法，手脑并用的方法，教学做合一的方法，并且要使学生注重全面教育以克服片面教育，注重养成终身好学之习惯以克服短命教育。在现状下，尤须进行“六大解放”，把学习的基本自由还给学生：1. 解放他的头脑，使他能想；2. 解放他的双手，使他能干；3. 解放他的眼睛，使他能看；4. 解放他的嘴，使他能谈；5. 解放他的空间，使他能到大自然大社会里去取得更丰富的学问；6. 解放他的时间，不把他的功课表填满，不逼迫他赶考，不和家长联合起来在功课上夹攻，要给他一些空闲时间消化所学，并且学一点他自己渴望要学的学问，干一点他自己高兴干的事情……”①

陶先生的“六大解放”思想主张把教育的基本活动还给学生，把本属于学生的时间、空间还给他们，让他们用自己的方式去感触世界、亲近自然，以使学生主动、积极、生动活泼地发展。怎样实施素质教育？学校就应当从解放学生入手，培养学

① 方明．陶行知教育名篇［M］．北京：教育科学出版社，2005：343.

生“人生由己不由人”的自我担当意识，发展其个体责任感和社会责任感，如此一来，学生的创新精神和创造能力也就得到了彰显。

“解放头脑”，在今天看来，就是要发展学生的思维，帮助学生养成科学学习的能力，用科学的方法思维解决问题，使学生的特殊才能得以发展，让学生的创造才能得以发挥。教师要明白：学生的头脑不是一个任人随意填充的容器，也不是一张简单的白纸，而是一支支等待被点燃的火把，等待着绽放自己独特的光芒。因此，应该尊重学生的成长，按照其生长的需要来引导与教育。

“解放双手”，其主旨就是要学生从行动中学习，通过实践获得知识，再用这种知识去指导实践，参与实践，在实践中再学习。一句话，就是要努力做到手脑并用，学用一致。苏联教育实践家苏霍姆林斯基曾说：“在手与脑中间有着千丝万缕的联系。这联系起着两方面的作用：手使脑得到发展，使它更加明智；脑使手得到发展，使它成为创造聪明的工具。”在动手操作中，动作思维、形象思维和抽象思维协同作用、相互渗透，在解决问题的同时，开发了创新思维的潜力。在教育实践中，不难发现相当一部分的学生不能灵活运用学过的规则、公式、原则、定理来解答变形题目，更别提将书本知识应用于生活、生产实际了。这样的学生掌握的书本知识再多，在知识结构上仍然是片面的，因为他们学到的不是真正的知识。要想让学生能够灵活运用知识，就要“使他能干”，让学生手脑并用地去学习。依此学习法，学生用解放的双手“做”“干”及“开辟”，使其动手操作、实践等能力得到自然、平稳的发展。

“解放眼睛”，就是教会学生通过客观的观察辨别摆在其面前的知识的真实性。倡导学生去观察生活，观察社会，观察自然，从中获得自己想要的答案。在学习中以客观、科学的态度去观察、验证所获得的知识，并在此基础上获得更为有用的真知识。从心理学的角度来说，好奇是对新奇事物进行探究的一种心理倾向，是推动人们主动积极地观察世界，展开创造性思维的内部动力。而观察是满足好奇心的有力途径。

“解放嘴”，就是让学生实现言论自由。只有当学生有言论自由，特别是问的自由时，他们才能充分发挥其创造力。因此，教师在课堂上应努力创设一种踊跃提问、积极发表见解的教学氛围，使学生的主体意识在这种氛围中得到培养和加强。同时还要在学生想问而不敢问或想问却不知怎样问的时候，给予引导启发，使学生敢于交流、乐于交流。最后，还要减少在课堂上讲的时间，增加学生提问交流的时间。

“解放空间”，就是让学生去接触大自然的花草、树木、青山、绿水、日月、星辰以及社会中各行各业的人士，自由地对宇宙发问，与万物为友，并且向中外古今三百六十行学习。这样的学习方法既能搜集丰富的资料，扩大认知眼界，又能发挥学习者内在的想象力和创造力。正如陶行知先生所主张的“解放空间”，是激发、拓展学生的创新精神和创造能力所不可或缺的。

“解放时间”，就是给予学生更多的闲暇时间来消化、吸收知识，而不是被各种考试、补习所占用，让学生从书山题海中解放出来，让他们有时间思考、实践，在自然和社会的环境中自主学习、活动。

从学校课程建设的角度来看，“六大解放”思想倡导的学校课程必须贴近学生的生活，提高学生的学习兴趣和自主、合作、探究的能力，改变课程脱离社会生活和学生生活经验的状况；必须全方位关注学生的生活，开发生活课程；必须大力挖掘和充分利用各种课程资源，为建设地方课程、校本课程服务。

从教师教学方面来说，“六大解放”思想倡导教师要有开放的教育观念，要教给学生开放的教学内容，创设开放的教学环境，设计开放的课堂练习和作业，给予学生开放的学习自主权，扮演开放的师生角色，进行开放的教学评价等，从而实现课堂教学的开放。

从学生学习方面来说，“六大解放”思想倡导学生从“只听不思”中解放出来，开动脑筋，积极探索，学会思考，养成自主学习的能力与习惯。有句话是这样说的：“我听了，我知道了；我看了，我理解了；我动手了，我懂得了。”这句话充分说明了动手实践的意义。要想让学生获得真正的知识，就要让他们通过自身的实践来认知、学习。

“六大解放”并不是各自独立的个体，而是相互贯通的整体，在教师的教学和学生的学习中需要综合运用，但核心还是让学生动手去实践、探究，实现自我担当，从探究实践中获取真正的知识。

我们从来不回避质疑，曾有人说，历城二中像监狱一样，哪里有什么解放？这就是很多人“非此即彼”的思维的体现，而其实自由来源于纪律，人性的解放恰恰是起源于人性的归属感。

历城二中的发展经验让我们坚信：严格管教可以避免出现学生群体的“一盘散沙”现象，还能够积蓄凝聚力，如此才能抓住“六大解放”的核心。

03

第三章

勤志价值，“好学生”才是学校的特色

二中勤志价值故事：

2011年，张治国老师从高三接过一个班，当时发现这个班的学生有个非常大的问题——缺乏班级认同感。然而，这群学生整体素质不错，其中有几个还有一定的文学与音乐天分。带着这样的发现，张治国老师从带领同学们创建自己的班歌入手，点燃了同学们对班集体热爱的激情之火。谱曲，填词，修改，打磨，一首有模有样的班歌“诞生”了。“斗志昂扬拼搏自强，我要让我生命怒放，就像青松依然迎着风和浪”，如此振奋的歌词响彻班里的每个角落，他和他的学生们用最动听的歌声诠释了一种积极向上的力量。

我们的信仰（原创班歌）

46级24班 班主任：张治国

我们已经走得很远，远得望不到天边

花开几时有，花落无人见
笑泪藏在心里面
拾起风干的书签，脉络清晰可见
回忆的咖啡，在春天里打翻
我们信仰不变
过去欢乐忧伤早已消散看不见
我们未来还有希望氤氲在眼前
风声雨声书声朗朗仍会回荡在屋檐
我们会永远向前
坚定步伐踏过风雨，无人阻我一剑指天
钢铁锋芒破尽万水千山
前路依然充满阳光，乌云崩坼永耀心房
心房
斗志昂扬拼搏自强，我要让我生命怒放
就像青松依然迎着风和浪
弹指光阴似水流年，携手共进再创辉煌
辉煌——哦——

张治国老师就是这样，把同学们最美好的愿望转化为具体行动，让共同的目标转化为同学们前进的动力。每带一个班，他都会发动学生结合本班特点撰写班誓词，而且做到每天宣誓。久而久之，他就形成了自己的带班风格。

勤志价值思考：

历城二中教育理念主张求真务实，不折腾、不妄为，将办学特色集中体现在学生素质上，“学生好才是学校的特色”，这塑造了历城二中特色鲜明的育人价值观。

“人生在勤，志达天下”的文化在学生身上呈现，学校特色就建立起来了。通过各种各样的活动，第二章所阐述的教育理想已经变成了历城二中的教育现实。这个教育现实就是立德树人的根本任务的落地。

学校是立德树人的。立什么德？树什么样的人？二中的回答是：“人生在勤，志达天下”的“明理人”。

在曾任北京大学校长的蔡元培看来，“军国民教育、实利主义教育、公民道德教育、世界观教育、美感教育皆近日之教育所不可偏废。”（蔡元培《对于教育方针之意见》）这被笼统称为“五育并举”的教育思想，对中国教育关于人的培养目标的形成影响深远。

在清华大学“永远的校长”梅贻琦看来，大学教育是要培养通才的，所以称之为“通才教育”。在他的通才教育体系里，他明确提出了“德育、智育、体育、美育、劳动教育、群育”的六育思想，并且以此设立课程，培养了大批的人才。

在新中国成立后的基础教育领域里，“三好学生”的培养大致源自孔子所说的“知者不惑，仁者不忧，勇者不惧”，对这一延续了多年的人格传统，孔子曾称“智、仁、勇三者，天下之达德也”。达到这三点，无论何时何地，都可以成为模范。目标定好了，教育的过程就有了针对性。

如今，国家再一次提出“德、智、体、美、劳”全面发展的育人目标。我们认为，五育之外，还应有“法”的内涵，历城二中学生的特色发展不是没有控制和约束的“自由张扬”，而是“成长有法”。二中不仅仅是培养了遵纪守法的学生，实施了依法治校的措施，还具有擅长法度的教育过程。

“德”“智”“体”“美”“劳”“法”，历城二中的教育特色就是学生发展出来的特色。我们都知道，好的学生一定来自好的教育，那么，二中的教育过程观是什么呢？我们用了3句话来概括：一、从道德到智慧的教育逻辑；二、从行动到道德的教育过程；三、从身教到行动的教育示范。

好学生，从道德到智慧的教育逻辑

中学生道德与智慧的一体化发展构成学校提升办学质量的基本切入点。历城二中在长期的坚守中不断创新育人模式，从学生道德品格入手，继而促进知识向智慧的转化，遵循“先成就人，后成就人生”的教育逻辑。这是融合了学校文化建设、学校道德教育、学校管理生态的综合育人模式。

好教育、好学校、好成绩从哪里来？归根结底来自学生的学习与成长。对于中学生来说，一个好习惯、一个好品质能有效地促进知识向智慧的转化，继而带来全面发展，学校教育的战略发展也就得以实现了。

近20年来，历城二中从学生行为习惯、道德品格教育入手，在坚守教育规律中创新教育范式，办学质量迅速提升，社会声誉广泛传播。二中连续3年以网上大众投票第一名的成绩被评为“山东省最具综合实力高级中学”；自2010年至今，共获得国际奥赛金牌3枚，全国奥赛金牌33枚，而且在所有奥赛学科上均曾斩获金牌，起到了巨大的榜样引导作用，有助于全校学生建立起创新发展、自我超越发展的信念；近年来，二中高考成绩也一路领先，连创辉煌。“从道德到智慧”的教育过程观、质量观、发展观逐步建立，得到了实践验证。

规律和表面所看到的不一样

教育要顺应学生的天性，要顺应每个学生不同的个性，这是古今中外已经证实的“人的教育”的规律。柳宗元说“能顺木之天，以致其性焉尔”。卢梭更是认为“出自造物主之手的东西都是好的，而一到了人的手里就变坏了”。[①]也就是说，如果教育违背了学生的天性、个性，那么好学生也会被教坏。

近代以来，教育自由、教育民主等思想对西方教育影响深远。成功的道尔顿教育计划、夏山学校的教育就分别倡导完全的或者有条件的自由，不加约束、不强加学习任务、任由学生自己选择、学生随性而为等等，产生了非常广泛的影响，甚至在改革开放以后也影响了我国一些教育者的办学思维。然而，并不见得每个人都正确理解了这些思想，比如有些学校打着“解放个性”的旗号搞改革，倡导“挑战批判”而忽视了“敬畏”，倡导“用脑”而忽视了“用心”，甚至将中国教育传统的精华也当成糟粕，疏于价值约束，结果是疏于教育，造成学校管理松散、整体教育质量低下，最终偏离了“立德树人”的根本目标。

我们常常弄错了什么是天性，更弄错了什么是个性！其实无论是天性还是个性，其核心都是作为一个人的人性，人性的根本是什么呢？儒家认为：“恻隐之心，人皆有之；羞恶之心，人皆有之；恭敬之心，人皆有之；是非之心，人皆有之。”道家更是认为：“故道大，天大，地大，人亦大。域中有四大，而人居其一焉。”顺应天性和个性不是去放任，不是无法无天，恰恰是需要与时位法度合为一体。

西方的学者其实也提出了关于自由的教育、民主的教育的真正发生模式。康德说：“我应该让儿童习惯于忍受对其自由所施加的强制，并应同时指导他去良好地运用其自由。不这样的话则一切都是机械性的，离开了教育的人就不知道如何运用其自由。”[②]这就是说，运用自由也是一种能力，一个人要想遨游世界，自由徜徉于学术之林，就必须要接受严格的、强制性的教育。人要实现自己、享有自己的权

① 卢梭．爱弥儿．[M]．李平沤，译．北京：商务印书馆，2019：1.

② 康德．论教育学[M]．赵鹏，何兆武，译．上海：上海人民出版社，2005：13.

利，就首先要学会约束自己、成就自己。说到底，就是要把自己的天性、个性付诸于可以得到实现的人性上来。

所以，学习西方的民主、自由的教育思想，不能无视“人性”地看“个性”。人的个体存在必须有一个集体的依托，人性是感情性的，所以人需要归属感，懂得感恩，懂得如何在一个社会集体中健康成长。一个学校集体健康了，学生个体也就健康了，个性化的成长与学校的严格纪律要求不是矛盾的，而是统一的。

在历城二中，严格的习惯养成要求令学生逐步焕发出昂扬向上的精神气质。学生在自我约束中实现了社会性的道德审美，齐耳的短发、整齐的校服、彬彬有礼的问候、聚精会神的态度、一尘不染的课桌面、摆放整齐的宿舍物品、叠放规整的被褥，无不显示着学生的道德审美。这就是历城二中坚守的教育规律，在规则中闪现人性美的光芒。

严格是人性需要的安全感

历城二中的教育注重严格管理，严格是什么？

我们知道，人的成长是在不安中一路走来的，从小到大，会有很多很多的担心，其中有的被长辈关注到了，有的则被忽略了。甚至有时长辈只看到了少年们青春期的叛逆和张狂，却没有看到他们躲在被窝里哭泣的一面。当少年们无助的时候，他们往往会用一种相反的方式来表现，从而不被理解，其青春期的种种表现也被认为是不合逻辑、不合规矩的。但是，他们身处的环境里有规矩吗？有符合每个人人性彰显的规矩吗？

对于成长中的孩子们来说，一个有规矩的环境，特别是一个人人都敬畏规矩的环境，反而可以帮助他们战胜成长中的不安全感。给出一个什么样的要求和愿景，学生就会还给我们什么样的惊喜。“自由”是天性，“纪律”就不是天性了吗？实际上，环境和氛围的打造是二中的又一个教育品牌特色，大家已经形成了一个共识：历城二中是适合学生学习的地方，原因在于这里的每一个人都在自律且主动地学习。

马克思说：“个人怎样表现自己的生活，他们自己就是怎样。因此，他们是什么样的，这同他们的生产是一致的——既和他们生产什么一致，又和他们怎样生产一致。”①这里揭示了一个人的行为与结果的一体化塑造过程：一个人，现在在做什么样的事，将来就会成为什么样的人；现在表现为一个什么样的人，将来就会产生什么样的结果。

一个勤学有志的学生，他在用勤学有志表现自己，他的将来就会因勤学有志而产生良好的结果。如此看来，道德与智慧不是非此即彼的教育逻辑，而是相互促进的教育过程，而道德作为学校教育从行为到本质的关注核心，具有教育发生的先导性价值。

从道德到智慧的教育实践

在中国文化与中国教育传统里，强调的是“道德为先”，同时也隐含着丰富的“从道德到智慧”的规律探寻，“有大德才有大智慧”，最明显的就是在很多学问系统中都不约而同提出“取乎其上，得乎其中；取乎其中，得乎其下；取乎其下，则无所得矣”。②道德教育付诸行动，继而以人为本取乎其上，这样才有利于学生人生成长动力的生成。

《中庸》中说：“故君子不可以不修身。思修身，不可以不事亲；思事亲，不可以不知人；思知人，不可以不知天。”这是一种倒推的逻辑：“修身”一事，是从天道、人道、亲缘孝道转化而来，如果缺乏高远的境界，单纯的行动是不能获得好的结果的。每一个人的学习、修身、成长何尝不是建立在自身道德情怀的前提下呢?

孔子说：“弟子入则孝，出则悌，谨而信，泛爱众而亲仁。行有余力，则以学

① 中共中央马克思恩格斯列宁斯大林著作编译局．马克思恩格斯选全集：第一卷［M］．北京：人民出版社，2012：147.

② 相似的表达有《孙子兵法》“求其上，得其中；求其中，得其下；求其下，必败”。唐太宗《帝范》“取法于上，仅得为中，取法于中，故为其下”等。

文。”（《论语·学而》）意思是：年轻人在家里孝顺父母，在外面敬爱兄长，谨慎、信实，博爱大众，亲近有仁德的人。做了这些还有剩余力量，就学习文献知识。子夏说：“贤贤易色；事父母，能竭其力；事君，能致其身；与朋友交，言而有信。虽曰未学，吾必谓之学矣。”（《论语·学而》）意思是：一个人能尊重贤者而看轻女色；侍奉父母，能竭尽全力；侍奉国君，能献出自身；结交朋友，能信守承诺。这样的人，即便他说自己没学过什么，我也一定要说他已经学过了。以人为本是孔子积极入世、悲天悯人的情怀根基，这又何尝不是他作为一名教师的为教根基呢？人本是思想，不也是规律吗？在他的教育中，课程是人的课程，教学是人的教学，社会、政治、经济也是人的社会、政治与经济，这才是规律。

在坚持“从道德到智慧”的教育逻辑的过程中，道德品质是教育的第一标准，放弃道德品质的管理来抓成绩、抓特色，那是舍本逐末，最终只会一无所得。

在历城二中，大家都能看出学生行为习惯好、学习成绩好，这反映的其实是学生道德品质好、综合素质高。学生成长，是从好习惯开始的，而后生成好品质，这样更有利于出好成绩。

历城二中近20年的坚守塑造了“人生在勤，志达天下”的学校文化，师生的良好行为表现成为一种常态。勤志文化从塑造学生的品德开始，有以下这些基本的道德行为和学习规范。

一是勤志文化转化成了学生入校的必修课：每年新生入校，学校并不急于安排上课学习，而是把重点放在学习习惯和良好意志品质的培养上，其中“勤文化”更是必修课。一方面，班主任和任课教师分别与每个学生谈话，了解其家庭背景、兴趣爱好、学习状况等，帮助其制定学习计划。这种发展性的谈话还将在以后的每个月进行。另一方面，通过军训和各种活动消除学生身上的娇气，锻炼学生的生活自理能力。对日常行为反复加以强化和提醒，让学生自律起来。

二是勤志文化转化成了学生自觉的约定：每天都要坚持跑步3000米，以此培养持久、稳定、顽强的意志品质；仪容仪表做到整洁规范——男生留平头、女生留齐耳短发，并统一穿校服，旨在消除学生的攀比心理，使其全身心投入到学习中，形成良好的精神风貌；严格作息时间，中午必须午休一个小时；不允许带手机进校园，任何学生无一例外；学习过程中聚精会神，今天的任务不留到明天。

三是勤志文化转化成了学生与校长价值观的统一：“从校服拉链最低能拉到的位置到头发最长不能超过哪里，学校都做了严格的规定。这些规定曾经在社会上引起很大的争议，但我们还是坚持下来了。我们的规范化管理，管的是行为和习惯，而不是要限制学生的思想，根本目的在于通过养成教育让学生形成良好的行为习惯和顽强的意志。”校长说过的这些话，二中学生都记在心里，并且将之转化为了现实，形成了文化的力量。

四是勤志文化转化成了学生的行为习惯：二中校园、教学楼已经老旧，并且因地处郊区农村，周围环境并不好，但是人们一走进校门就会发现，历城二中的地面干干净净，时刻都像刚刚打扫过一样，因为即便偶有废纸或落叶，路过的师生无一例外都会随手捡起并扔进垃圾箱。二中学生着装大方得体，举止文明有礼，路上偶遇，一声声自然而又亲切的“老师好”传递着学子们的善意与自信。学生宿舍干净整洁，床铺上的一个个“豆腐块儿”让人恍然间以为步入了军营。晨间和午间，学生从起床到整理完毕赶往教学楼，都在规定时间内完成，而且其间整个宿舍楼除了脚步声，几乎听不到一点嘈杂之音；餐厅内，几千名学生同时就餐，却能做到不喧闹，保持餐后桌面、地面的干净整洁……

五是勤志文化转化成了学生取得好成绩的原因：道德成长带来的是学生群体的积极主动、整体自觉，学生爱上了学习，不是因为外在的压力，而是源于内在的需求。集体生活是有“集体偏好”的，每一个进入这一集体的人都会受其影响，“正面偏好”会让人自正，“错误偏好”会让人走向道德的对立面，因此，在“勤奋好学”“志向高远”的整体校风、班风、学风的背景影响下，每一个学生都会展开相应的积极的个体行为。勤奋学习、追求进步成为二中校园里的一种常态，学生研究学习、教师研究教学。其中的关键在于学生能够将外在的家长期望、学校要求、社会诉求转化为个体的自适应力，获得好成绩便水到渠成了。

六是勤志文化让学生在懂得感恩中获得成长的归属感：良好、积极的心理状态和道德体验，让学生能够在一个团队中找到心理归属感，从中获得积极学习的内在动力。由学校领导、教师、家长、学生共同参加的成人礼仪式带领学生们话感恩、忆成长，向未来勇担当，成为影响他们一生的最具仪式感的活动。在冠礼环节中，家长们为自己的孩子加冠，寄予期望，赋予力量，学生们拥抱自己的父母，鞠躬拜谢，感恩父母养育。老师们和家长们分别向学生们赠送《中华人民共和国宪法》、帮他们佩戴纪念章。以成人礼等为代表的学校教育活动，为学生道德归属提供了成长空间。

在学校发展过程中，我们一直坚持“不跟风、不盲从、不随波逐流，坚守教育的底线，按教育教学规律办学”，不会因为外界不理解或质疑而动摇或放弃；坚守“为每一位师生搭建发展的阶梯”的办学理念。师生谨遵“人生在勤，志达天下”的校训，走出了高质量、有特色、逐步走向现代化的名校发展战略道路。在自己教育园地里生长出的“勤志教育”，是 20 年坚守与创新发展的结晶，也是从道德到智慧的教育过程结晶。

天人合一的道德风气

“风正校强”，这是历城二中给出的一套具有中国特色的办学经验与办学模式系统。中国文化里的“风气”是独特而有意义的，国家和社会层面倡导的是核心价值观和社会风尚，家族与家庭环境里倡导的是家风或者家训，学校里倡导的则是校风建设，乃至班集体的班风。“风”，似乎看不见、摸不着，但又无处不在，润物无声。历城二中“校风正”，这是文化表达，也是学校的基本经验。

历城二中的教育价值是从塑造品质和人格开始的，西方学者马斯洛也认为“人的创造性，充其量都是人格的副产品”。那么，怎样塑造学生的品质和人格呢？历城二中坚持了“天人合一”上下同欲的三步走策略。

第一步是校长躬身示范；学校道德风范是校长示范出来的，是校长在坚守与信任中带领出来的。好校长会给自己立标准，自己先做到，然后是教师和员工做到，进而是学生做到，这也是教育管理中的道德逻辑。

从弯腰捡起一片纸屑，到一天到晚的整体工作，校长要事事、时时做出示范，每一件事，走在前面，忙在前面；学校里的前勤、后勤事务，校长都要了然于胸，并且熟悉每一个人的才能个性，熟悉每一件事的来龙去脉，熟悉每一个角落的教育价值。作为校长，我也只是一个普通人，不可能成为精神上的先知先觉者，但是，一定要成为行动上的先知先觉者。走更多的路、做更多的思考、发现更多的问题、寻找更多的办法……校长义不容辞。中国传统文化思想和现代管理思维都告诉我们，领导者要比他人有更多的忧患意识，这样才能保障在发展与创新之中，在道德上“立”校，在未来中“树”人。

第二步是教师言传身教；每一位教师都是一面镜子，映照出学校的核心价值，影响着学生的道德素质。历城二中的 100 多位班主任不仅仅是优秀教师，更是学生道德人格形成的示范者、引领者，要求学生做到的，老师们先做到。比如，国歌响起的时候，老师们先肃立，久而久之，这成了学校的一道道德风景。学校的“言行一致”与教师的“言行一致”，最终转化成了学生的“言行一致”。

第三步是学生做到道德自律；从孩童的无序，到被动的他律，再到主动的自律，乃至潜意识习惯性自律，这是学生德育的基本发展过程。很多学生已经认识到：入校之前，要先去理发，要先把手机放在家里。在学校里，学生能做到的我们就让学生去做，让他们相信自己的学习能力，相信自己能够管理好自己。朱小蔓教授曾提出：道德活动与其他活动，如生产实践、科学实验，具有不同的外在客观尺度，它是人将自己与外部关系的合理性要求反求诸己，在内心建立的一个评价尺度。①学生的道德感是发自自身的道德评价的，外力只能起到一定程度的促进作用，内在体验是关键。因此，历城二中认为，德育并不需要总是提新口号，而更需要持之以恒地磨炼，日复一日地坚守，“厚德、励志、博学、成才”成为学校的德育活动主题，德育活动形成常规。

---

① 朱小蔓 . 情感教育论纲［M］. 北京：人民出版社，2007：120.

好行为，从行动到道德的教育过程

一所县级一中的校长曾问我："如何育人？"唯一的道路是让学生学做人，在学校现有的管理基础上，先把学校里的环境卫生、角落文化管理好，再让学生把自己的外表、内心管理好，就称得上做人教育。"做人"由两个字构成，一个是"人"，就是要把学生的人性恢复与发展起来；另一个是"做"，没有行动，所有的理念、信念都会是泡沫，做出来，才是行动力。

勤志教育是做出来的教育观念，是践行了"行"的核心价值。这里的"行"有两重含义，一是"中行"，即居于中位，中庸之行，不折腾，不跟风，坚守自己的教育底线，坚守教育规律不动摇；二是"时行"，即居于"时位"，与时偕行，不保守，不拘泥，敢于挑战自己的极限来实现梦想。

先说"中庸之行"，就是不偏不倚，取其中道，避免极端盲目。特别是孔子思想里面的"我叩其两端而竭焉"融合了空间上的"中"和价值上的"庸"，从而变得中而有用，切近人的生活生命中道；"质胜文则野，文胜质则史；文质彬彬，然后君子"以及"因人之情而为之节文"则带着极大的宽容，将人格两端折中，是将人的自然性与节制相融合的极高境界。在教育方式上，采取"中庸之行"就是标准与理解同行，严慈相济、宽严一体、教化同生；就是既强化学生的行为标准、文礼规范，又要理解学生在不同年龄阶段的身心特征、成长困惑。

再说“与时偕行”，行的根本标准在于“适时”，人是不可能违逆“时代”而行的。所以孔子反对“生乎今之世，反古之道”，这对今天一些抱守过往行为方式而不思进取的教育模式是极大的提醒。今天的“时”，是“中华民族伟大复兴”的“时”，是“中华优秀传统文化创新与发展”的“时”，是全球一体化、万物互联的“时”，也是数字信息技术不断突破发展的“时”，更是教育思维引领社会生活思维从而承载更多的文化文明责任的“时”，是在新高考、新课程、新教材背景之下变革时代的“时”。所以，学校要在“时”的本位下坚守“行”，面向未来“坚守创新”。

勤志核心价值观融入到了学生每一天的学习与生活中

在历城二中，“勤文化”所凝聚的智慧怎样转化为学生的行为呢？策略仍然是扁平化管理，人人都是校园文化的缔造者，从而促成每一个学生对“正面偏好”的理解、接受和向往，校园内充满“人生在勤，志达天下”的正气，而这种正气正是每天行走在校园里的师生所提供的。历城二中在以德育人的道路上所探索、追求的，就是“为每一个师生搭建发展的阶梯”，让每个同学都有自己的“正面偏好”。

镜头一：

初春时节，为引领学生走出校门、亲近自然、磨砺意志，学校特举办长达28千米的远足活动。相关学科教师将沿途所见、所闻与学科知识相结合，把“课堂”搬到大自然，让学生在锻炼意志的同时，也能获得“知识补给”。

一路上，学生们整齐有序的队伍、团结奋进的身影和坚定有力的步伐，无不彰显着历城二中志达天下的拼搏精神和知礼乐行的良好学风。

学校55级年级主任李正华说：“上午的13千米，学生多、队伍长，中途没有安排休息的时间，孩子们没有一个人抱怨。”返程途中很多学生腿部的劳累感逐渐显现，虽然大家的步伐有点慢了，队伍也有点乱了，说笑声也小了，但无一人掉队、无一人轻言放弃，而是三三两两地互相搀扶前行，最后都坚持了下来。

学校教育要让学生终生受益，所以，学校非常注重通过精彩纷呈的精品活动，把德育形象化、具体化，让学生们懂得责任和奉献，拥有良好的道德品质。用自己的脚步亲自丈量28千米的路程，是学校每一名高一学生的必修课，远足的历练必将成为每一位同学未来成长路上的精神财富，陪伴和鼓励他们，使他们受益终生。

不少随行的家长看着孩子这么富有激情，都非常激动。一位家长表示，这次远足是一次实践型、体验式教育，孩子们在“行军”中相互鼓励，相互陪伴，攻克一个又一个节点，最终成功跨过“凯旋门”，享受成功的喜悦。这样的徒步拉练，磨砺了孩子们坚持不懈的意志品质，既强健了体魄，又增强了团队意识，反映了师生们“不抛弃、不放弃”的强大信念。

镜头二：

每年的3月份是学雷锋月，历城二中高一级部的各个班举行了学雷锋系列活动。同学们怀着热情，揣着希望，带着责任，喊出了“弘扬雷锋精神，倡导文明新风”的庄严誓词，走在学习雷锋同志奉献精神的路上。

3月9日，高一（13）班志愿队来到了大明湖。同学们派发出的一份份学雷锋调查问卷宣扬着榜样的力量。之后同学们开始在湖畔捡拾垃圾。大家清理着路边草丛里的垃圾，还仔细清理了座椅缝中的口香糖以及垃圾桶边的碎屑，同时还向来往的游客热情地宣传“爱护环境，文明出游”的观念。

3月14日，高一（25）班和（27）班的同学们来到了历城二中图书馆，进行“学雷锋”志愿者活动。同学们分成两组：男同学帮助老师们搬放图书，将图书上架入库；而女同学主要负责图书分类，她们将一本本书籍摆放得井然有序又富有美感。

3月15日下午，高一（24）班的同学们来到体育器材室，帮助管理员老师打扫卫生、整理器材。器材室的地面、置物架被同学们清理得干净整洁。

3月17日，在班主任李正华老师、班级家委会成员以及团支书苏奕菲的组织下，高一（31）班的同学们举行了“学雷锋——走进华森老年公寓”的活动。同学们带着准备好的香皂、毛巾等日用品，怀着满腔的热情和关爱，为老人们送去欢乐与美好祝福。同学们大展绝活，歌曲、舞蹈、器乐、相声等节目齐上阵。班主任李正华老师也一展歌喉，献上了一曲《革命人永远是年轻》，祝老人们健康长寿。老人们也情绪高涨，演唱了几首红色革命歌曲。同学们和他们一起聊天，观看演出，度过了美好的下午。

3 月 18 日，为传承和发扬雷锋精神，在学校的号召下，高一（12）班班主任姜良强老师组织全班同学为校内所有电话亭进行了一番彻底清洁和故障检查。同学们认真投入，为校内公共电话进行了一次“美容”，还在有损坏的电话机上贴上爱心便条并上报学校维修。

大家都以实际行动去践行雷锋精神，感受雷锋精神在新时代的真正含义。从这些多姿多彩的活动中，同学们体会到劳动的艰辛，同时也收获了奉献他人、成就自我的喜悦，一颗颗晶莹的汗珠是同学们辛勤奉献的最好“见证者”，也是他们自我成长最有力的“催化剂”。

镜头三：

冬天里，带着浓浓的节日气氛和人文情怀的一系列活动让二中学生感受到了家的氛围、生命的感动……

12 月 22 日，历城二中各个班举行了冬至系列活动。冬至，俗称“冬节”等，是二十四节气中一个重要的节气，也是中华民族的一个传统节日，在民间有“冬至大如年”的讲法。这一天同学们举办了集体活动，大家包饺子、吃饺子、话感恩，节日气氛十分浓厚。

元旦就要到了。12 月 29 日下午，学校高一和高二年级各班举行了庆元旦暨“感动班级人物”评选活动。“感动班级人物”颁奖仪式中，同学们把最真挚、最热烈的掌声送给了获奖同学。联欢会的庆祝节目涵盖了歌曲、舞蹈、小品、话剧和器乐表演等多种演出形式，内容精彩、形式新颖，充分展现了二中学子良好的精神风貌。班主任送上对同学们的新年祝福，将联欢会气氛推向高潮。最后，联欢会在同学们的欢声笑语中结束了。欢快的时光虽然短暂，但记忆将永远留存。

寒假将至，春节也将至。为了使同学们关注中华传统文化，体味过新年的喜庆气氛，在辞旧迎新之际，历城二中美术组开展了“巧剪窗花，扮靓校园”活动。在美术课堂上，美术组李娜老师和于洋老师带领同学们剪窗花迎新年。同学们充分发挥想象力，采用剪刻结合的方法，认真地用手中的剪刀剪出各式各样的窗花。有的剪出“春”“福”等字样；有的剪出小猪、蝴蝶等图案；还有的剪出吉祥福娃……同学们将一张张创意纷呈的作品贴在教室的窗户、走廊进行展示，充分享受了剪纸活动的乐趣。通过这次活动的开展，培养了同学们的创新精神和实践能力，弘扬了我国传统文化，营造了浓厚的节日氛围，也寄托了同学们对新年的美好祝福。

在生活中，在当下的学校活动里，勤志教育作为核心教育理念和基本教育价值，无不在学生的身上留下印记。这种潜移默化的教育，就是能带来大变化的教育。

“学会做人”的成人教育成为学校的特色教育

教育之根本在于教会学生做人，这不仅仅是指做人的道理，还包含做人的行动、做人的习惯。我们要注意在日常的生活、教学实践中帮助学生建立正确的价值观、人生观、世界观。

镜头一：

53级高中生即将跨入成年人的行列。上午9时，成人礼仪式在雄壮的国歌声中拉开序幕，场面隆重，激动人心。仪式上，副校长李矿水代表学校向同学们表示祝贺，并提出希望和要求。随后，十八响礼炮响彻天际，寓意全体高三学生对过去18年的回望与致敬，对未来崭新人生旅程的承诺与憧憬。

冠礼是中华民族的传统礼仪。在仪式上，家长们为自己的孩子加冠，寄予期望，赋予力量；同学们拥抱各自的父母，鞠躬拜谢，感恩父母养育。随后，家长们向孩子们赠送《中华人民共和国宪法》。

仪式上，教师代表蒋建青、家长代表王芳、学生代表孙孝熠和亓韵迪带来诗朗诵《为青春点赞，为梦想加油》。

53级家长代表向学校赠送了纪念品：一块寓意丰富的泰山石，祝愿历城二中越办越好；一艘航行的帆船模型，祝愿历城二中一帆风顺，祝愿高三学子在接下来60天的备考日子里一切顺利，在今后的人生之路上，乘风破浪，勇往直前。

随后，同学们把自己的第一个十年规划整理出来，由各班班长投递到邮筒中，这是给自己定一个目标，向着目标坚定前行。

宣誓环节由53级学生会主席段伟圣同学领誓，全体学生左手怀抱《中华人民共和国宪法》，举起握紧的右拳，对着鲜艳的国旗庄严宣誓，铮铮誓言表达了同学们的决心和信心。之后，家长与学生手牵手走上“成人路”，接连走过“成人门”“成才门”等寓意深刻的拱门。

在这样一个特殊的日子，各班召开了主题班会，家长与同学们共同观看了成人礼专题片，奥运冠军王丽萍、北京大学郭云涛院长等社会各界人士及关心学校发展、学生成长的家长代表、校友代表、任课教师等都通过视频短片向同学们表示祝贺、寄予厚望。

通过这样的活动，同学们意识到了自己身上的责任，激发起向未来勇担当的壮志。

镜头二：

12月26日是毛主席诞辰纪念日。在主题纪念活动上，伴着《东方红》的乐曲声，大屏幕上开始展示一张张主席生活、工作的图片，同学们聚精会神地观看，用心地体会毛主席的伟大精神。

随后，由高二14名同学组成的朗诵团带来纪念诗篇《一代天骄》，将历史面貌与时代精神相结合，用主席的诗词串联起他光辉伟岸的一生，借此表达自己作为21世纪的高中生，作为新时代的年轻人，对毛主席的怀念。

随后，团委书记张宇老师所讲述的毛主席故事，仿佛将同学们带回到了那段波澜壮阔的历史。张老师在讲述中尤其强调主席“以天下为己任”的情怀，以及“活到老，学到老，终生与书为伴”的学习精神，激励同学们为祖国的昌盛、国家的富强而努力学习。

沿着伟人的足迹，我们砥砺前行！

镜头三：

9 月 30 日，55 级高一级部举办了迎国庆暨 60 周年校庆合唱比赛。

本次合唱比赛共有 31 个班级参加，他们分成 5 个小组，依次带来了具有班级特色的歌唱表演，用歌声抒发了他们对祖国的热爱之情。

有的同学身着军装，英姿飒爽，用铿锵有力的歌声唱出对祖国的赞美。

有的同学用舞蹈和书法的形式演绎经典曲目《精忠报国》。

还有的班级带来了精彩的小提琴表演……

从传统革命歌曲到现代流行爱国歌曲，同学们朝气蓬勃的表演和青春热情为这喜庆的节日再添精彩。比赛结束后，高一年级领导上台为获奖班级代表和获得最佳指挥奖的同学颁发奖状，并邀请评委们一起合影留念。

学校团委、年级和各个班都高度重视这次活动。同学们加紧排练，保证完美的演出效果；音乐组老师给予了大力支持和帮助，对歌曲选择、队形设计、演唱技巧等方面进行了具体指导，保证了活动的顺利进行和圆满成功。

丰富多彩的活动，让“学会做人”的教育目标与价值在学校里生长起来。就像勤志教育的远大梦想，其核心标志是说出的每一句话，都要有根据；做出的每一个承诺，都要去践行；写到墙上的每一个字，都要变成大家的信仰；要做的每一件事情，都要把根本与末节想得清清楚楚，做得原原本本。我们说得不多，但是坚持去做，永远不停，这就是历城二中教育的特色。

“梦想的力量”成为师生“勤志”传承的内在动力

历城二中为学生开放更大的学习平台，与高校联手，开启合作办学新模式，先后与北京大学、清华大学、中国科学技术大学、山东大学、山东师范大学、齐鲁工业大学、山东省农科院等高校和科研部门合作，进一步引入更多先进教育资源，积极探索资源共享的开放机制，实现借力发展，全力提升，让学生享受到高校优良的实验室资源、先进的科研平台，聆听科研专家的引领指导。我们邀请曲刚、崔万志等励志“大咖”走进学校，组织举办历城二中“梦想的力量”成长论坛分享会，为师生送上了震撼、精彩的励志大餐。历城二中走在时代的春天里，带着一份责任感和使命感，以大教育格局为统领、以打造核心发展力为着眼点、以回应人民群众教育期待为目标，将新二中教育大旗扛在肩上，涵养师生气质、精气神，打造教育品质和影响力。

镜头一：

2017 年 3 月 29 日晚，“中国青年五四奖章”获得者、新航道国际教育集团总裁助理、前新华社驻白宫记者、驻伊拉克战地记者冉维走进我校，为高一学子带来了励志报告《梦想的力量》。冉维老师与大家分享了自己在实现梦想过程中的精彩故事。作为一名新闻工作者，他走进了战火弥漫的伊拉克，担任了 14 个月的战地记者，把战场的无情、百姓的疾苦，用笔和相机传达到全世界；他在白宫舌战发言人维多利亚·纽兰、向时任国务卿希拉里·克林顿发问，展示了他的责任担当与灵敏的新闻嗅觉。冉维老师告诉同学们个人梦想的实现时时刻刻都与祖国的强大、国家的利益息息相关，并告诫大家追求梦想可以让生活更充实，让生命更有意义。最后，他向大家赠送了图书《一路阳光》，希望越来越多的学子能够在追求梦想的道路上飞奔前行，一路阳光！

2017 年 5 月 19 日晚，中国科学院老科学家、中国气象局、国家卫星气象中心研究员夏青教授为高二级部全体学生带来主题为“导航卫星就在你身边”的科普报告。此次报告介绍了卫星内部主要部件，使同学们了解了导航卫星的工作原理。夏教授用通俗易懂的表达，将专业的技术名词、抽象的知识娓娓道来，点燃了同学们的科学梦想。

2017 年 12 月 27 日下午，我校心理健康发展中心邀请沙盘游戏治疗专家吕欣瑶老师来校，带领心理健康教研组一起做团体成长沙盘游戏体验，进一步促进团队成长。在游戏中，老师们收获了内省、转化、融合等个人成长的动力，同时提升了团队凝聚力，对沙盘游戏也有了更加深入的了解。教学和心理辅导是现代学校教育的两个轮子，我校将不断推动心理健康教育在教育教学中的应用，助力学生健康成长。

……

镜头二：

2019年5月21日，一场辩题为“当代中国个人梦想实现关键在社会还是个人”的辩论赛正式开始。参与此次辩论赛的同学们都是从班级比赛中脱颖而出的优秀辩手，他们围绕本次辩论赛的中心辩题展开了激烈的讨论。正方辩手侃侃而谈，巧妙地运用“建楼需要地基、跳舞需要舞台”等实例论证了当代中国个人梦想实现的关键在于社会。反方选手们思维迅捷，快速抓住对方辩手论证的漏洞予以回击，并列举了“卧薪尝胆”“出淤泥而不染，濯清涟而不妖”等例，论证了“当代中国个人梦想实现关键在个人”这一观点。本次辩论赛在大家热烈的掌声中落下帷幕，老师对辩手们的表现予以表扬，并进行了详细的专业指导。本次辩论赛不仅锻炼了同学们的辩论能力和合作能力，还提高了大家的应变能力和沟通技巧，引起大家对实现梦想的思考。

镜头三：

为了让同学们“出点力、流点汗、经风雨、见世面”，提升学生综合素养，响应高二级部外出研学的号召，我校54级（26）班的同学在胡魁标老师的带领下走出校门，开启了以“品文化之美，弘爱国之魂”为主题的北京研学之旅。正是草木丛生的春日，一路上同学们欢歌笑语，踏寻文化足迹，感悟历史沧桑。天安门前，破晓之际，看五星红旗冉冉升起，存一颗赤诚爱国之心；故宫院内，宫殿楼阁，赏珍品宝器琳琅满目，叹我中华文化博大精深；清华学府，莘莘学子，赞匆匆求学之身影，怀身入名校之梦想；圆明园中，耻辱之际，省近代中国失败之因，燃中华民族复兴之志。正是研学的切身实践，让同学们懂得了更多，学会了更多。同学们走出教室，走出学校，走向社会，在实践中增长知识，在研学中开拓视野。通过研学，同学们学会分享、尊重与合作，培养了团队精神，形成了乐观向上的生活态度。本次研学活动在同学们的高中生活留下了一段美好回忆，在心中埋下了爱国与梦想的种子。

请进来，梦想在校园里播种；走出去，梦想在无限的天地间开花。

奔赴梦想，需要为学生找到“顺木之天”的基因，关注每一个学生的可能发展空间，既顺应学生年龄特征，又顺应每个学生的不同个性喜好。

奔赴梦想，需要为学生创造“愤悱之德”的空间，不是武断地注入信心，也不是口号式地盲目自我麻痹，而是在启发、诱导、疏导中引领学生自己建立自己的判断，这个判断的根本在于学生走过多少路，见过多少人，读过多少书。

奔赴梦想，还需要创建一个“上下同胜”的教育生态，《孙子兵法》说“上下同欲者胜”，但是，只有“上下同胜”才能引致每一个人向上的“欲”，通俗地说，就是让学生从一个成功走向另一个成功。

奔赴梦想，最终是通过“目中有人”的教育让每名同学“看到自己”，不仅仅是校长、老师看见学生，更重要的是学生看得见自己，悦纳自己，对自己的成长有内在的关注，对自己的人生发得出“口令”，则“梦想”可以承续。

好教育，从身教到行动的教育示范

言传身教，还有一句补充，叫作“身教大于言传”。在历城二中，好学生、好教育，都离不开一位位好老师，这些老师所诠释的不仅仅是“勤志教育”的精神，还有教育的精髓，他们与学生一起共同成长。

2018年6月30日，历城二中全体师生在学校餐厅合唱《我爱你，中国》。音乐老师一领唱，全校的千人大合唱便开始了，歌声感动、感染着每一个人。

历城二中人知道，这背后是十几年如一日的文化凝聚，只有在长期的文化坚守中才有如此和谐自然又无比震撼的艺术演绎。

学校文化从哪里来？来自教师的言传身教。要求同学们做到的事情，老师先要做到。中国人的核心思想理念，老师先去理解；中国人的传统美德，老师先去传承；中国人的人文精神，老师先去实践。学生的心智、情感、人格、精神的逐步成长，得益于学校里4个永不过时的字：“言传身教”。言传身教在课堂，言传身教在操场，言传身教在餐厅，言传身教在宿舍，言传身教在学校的每一个角落。这就是老师们所诠释的“成长”。在历城二中，“志达天下”的教育就在老师们的带领下，在同学们的实践中实现。在历城二中，学校特色发展、品牌发展的标志性成果只有一个——学生！

学生是学校办学质量和特色发展的唯一名片，有了这样的坚守，所有的创新才能根基稳固。而学生的发展背后是教育、教师、学校文化的力量。下面让我们从高月锋、苗斌、刘红梅、单庆勇 4 位老师的故事来看看二中的老师们是如何身体力行，用行动铸就历城二中的特色学校文化。

高月锋

以下是高月锋老师自述的教育教学经历，或许可以更清晰地突显历城二中教师的价值与追求。

2002 年，我从山东师范大学毕业来到历城二中任教，之后一直在历城二中从事一线教学，并担任综合实践教研组长。作为一名高中综合实践学科教师，从教 17 年来，我和我的团队、学生一起成长，在课程内容、课程实践等方面融入了科技创新、STEAM 和创客的理念，形成了系统完整的“普惠创客教育”体系，并获 2018 年全国基础教育教学成果奖二等奖、山东省特等奖。

我的教育理念是：让学生像科学家一样思考，像工程师一样创造。我非常喜欢这门学科，我认为它能够实现我的教育理想，它可以体现教师的创新精神和实践能力，展现学校的特色。我可以有很大的余地按照人才成长的规律来培养学生的科学素质。在教学中，我注重提高学生学习的积极性，倡导学生学习的自主性，力求使学生的学习达到“自主、探究、合作”。在课程学习中，着眼直接经验，强调学生的亲历和体验。立足生活世界，强调学习内容和生活的联系。注重问题探究，强调学生的问题解决和创新精神。崇尚活动生成，强调学生的主动参与。强调综合学习，注重学生实践能力的培养。学生在动手实践中习得新的知识经验。

根据学生的需求和学校的实际情况，我在校长的指导和支持下，从课程建设、实践空间建设和师资培养 3 个方面做了大量的工作，边实践边创新，形成了系统完整的“普惠创客教育”体系。

在课程方面，我和我的团队设计并开发了初高中一体化的“普惠创客”课程体系，分3类课程，包括6门“普惠课程”、50多门“社团课程”和10多门“竞赛课程”。普惠课程是所有学生必修的基础课程，着眼于思维角度的改变、基础知识的融会贯通和基本动手能力的综合实践。从实践的角度加深学生对各学科的深入理解，培养学生的创新意识、创新精神和基本创新实践能力。每年受益学生为3200人左右。社团课程是对此有兴趣的学生的选修课程，在这些课上学生可以在感兴趣的技术领域进行一定深度的研究和实践，锻炼较强的创新实践能力。社团学生每年为300人左右。竞赛课程是比较优秀的学生的选修课程，在竞赛规则内，学生可以对某一门学科或技术进行深入研究和实践，锻炼极强的创新实践能力。每年这类课程的受益学生为80人左右。

在实践空间方面，我们从一间10平方米的办公室起步，逐步发展为6000平方米的创客中心，从拥有基本的加工工具如钳子、锤子发展到拥有先进智能的加工设备如激光雕刻切割机、3D打印机等。学生的实践空间逐步扩大，逐步现代化。2012年，我们建成了当时全国最大的校园科技馆。现在，我们拥有全国最大的校园创客中心。我们还在建设完善线上的适应性学习支持系统，它能够支持学生个性化的学习，包括个性化的学习资源、学习过程和学习策略。

在师资培养方面，我们引入中科院老科学家科普演讲团，每两周邀请一位科学家到学校给学生做科普报告，开拓学生视野，已有20多万人次受益。我带领团队的其他老师做课题研究，已完成国家级课题2个，省级课题1个，市级重点课题1个。我们还与公司合作，引入技术力量开发线上学习系统和进行专业竞赛辅导，开辟了创客教育新途径。

由于普惠的科技创新教育提升了学生整体科技素养，学生学业成绩得到大幅度、大面积提升，二中高考成绩、北大清华录取人数近10年一直位列济南市首位、山东省前列。在拔尖创新人才培养方面二中更是取得突破，学生获得国际奥赛金牌3枚、全国金牌33枚、银牌25枚，是山东省获得国际金牌和全国金牌最多的高中学校。学生有840多人在全国、省、市、区各级各类科技竞赛中获奖，发明创意多达80多万份，其中申请专利4267项。历城二中也已经形成了享誉全国的科技创新教育特色，获得“山东省青少年科普系列活动先进单位”“全国中小学知识产权教育示范学校”“全国创新型学校”“宋庆龄少年儿童发明示范基地”“中科院老科学家科普演讲团科普教育基地”等荣誉和称号。

我们的教学成果已被郓城一中、新疆昌吉州一中等10多所学校引入实践，取得了良好的效果，并辐射到省内外众多的中小学中，引领许多学校开展了科技创新教育。

我本人也取得了一定的成绩：主持的“普惠创客教育”课题获2018年国家基础教育教学成果奖二等奖、省级特等奖。曾获全国创新型名师、山东省科技教育先进个人、济南市最美青年、历城区十大杰出青年、历城区名师、历城区学科带头人等荣誉，拥有9项国家专利，103次获得全国、省、市、区优秀科技辅导员称号。研发的课程获山东省课程资源一等奖，优质课获得山东省一等奖第一名。编著出版了12万字的《开启创新之门》和15万字的《趣味科学探究》等书。著名教育家顾明远先生来校时曾亲笔题词“教书育人楷模，创新创意先锋”。

在学校的支持下，2012年我被聘为中华创新名师团的首批讲师，2014年被中科院老科协聘为“未来科学家培养计划”讲师，2012年、2015年、2018年3次被山东省青少年科技活动中心聘为山东省青少年科普专家团专家，2019年1月被中共山东省委组织部、山东省科协、山东省教育厅评选为山东省科普专家人才库科普综合类专家。我还曾到香港、山西、安徽、新疆、山东的中小学给学生做科普报告250多次。

苗斌

好老师有多少？好老师有怎样的行动？让我们深度走进“二中人，二中事”，再来看看苗斌老师的故事。

30年时光脚步铿锵，苗斌老师走出了独属于他的教学之路。因为热爱而坚持，因为专注而独特。

自 1984 年 7 月初进入历城二中以来，苗老师一直从事高中数学教学工作。2008 年，学校成立数学奥赛队，他毅然从熟悉的高考数学转到自己不那么熟悉的数学奥赛领域，以自身多年工作经验为依托，付出了巨大努力，最终硕果累累，多名同学相继被保送到了清华大学、浙江大学等名牌大学就读。而苗老师如父亲般的胸怀更是感动了许多学生，成为他们奋勇向前的动力。他总是耐心地给学生进行辅导，在学生们面对竞赛题感到迷茫的无数个时刻，都有他陪伴学生的身影，瘦小但伟岸。曾有一个学生经过他多次辅导后终于第一次独立解出了奥赛题，当时这名学生脸上绽开了干净纯粹的笑容，这名学生后来说自己对数学的兴趣和热爱就是从那时被点燃的。每当自己的学生取得了进步或者遇到了瓶颈，苗老师都会陪伴在学生身边，分享他们的喜悦，倾听他们的困惑。他在学生身上倾注了大量心血，深深感染着他身边的人。

刘红梅

刘红梅老师认为：深情往往是静默的，却坚韧而勇敢。如果用 3 个字来形容她的话，那就是“拧”“钻”“干”。2009 年调入历城二中后不久，刘红梅老师便成为全国为数不多的女性奥赛教练之一，对于教育事业的深情使她成为奥赛军团中的巾帼英雄。在培养人才方面，她有自己的独特秘诀，双语辅导模式成为她的特色招牌。她将英语作为工作语言，英语授课、制作英文课件，甚至阅读最前沿的英语文献。

有的时候，她是一个沉静的人。她说自己喜欢冥思苦想的过程，认为灵感的迸发往往是在独处的时候，当一个人真真正正地走入了一种状态之中，那么所有的付出都将是心甘情愿的。她就是这样的一个人，有时工作思考到了忘我的程度。同时，她也坚信真正的创造性思维是在交流中碰撞产生的。在她的课堂上，学生可以自由发言，甚至有时会因为一些意见分歧而争论。她对学生的爱是那么纯粹而自然，日常生活中，她经常与学生分享食物，与学生一起跑步锻炼，见证他们的成长。她的热情和体贴点点滴滴感动着学生，终有一天会生根发芽。很多已经考上大学的学生感恩于刘老师带给他们的影响，常“回家看看”，也许这就是所谓的教育痕迹吧。

单庆勇

老单，这是学生口中的单庆永老师，在学生的心中，他永远是那个无人可替代的单老师。老单经常说：“什么才是教育？不是我们今天教了多少知识，而是我们教授的知识，10 年之后学生还剩下多少。”对于老单来说，知识不拘泥于课本，而是一种知行合一的生活信仰。他教过的学生带着这种生活信仰，去到了祖国西部边远地区，去到了柬埔寨，去到了非洲贫困地区。单老师没有踏足过的远方，他的学生到达了。看着 90 后们朝气蓬勃、敢想敢做，单老师打心底里为他们自豪。

单老师是一个有绝活儿的老师。23 年来的每一天，晚自习前的 5 分钟他都安排学生讲数学题，每天一个学生做主讲，同学们轮流登台。他还通过别开生面的“扑克牌系列主题班会”与学生共同探讨学习、生活，展望未来。他心思细腻，将对学生的教育渗透到了每天的日常细节中，小到对一本书、一场电影、一部电视剧的探讨，无不蕴含着对学习、对人生的思考，而就是在这样润物无声的日常中，他的学生们成才成人。如今，老单已经在班主任的岗位上经历了 28 个春秋，他希望倾尽自己的爱为教育事业增添一抹色彩，让孩子们活出精彩。

是把孩子交给书本，交给分数，还是交给人？历城二中的教育传统所讲究的是“言传身教”，修养修行从自己开始，欲他人为圣贤，我先行圣贤路。从校长到老师，一脉相承，教育就此落地生根。

德国思想家雅斯贝尔斯曾说：“所谓教育，不过是人对人的主体间灵肉交流活动，包括知识内容的传授、生命内涵的领悟、意志行为的规范，并通过文化传递功能，将文化遗产交给年轻一代，使他们自由地生成，并启迪其自由天性。”

相应地，教育方法大体可分为 3 种：

第一种是训练。这在中小学里十分常见，包括题海战术的训练，一遍又一遍地重复一个行为动作的习惯养成教育等。但有效的习惯养成应该是同学们愿意去反复做一件事情，做得久了，自然成为习惯，而不是强行要求每天见面行礼多少次之类的硬性训练，后者完全背离了习惯教育的初衷。

第二种是管教和纪律。这里的“管教”指的是在人犯错以后进行的教育，是从人的行为矫正方面的“后发制人”，有着判决、纠正的思维取向；而纪律则是前置的，但要注意纪律制度化以后是否合乎情和理。

第三种是交流和影响。老师的自我修为是老师在做人上的先行一步，也是老师在教学现场进行言传身教的根本，是影响学生的基础。

在历城二中，老师们言传身教，让“志达天下”的教育在同学们的实践中得以实现。

勤道德之理，做人格高贵的中国人。历城二中的学生为什么受到称赞？因为这是一所道德学校，在这里，学生先从学习孝敬父母开始慢慢懂得，脱离了父母家庭，生存和未来就缺乏保障。孝是历城二中的道德之本。孝敬父母，更能够帮助孩子慢慢从家走向世界，成长为人格独立的人。

勤智慧之理，做智慧丰厚的中国人。历城二中的学生为什么成绩好？因为这里的同学每天都有无数的精彩学习瞬间，他们每天都要向老师提问题，汲取新的知识养分。成长在历城二中无处不在，无时不在。

明法度之理，做行为有度的中国人。在学校里要守规矩吗？当然要守，因为守规矩才能保障整个集体的生活与学习有序进行。遵守课堂规矩，教学效率更容易提高。

明人伦之理，做勤志天下的中国人。在历城二中，学生要学会用他人的角度看自己，每一个他人都是自己的镜子——你向同学微笑，同学也会向你微笑；你爱同学，同学也会爱你；你帮助了别人，你会比别人更快乐。只要懂得人伦之理，每一个人都不是孤独的前行者。

04

第四章

勤志动力，“好老师”担纲教育王道

二中勤志动力故事：

2013 年冬天，胡魁标带着 48 级（9）班的同学们把“爱心直通车”开进了淄博市沂源县国珍希望小学。这次爱心之行的所有善款都来自学生们节约下来的零花钱，为了节约开支，胡老师开车拉着几个班委冒雪到西市场采购爱心物资。当他看到学生们一改平时大手大脚的消费习惯，对采购物品的性价比精打细算时，不禁为同学们的改变而欣喜。价值 6000 余元的学习、生活及体育用品凝聚着师生的一片心意，在新年伊始的一场大雪之后，顺利送达希望小学。爱心物资到达后，双方进行对接，开展了主题班会、做游戏等活动，让“大手拉起小手”。当时，淄博团市委的领导对于活动给予了大力支持，当时的共青团省委副书记后来听说了这个活动，还专程去希望小学看望，并捐建了一个微机室，最后还给孩子们提供了一年的牛奶。山东电视台的记者看到报道后主动联系，要去这所小学做一期公益节目，希望能让更多的热心人关注、关心孩子们的成长。

这样的活动没有间断过。后来胡老师又带着49级（9）班的同学们走进济南律师希望小学，为一个过生日的小朋友送去了蛋糕。在祝福声中，孩子流下了幸福的眼泪。该次活动还得到了家委会的大力支持。之后，胡老师又和52级（28）班的学生及家长代表共同走进商河县韩庙镇振邦小学，送去了温暖。胡老师还带着同学们走访几户特困家庭，捐赠了一些生活用品。每次他都会跟自己的学生们说：我们的一双鞋，可能是他们一家人一个月的生活费；我们平时少吃一点零食，就可以满足他们的一个小心愿；这个社会还有很多人生活在贫困之中，我们能不能节约一点，省下钱来去做更有意义的事情？

奉献爱心其实是温暖彼此的心灵。胡老师始终觉得：一次活动的影响是有限的，但是，对于学生来说，就埋下了爱心的种子，只要有了条件，它就一定会在学生心中生根、发芽。

他曾经的班长李超男同学考入了中国政法大学，大学期间自愿去新疆支教一年。当地政府照顾他们，想让她与支教的同学们留在条件较好的市里，但他们毅然选择了条件艰苦的阿勒泰地区的一所中学，认认真真地为边疆教育奉献智慧与爱心，这就是“志向”的担当。

他的学生李纪在走访了一户贫困家庭后就坚定地对他说：老师，过年之前我一定再来一趟，让他家过个好年。之后每年春节前，他都会在父母的陪伴下走进这个家庭，送去置办好的年货和爱心款，帮助这个家庭。

更多时候，胡老师还会告诉他的学生们：有爱心是好事，老师更希望你们能够好好历练，积蓄力量，将来有一天，事业有所成就时，能“不忘初心”，造福一方百姓。这个时候，“志达天下”就不再是一句口号，而成了师生内心的信仰。

勤志动力思考：

教育和企业不一样，尤其是在一所地处农村的寄宿制学校中，教师一定要有奉献精神，单纯靠8小时工作时间是没法把工作做好的。历城二中的老师们，将自己的生命、学生的发展、教育的价值结合起来，激发出极大的“勤”与“志”的动力。正是在这一动力驱使之下，被称作“王牌”的历城二中教师团队逐渐形成。这个“王牌团队”创造了历城二中数不清的辉煌成果。而当我们走到这些老师当中时，我们会发现每一个人都是那么谦逊，他们已经把自己的全部身心和精力投射到学生身上，把自己全部的智慧和学习力放到工作中。

教育过程中其实是很少发生大事情的，善于从每一天都会发生的小事情中升华出教育大义，才是了不起的教育。有些老师觉得很难寻找到教育契机，其实，教育契机就在老师带给同学们某一时刻、某一瞬间的理解和感动之中。一位老师告诉我，他上小学时学习成绩平平，爱好也不明显，但是在一节作文课上，他不经意地使用了“日新月异”这个词来描绘 1985 年的石横新电厂，语文老师对他的这个用词十分赞赏，详细地加以分析。课后，他把积攒了几年的邮票卖给了同学，并用这些钱买了 3 本作文选和 1 本《青年作家》。从此，他开始喜欢上语文课，那节课对他的影响一直持续至今。

在历城二中，“好老师”这一最朴素的赞誉，也是学校最在乎的称号。

“一张王牌”：新手还是名师，都在发展的路上

教师队伍建设是一所学校的核心战略，也是这所学校交给社会的教育资源。要让教师的职业道德、专业素养和社会尊严得到提升，三个领域相互促进，缺一不可。

在历城二中，有一个普遍的现象：下午考试结束，任课老师把50多份试卷收起来；第二天一上课就开始讲评、分析试卷。也就是说，老师们一个晚上就批改了几十份试卷。即便是周末测试，周一第一节课也一定是试卷讲评课。在历城二中，不是只有一位老师这样做，而是每一位老师都能够做到这样；不是老师们偶尔这样做，而是每次都是这样做。“学案有发必收，有收必批，考卷批阅不过夜，第二天及时讲评。”由此可见历城二中老师的敬业。

有人这样描述历城二中的老师：他们技术精，业务强，带领学生在高考、奥赛、科创、艺体等比赛中夺金摘银。他们关爱学生，开年的“红包”、冬至的饺子成为学生们中学时光最亲切的回忆；在学生生病时，他们更是忙前跑后，照顾起居，垫付医药费，不是亲人胜似亲人。他们师德高尚，不用“成绩”这一把尺子衡量学生，而是一视同仁，为每个学生加油鼓劲，帮助学生发掘自身潜力。他们以校为家，经常因为给学生辅导功课而错过饭点，也常常会因终日“泡”在学校里而自觉愧对家人，但这并不妨碍他们继续做学生们眼中的“超人”……

历城二中的老师，不仅在不断学习中保持可持续成长，同时，也和学生打成一片，关心同学们的思想。在二中，和学生谈心交流成为教育的常规、常态；在非长假的休息日，老师们还要做学生们的“陪读”，并照顾他们的生活，保证他们的安全。而这一切都需要全身心付出，更需要时间的保障。每天，班主任都会在早自习前来到教室，和学生一起早读、开始一天的生活；晚上会督促学生休息，核查就寝学生人数，等整个校园全都安静下来后才悄然离开；周六、周日和节假日的休息时间，很多教师仍会坚守在学校，指导学生开展社团活动。不图名、不图利，自愿加班加点地工作，已成为很多老师的自觉行动。没有抱怨，只有行动，这就是“勤文化”下历城二中老师们的工作状态。

蒋建青是一名语文教师。从 18 年的教育实践中，她得出深刻体会：很多问题不是单纯的学科知识所能解决的，育人比教书更重要。她心中牵挂着同学们的种种困惑，于是利用业余时间自修心理学，考取了国家二级心理咨询师证，成为一名持证上岗的心理咨询老师。为了提高自己的心理咨询实务技能，几年来她一直坚持利用节假日外出学习，接触不同的心理学流派，保持个人成长和实务技能提升。别人休息的时候，她在学习；别人放松的时候，她依然在忙碌。历城二中是寄宿制学校，学生来咨询的时间常常是在课间或放学后，她为此而耽误吃饭是常事。但是，在她看来，学生愿意将从未示人的隐痛向她倾诉，将心灵深处最痛的伤疤向她展示，这份沉甸甸的信任是让自己继续走下去的原动力。

2018 年 1 月 20 日，中共中央办公厅、国务院办公厅印发《关于全面深化新时代教师队伍建设改革的意见》，对教师队伍建设的重视程度达到了新的历史高度。老师成长了，学校就发展了。在历城二中，好的教育正是来自一支好的教师队伍。

对于历城二中教师的发展，最有发言权的是我们 2004 年引进的名师朱晓刚老师，他后来担任了学校的教育科研主任，他的感受直观地反映了学校对于名师培养的一贯做法：

我们学校的目标明确，理想高远，当时我们学校在济南仅仅有一点名气，就已经立志要成为全国的名校。我是2004年作为人才引进历城二中的，之前我在山东省青州第一中学，教政治学科。来到这里以后，我带高三，当班主任、文综备课组长、高三的政治备课组长。教了两年以后，我在这儿评上了山东省特级教师。评上特级教师之后，校长就让我负责学校的教科研。

那时候青州一中的条件比这里好，历城二中还是个农村学校，条件并不好。但是我跟李校长见了一面后，被他干事业的那种热情所感染，于是就来了。见的那一面是什么打动了我呢？是校长说话简练、办事干练的作风打动了我。当时见到他，他说："我们虽然说招聘40岁以下的（我那时候41岁），实际上是要38岁以下的，你虽然超龄了，但是我们学校目前还没有像你水平这么高的老师，我向区里汇报一下，争取一下。"有的校长喜欢打官腔、说话藏着掖着，李校长说的却不多，而且简单明了。隔了一天，他就给我打电话说："朱老师你来吧。"我问："我老婆怎么办呢？而且我孩子已经上大学了。"他说："一起来。"我再问："房子怎么办？"他说："先给你一套住着，新房子盖起来后，你先挑。"就是这么直接简练，却透着干实事的风范。

朱老师也就这样来到历城二中任教了，他说，在二中不用去揣摩，不用去探听，只要好好干工作，想着工作怎么干好就可以了。学校对他的支持力度也很大。2006年他评上了特级教师，2007年学校就让他负责教科研。并且，只要他提出想法，就给予政策上和资金上的支持。当时学校扩张得很快，原来是高中学校6个班的规模，后来又有了初中部，高中部也迅速地扩张为10个班、20个班，这个过程中就招进了大批的应届毕业生来二中任教，也引进了几位骨干老师，但是骨干老师都在高三，其他班级怎么办？

这时，负责教科研的朱老师便提出了青蓝工程，也就是师徒结对。学校也大力支持，青蓝工程从2008年正式开始实施，到现在已经持续了十几年，学校领导和教师们都很认真地将之落实，成效日益显著。

当时我们学校老师的整体水平不高。比如说市里的优质课，我们学校的老师很少拿一等奖，那怎么解决这个问题？我们从 2004 年春起就和中国教育学会当时挂靠的公司“中域教育发展中心”签了合同，购买服务让对方派专家来校为我们每年开展 20 天的培训。一般在开学前一定会培训，每个月也有培训。通过这个平台，很多只能在报刊、网络上听闻的一线名师和知名教育家都来到历城二中传授经验，让在校的老师们都开了眼界，学到了方法。

除了让老师们的视野开阔起来，了解全国教育界最优秀的模式，我们在形式上也不断地改变，一开始请来的是著名专家，老师们虽然听完培训后热血沸腾、眼界大开，但是真正要执行起来却不知道该怎么做。这时我们再请来特级教师跟我们的老师们同课异构，请他们来听我们的课、评我们的课，然后我们再观摩他们的课、赏析他们的课。这样一来，我们学校的老师们成长很迅速。如今，只要有优质课评选，我们一定有选手入围，而且能把一等奖拿下。比如朱晓刚老师所在的政治组目前一共只有 20 位老师，却连续 3 届拿下了山东省优质课一等奖。

此外，凡是出成绩的学校，教学压力也就大了，搞科研的精力和动力就不足，那么历城二中是怎么解决这一问题的呢？我们从 2007 年元旦起创办了校刊《稼轩教研》，加强调研，并一直坚持了下来。老师们在校刊上发表自己的教学心得、教学体会、教学研究成果和思考。当时学校也出台了一些鼓励性政策，比如在《稼轩教研》上刊登了文章的，职称评定的时候可以多打 0.1 分，对一些政策性的文章也会付给作者稿费。一期刊物 64 页，两个月一期，争取 期能够发表老师们 40 ~ 50 篇文章，短的是千八百多字，长的是 3000 来字，不让投稿成为负担，同时又鼓励老师们更多地参与。我们还将刊登在《稼轩教研》上的文章集中打包投到《济南教育》，所以历城二中老师们写的许多文章也在《济南教育》上发表。搞教育科研在当时好像是一件没有起到什么大作用的事，但是现在回头看来，这对老师们来说却是一个持续发展的过程，让他们积蓄了后劲。如今，二中的有些老师都出版了专著。而钻研教育也成就了教师自身，比如教科室的白芳老师，才 40 岁左右，已经被评为“齐鲁名师”了。

历城二中的老师们现在都有自觉自愿的教研习惯。不管是请专家培训也好，还是进行教育科研也好，可能就学校现阶段而言并不是最要紧的事，但从长远来看却很有益处。

在历城二中，我们还开展了“二中讲堂”。“二中讲堂”的内容十分丰富，比如音乐、美术老师开设音乐欣赏、美术欣赏的课，让大家能够得到音乐、美术方面的熏陶。我们还设有“做自己的主专家”讲座，即由本校老师做先进经验分享，如分享教学思想、教育教学方法等。我们还进行同课异构，有时候是分组进行，有时候是全校性的。另外，我们还请来心理学专家给老师们做一些心理学辅导。“二中讲堂”已经坚持开展10年了，从2008年开始，每个学期大约能举办20场，上午一场，下午一场，差不多隔周办一期。这个讲堂有一个直接的效果——锻炼了老师们。一开始，让老师上来讲课，有些老师表现得扭扭捏捏，不是因为谦虚，而是因为没勇气。到后来，谁要是没轮上，这没轮上的老师反倒有意见了。

历城二中注重教师队伍建设，注重给老师们搭建良好的发展平台，正如朱晓刚老师所说：

高月锋老师，搞科技创新的，他原先就是微机老师，教计算机的，但他对科技创新这块感兴趣，学校就支持他去发展，他现在成立了全国著名的科技创新协会，现在创客这块都是他在管，他取得的成果已经不只是微机教学上的成绩。我们学校的艺术教育负责人赵立秋老师把艺术教育搞得风生水起，也是全市有名。校长有眼界和胸怀，还特别信任人，他就大胆地放手让你去做，他就觉得只要把老师放在合适的位置，给老师一个好的平台，就都能行。所以每个人都有一个舞台，都有一个平台、一个天地。在我们学校有很多非常规的创新，但是我们都做成了。

“三个升华”：我有我的目标，我要领导好我自己

修己安人，这是中国教师发展的传统路径，也是最具普遍意义的基本路径。人人都希望这个世界越变越好，而达成这一愿望的最好途径是先让自己变得更好。因此，历城二中的教师队伍建设从教师的“三个升华”入手，写下一个大大的“我”，务求实现最广泛意义上的自我发展。

“把职业升华为事业；把事业升华为梦想；把谋生升华为奉献”，学校引领教师确定“做一名幸福的教师”的目标，再把目标细化分解，老师们都有各自的成长计划。历城二中优化升级至今，办学规模迅速扩大，新教师的数量曾一度占到老师总数的 70% 以上，因此“勤文化”落地尤其重要。新教师入职半年到一年的时间内要完成的规定项目、自选项目都非常清晰：3 ～ 5 年内要求基本理解课程标准，熟悉教材，实施基于目标、重在培养学科思维的教学，初步掌握教育科研的基本要领；之后要深入理解课程标准，熟练地驾驭教材，能与同伴合作开发校本课程，熟练实施基于目标、重在培养学科思维的学科建设；继而基本掌握教育科研的基本要领，能独立或与他人合作开展校本研究，能写教学论文和研究报告。

白芳老师，是在青蓝工程指引下加强自我发展的教师。在专业上，她在师傅的引领下，积极参加学校教研活动，制定了极其自律的个人规划，每几天就写一篇教

学反思或教育案例。个人的努力付出加上学校提供的良好培训条件，使她的专业素养得到迅速提升。在参加省优质课时，她的优秀表现震撼了全场。2019 年，在齐鲁名师评选中，白芳老师力压省内众多高中语文教师，拿到了理想的成绩。

白芳老师认为，教育应该是直面人生，面向未来的。教育是要唤醒生命，发展生命的。正如陶行知先生所说：“教育的作用就是使人天天改造，天天进步，天天往好的路上走。”苏霍姆林斯基也说：“教育技巧的特点就在于使教育的整个过程成为教师过问人的精神生活的整个过程。”教育应该成为我们和学生一起经历并获得成长的过程，体现对生命的关怀，呈现与生命过程同质的基本形态特征。而语文教学是使学生建构语言、发展思维、进行审美、传承文化的过程，必须坚持学科工具性和人文性的有机结合。我们应意识到：语文学习本质上是一种生命的体验和生命的表达，相较于外显的语文知识，内在的生命观照也是语文教学中重要的一环。我们应该坚持诗性体验与智性思维并重，坚持“生命涌动，本色课堂”的理念。

白芳老师努力建构关注生命形态的语文课堂，逐渐形成了“重朗读，重品悟”的情感性教学风格。她注重文本解读，点燃和唤醒学生的言语智慧、言语灵性；挖掘文本深层的生命元素，让学生得到更多精神的引导和心灵的滋养。她还组织了“阅读·悦美”系列主题读书沙龙活动，倡导学生“每月多读一本书”，一年至少多读 100 万字，有不少学生因此养成了每天阅读的好习惯。白老师还坚持举办“愿说·越强”的课前演讲活动，培养学生的表达能力、思辨能力和社会责任意识。她的学生们不但语文成绩在济南市名列前茅，还获得了 IAP 中小学综合竞赛全国金奖、全国作文大赛特等奖，在《中学生读写》上发表了文章，在全省辩论赛上崭露头角，在原创诗歌朗诵会上大放光彩……岁月耕耘，收获满满，白老师自己也获得了山东省优质课比赛一等奖、全国基本功大赛二等奖；被先后确立为首届济南市高中语文青年名师、第三期济南市名师人选、第七批济南市青年学术技术带头人，入选山东省学科专家人才库。2010 年，她获得山东省优质课比赛一等奖，她在比赛中所采用的对选修课教材进行“主题单元整合授课”的模式和“情读入境，生命在场”的策略，在济南市得到了推广；2015 年，济南市教研院又专门举办了“白芳课堂教学研讨会”，据说这是济南市语文学科 30 年来第二次以个人名字命名的研讨会，旨在推广“生命涌动，本色语文”的特色课堂教学。《济南日报》《齐鲁晚报》、大众网、山东网、新华网等媒体都对此进行了报道。在校领导支持下，她还成立了济南名师工作室，积极帮扶年轻教师，多次执教省、市级公开课，也曾到贵州等地送教。

在“反思—研究—超越”中逐步展开“发现问题（现象）—确立目标—学习—改进—进行思想建构”，这样一个自我超越的成长模型是在一个一个教育现象、一节一节教学课例中得到实现的。比如，教师从一次失败的实践性学习活动中确定了“实践性学习活动组织”的目标，继而在理论考察、实践研究等过程中逐步寻找到一些可供总结的经验，寻求到一些值得改进的路径，沿着这样的路径再次回归实践、学习相关理论，最终将会破解学科教学中“实践性学习活动组织”的难题，逐渐形成自己对于实践性教学、大课堂观的理解。教学思想的形成不是可以一蹴而就的，当然也不是可遇而不可求的。每个人的行为背后总是有一定的思想支撑的，在行为目标的牵引下，现代教学思想将会慢慢凝聚和建构起来。

随着思想的逐步成熟，一位教师的教学风格便慢慢形成了。“风格是专家的专利”，教师的专业成长过程也意味着教师自我教学风格的逐步形成。至此，在“我自己有目标，我自己要觉醒”的想法中，教师与学生一起成长、与教学一起成长、与教育一起成长将成为现实。

人最难以管理的是自己，然而仅仅管理自我是不够的，因为管理意味着拿外在的、公共性的标准实现自我的约束。作为具有创新精神和创新能力诉求的教师，管理好自我能够让我们做一名合格的教师，却不能使我们超越自我，从学术、价值与人格的高度实现自我蜕变。也就是说，专业发展仅靠自我管理是不够的，还需要自己领导自己去实现超越。

这也就开启了“自领导”的模式。所谓“自领导”就是自己为自己的人生确立方向和目标，并坚定地沿着这个方向和目标去努力。一位教师的专业发展需要“自领导”模式。开启了研究之路，专业的路径也就被打开了。比如白芳老师参与了 2 项国家课题、3 项市级课题，其课题论文《“秀”出语文的丰盈——生命形态的语文课堂教学初探》于2013年发表在《中学语文教学参考》上，并获得了山东省教育科学优秀成果二等奖。现在她正主持的一项市级课题是《指向“语言建构与运用”——核心素养的高中语文口语教学实践研究》，希望通过语言的建构与运用，改变高中生中存在的不善倾听、不愿开口、不会表达的现状，提高生命质量。她在《中学语文教学》《中学语文教学参考》《语文教学通讯》《语文建设》《语文学习》《语文月刊》等全国中文核心期刊发表文章近20篇，其中《跨越时空的美丽——重读〈为了忘却的记念〉》一文，被鲁人版教材的读本收录，学术论文的发表意味着白老师一次又一次地超越自我。2016年，她与我校蒋建青老师合著出版了《生命行走的声音》，2019年她又出版了著作《〈三国演义〉诗词赏析》。

这就是历城二中教师的自我领导。二中的老师们人人都是“勤文化”的示范者。

阚老师是2012年来到历城二中的，他对学校的最深刻感受有3点：一是二中兼容并包，干一件事情基本都是齐心协力的，在学校没有疏离感，没有排外的感觉；二是每个人有自己的目标，不会过多受到外在的干扰，每个人都有自己明确的教学任务和目标，基本上是自己带着自己在发展；三是对学生的管理从严抓、严管逐步过渡到人性化、个性化管理，老师们帮助学生确立“学习不是生活的全部”的观念。学生增长了见识，他们的学习与成长也得到了促进。这样，教师的自我领导力和学生的自我领导力就结合在了一起。

尹长文老师是2003年来到历城二中的，他认为历城二中老师们坚守的是精神层面的意义和价值。学校走在“从三流到二流”“从二流到一流”，再到争取成为国内最好的学校的道路上，老师们精神上具有很大的满足感。在历城二中，绝大多数老师都是勤勤恳恳的，自己带着自己努力工作的氛围已经形成。

这就是“把职业升华为事业；把事业升华为梦想；把谋生升华为奉献”。目标一旦成为素质结构的一部分，就具有了无穷的力量。

蒋建青老师连续几年都是历城二中的“读书人物”。2011年，她获得了“历城区首届推动读书人物”提名奖。平常读书时，她会随时记录下读书心得或感受，会在自己的工作之余写一些人生感悟，在各级各类报刊杂志发表文章。作为一名语文老师、备课组长，为了传承中华文化，让学生领略国学经典，她于 2015 年自编了一本《论语选读》，让学生利用早读 15 分钟及课前 5 分钟进行诵读，很多学生在文言文学习上得益于此，写作上也大受裨益。2016 年，在语文教学提倡“整本书阅读”的改革大背景下，蒋老师更是大胆地进行尝试，将《论语》整本书的阅读与语文教学结合，组织本组老师编写校订《论语》全译本，成立领读小组，在每日早读的时候让学生诵读，并在课前进行学习心得的分享，就这样学生利用一年的时间通读了整本《论语》。这就是在成就学生的同时，自己带领自己成就自己的典范。

张宇老师现任历城二中团委书记、语文教师，中学高级教师。她教学经验丰富，她的课堂充满活力。她说，“做老师不能忘记暖暖的阳光味道”，课堂应该有生活的影子。她在曲阜孔府孔庙拍了几张照片，在课堂上讲到杜牧的《阿房宫赋》时，她就向学生展示了孔府建筑的“檐牙高啄”，带给学生更直观的了解，希望学生做生活的有心人。有一年冬天，济南下了一场大雪，来自东北的她在看到雪景时，不由自主地想到家乡，于是她将自己拍的一些家乡的视频和照片整理了一下，并在课堂上展示给学生看。学生们在被东北的美丽雪景感染的同时，也被张老师深厚的思乡之情感动。张老师动情地告诉同学们：“有了生活才有语言。”八月十五的晚上，她带着学生到学校操场，一起赏月，吟诵诗词，重温中秋节的由来，共享中秋节的习俗，师生共度的团圆节成为他们生命中一个难忘的回忆。张老师多次参加国家、市、区观摩课，并于 2004 年、2007 年两次获历城区优质课一等奖，于 2008 年获济南市优质课一等奖，于 2011 年参加国家级录像课获一等奖。她还是 2015 年历城名师培养人选，并连续多年为历城区学科带头人，济南市优秀语文教师，济南市首批高中语文青年骨干教师，历城区政府优秀教师，区教学能手、骨干教师，区青年岗位能手，连续多年被评为历城区优秀青年工作者。她曾获历城区素质大赛一等奖，在《现代语文》《新课程》《个性化阅读与写作》《黑龙江教育》《青年作家》等刊物上发表过文章，其文《两袖清风》被选入《济南市廉洁之风》一书。作为团委书记，她坚持抓好阵地建设，创造性地开展了一系列丰富多彩的活动。“把职业升华为事业；把事业升华为梦想；把谋生升华为奉献”的二中教师发展精神，凝聚了一大批像张宇老师一样的前行者。

“三大工程”：对号入座，成长过程殊途同归

“为每一位师生搭建发展的阶梯”，二中是这样说的，也是这样做的。我们实施了“青蓝工程”“读书工程”“名师培养工程”三大工程。借助这些工程，老师们可以获得强有力的发展支持。

历城二中的三大工程并不是特别创新的举措，我们的成功靠的是实事求是的落实、丰富多彩的设计、十年如一日的坚持这三大法宝。我们知道，任何科研举措都需要持之以恒，任何协作推进都需要调动人的力量，任何活动都要有组织、有落实、有评估。

2012 年，毕业于非师范类大学的张治薇老师来到历城二中任政治学科教师。学校安排省特级教师朱晓刚老师与她结对，“师傅”言传身教，“徒弟”勤奋好学。仅两年后，张老师便在历城区优质课评选中获得了一等奖。这是历城二中“青蓝工程”的一个典型事例。学校每学年第一个月都会启动新一届“青蓝工程”，每学年都有近 150 位教师结为师徒。年终学校教研考核时，徒弟的成绩会计入师傅的教研成绩中。“青蓝工程”将新教师的活力和老教师的经验融合互补，促进了教师团队的整体提升。我经常说：历城二中的老师，比的不是学历，而是发展力，只要进入二中，就“英雄不问出处”，每个人都是平等的合作、竞争关系。甚至很多学历偏

低的老师，进入二中任教几年后，在学科教学中获得了突飞猛进的发展，这样的例子比比皆是。究其原因，离不开“青蓝工程”的作用。历城二中非常注重对教师的培养，把每一位老师，特别是新老师培养好是学校长期坚守的教育之道。

从2010年开始，历城二中深入实施“读书工程”，并且在学校里全面落实。“人人读书、人人读好书”的氛围已经形成。孔子说：“吾尝终日不食，终夜不寝，以思，无益，不如学也。”意思是：我曾经整天不吃饭，整夜不睡觉地去思索，发现这样空想毫无益处，还不如去学习。读书是获得知识、开启智慧的好办法。历城二中全面推进读书活动，先后向老师们发放了《做一名健康的老师》《卡尔·威特的教育》《课堂上究竟发生了什么》等数十册图书，温馨地提醒大家：阅读是一种生活方式。校刊《稼轩教研》刊登教师读书心得、成长故事、教研成果等内容，以“展示风采、分享生活”的办刊宗旨号召大家读思不分离，倡导写好反思、及时总结。我们每年在教师中评选“年度读书人物”，并组织“读书·成长”主题读书心得演讲等活动。蒋建青老师连续几年都是我校“读书人物”，2011年她获得了“历城区首届读书人物”提名奖，2014年她还考取了国家二级心理咨询师证，在各级各类报章杂志发表文章，合著出版了书籍《生命行走的声音》。2016年，历城二中被评为历城区教育系统“推动读书先进集体”。在2017年“世界读书日”，蒋建青、任根应老师一家获评“书香飘万家”全国优秀家庭，代表山东省参加了在北京举行的规模盛大的颁奖典礼和“2017全民阅读启动仪式”。工会主席王萍老师曾在发言中提出：“历城二中将积极承担起带动全区读书活动蓬勃发展的重任，继续深入开展丰富多彩的读书活动，引领全校乃至全区师生爱读书、多读书、读好书，共享读书盛宴。”

“名师培养工程”是历城二中教师培养的又一“利器”。学校构建了多种多样的校本研修模型，老师们“与学生一起成长”“在科学研究中成长”“在课程开发中成长”“在自我改进中成长”“在突破创新中成长”，从而产生了名师群体效应。学校政治组在教学研究、课堂改进中一枝独秀，屡屡创造出具有影响力的教育成果；英语教研组实现了“时时研究备课”“处处研究备课”的研究氛围。教学质量迅速提升，名师的涌现也就不足为奇了。学校每两年评选一届“二中名师”和“二中名班主任”。同时，学校还把评选“十佳青年教师”“教坛新秀”“学校杰出贡献教师”“巾帼建功先进个人”“年度教书育人先进个人”“青蓝工程优秀师徒”“师德建设先进个人”等作为常规举措，并在学校网站和微信平台大力宣传优秀教师事迹，发表文章《身怀绝技不简单，二中教师有绝活》《刘爱军：做出彩二中人》《胡魁标：花开研学路，让青春更芬芳》《赵玉喜：“多料达人”让教育生活更精彩》等，发挥榜样的力量。

活动促进发展，项目凝聚人心，更多的专业研究工程的开展，让老师们的发展不断开启新的起点。现在学校有全国名校长领航工程校长 1 人，齐鲁名校长 2 人，齐鲁名师 3 人，代表了历城二中名师培养的新的高度。

“四个平台”：让每一个人都有自己的舞台

有了三大工程作为载体，还要搭建若干的学习与发展平台。学校通过党委、工会，级部、教研组，教科室、学习共同体等，开展了若干的教育教学研究活动，只要老师们做得到，学校就能看得见，就能在各种平台上帮助老师们获得更大的提升。

优化升级以来，历城二中成为名副其实的大学校，校园大了、学生多了，老师也相应地多起来了，传统的集中式培训已经不能满足老师们不同层次发展的需求。怎样让每一个人在校园中都有自己的位置呢？

这就要靠平台建设。一所学校的管理要看得见老师，这里不是指看见老师的忙碌，而是指看他有没有在应该在的位置上，这个位置就是“平台”。历城二中通过设立 4 个平台——校级研讨课（“二中讲堂”）、校刊校报、电子备课网络教研平台和集体备课平台，提高教师的教研水平，让老师们的成长得到尊重、得到关注。这 4 个平台不仅仅是 4 个活动机会，更是老师们展示自我的机会，也构成他们日常生活中不可或缺的一部分。

平台之一：校级研讨课，也就是“二中讲堂”，是老师们展示自我教学水平的高地，每一位老师都有机会登上研讨课的舞台。出色的课堂教学展示是历城二中老师们追求的最大荣誉，不管工作有多少，课堂教学效率一分一毫都不能少，这就是名师历练成功的核心密码。由于教学研究必然要切入到教师的日常教学实践中并与之融为一体，而不是在教学实践之外另起炉灶“外加”的一种研究，这就使教师产生了将教学实践与变革研究融合的诉求。校级研讨课是教师基于课例而进行的集专业理论学习、教学实践、教学研究于一体的研究活动，旨在改进教学，继而提高教师专业水平。

平台之二：由著名教育家顾明远先生题词的校刊《稼轩教研》一办就是近20年。《稼轩教研》由校长撰写“卷首语”和“新年致辞”，成为历城二中老师们研究、学习、发表、总结的一大阵地，也是历城二中在探索常规教研与教育科研方面的坚守。学校还大力开展课题研究，提升教师的思考力和研究力，每年参与研究的教师人数超过全校教师人数的三分之一。让我们来看一看2018年第1期《稼轩教研》中，李矿水副校长撰写的卷首语《长成一棵大树》：

1998年9月，我刚参加工作。当时我拼命地工作，用勤劳和智慧取得了一点小成绩。仅几年后，在领导的信任与学校的培养下，我很快走上了领导岗位。我肩上的担子重了，责任大了，牺牲和付出也多了。

学校需要发展，我也需要成长和进步。随着时间推移，我面临专业再发展等问题，个人发展受到严重的影响。我觉得是时候应该为自己的专业发展好好规划一下了。我的职业生涯该怎么走？能走到什么程度？

我在做好本职工作的同时，坚持读书，写教育教学随笔，建立博客，也在一些刊物上发表了一些文章。我始终想在专业发展上有所突破。虽然我没有名师的称号，但是能受到同事、家长和学生的尊重，也就心满意足了。对于一个教师而言，还有比受到学生爱戴和自己心灵得到成长更重要的吗？

一个老师有名师梦是好的，至少在专业发展上有追求。有的老师什么都不在乎，也不追求什么，怕苦怕累，安于现状，当然也就不想当名师了。我始终明白：教师是一个纯洁的职业，不能谋官，发财，甚至求名。因为教育面对的是一个个鲜活的生命，一颗颗等待滋养的心灵，功利会让教育黯然失色。名师，一定程度上说是“身外之物”。身体、学识和修养才是真正属于自己的，而金钱、地位、荣誉是外在的。是否名师并不重要，重要的是个人的成长。所以，我们不能为虚名所累。即使我是名师，我还是我，并没有本质的变化。

一位老师说过：不必刻意追求名师的称号。老师有了坦然的心，有了爱心和责任感，有了渊博的知识和奉献的精神，在教书育人的过程中自然不会马虎应付。能够抛弃名利思想，才能够成为高尚的老师、有定力的老师、真正的老师。

但是，不刻意追求名师的称号，并不是让老师们不成长为名师。我们学校的发展还是非常需要名师的。现在，学校办学层次和水平越来越高，社会影响力越来越大，名师成长的土壤已经具备，学校的发展促成了我们的成长和发展，学校的发展和个人的发展是相辅相成的。我真诚地希望老师们扎实工作，勤于读书，乐于反思和总结，个个都能成为教育战线上的行家里手，都能成为教育园地里一棵枝繁叶茂的参天大树。

平台之三：历城二中是济南市首家进行电子备课、网络教研的学校，完备的资源库成为老师们提升业务的有效平台；而教学方式与方法的创新，也依托于此，老师们能够充分融于其中，收获跨越式成长。为了增进教师进行独立研究、创造性研究的意识和能力，学校在电子备课深入开展的基础上，建立了备课大数据平台，给老师们的研究插上了信息技术的翅膀。

文海霞是历城二中第一位具有研究生学历的教师。2005 年，她和大约 80 位教师一起来到历城二中任教。如果缺乏展示的平台，一下子有这么多新教师来任教，将会对学校教学质量造成冲击。而历城二中在吸引优秀人才到来的同时，还为每一个人搭建好了研究、教学、发展、展示的平台。求真务实，并且不拒绝创新发展，把眼界放得更高、更宽一些，先进的教学理念、务实的教学方式、多元的教学方法都能够在学校落地，而走出去接受创新、接受学习也已经成为老师们的常态。

平台之四：集体备课。在学校提供强大保障力和推动力的前提下，教师的潜能得以挖掘，能力得以提升。引领学校科技创新教育的高月锋、打造精致课堂的张宇、爱生如子的王宴明、数学教学有绝招的张治国、心随舞动的赵立秋等青年教师就是实现“跨越”的优秀代表。

王秀兰是历城二中的一名英语教师，她2008年来到学校，见证了历城二中飞速发展的时期。英语组的每一位老师都非常敬业，特别是女老师人数多还非常能干，被称为“女汉子”“娘子军”。英语组有一个特点——集体备课时时处处都能进行。平台多，老师们自然就闲不住。

班主任工作就是一种责任。用陶行知先生的话来说就是：“千教万教教人求真，千学万学学做真人。”让自己的学生先成人，再成才。往小处说，这关乎一个人一生的幸福；往大里讲，则关系着民族的未来。正是这份沉甸甸的责任，让历城二中的班主任们穿梭于琐碎与繁重之间，用奉献铸就了学生进步的阶梯。新校落成之际，班主任们身上的担子更重了，任务也更杂了。

一人如此，百人如此，全校人人都如此，老师们在个性发展中体现着共性的根基，在共性文化里彰显着个体的光芒，历城二中的教师队伍就走上了个体与群体整体发展的道路，学校就迎来了生生不息的教育原动力。

“教学中心”：教师专业归属得到认同和践行

尊重教学，敬畏课堂，就是对教师发展最大的促进。不管是在传统的课堂上，还是在以学生为主体的新型课堂上，好教师就等于好教学，所以，重视教学，就是重视教师发展，反之亦然。

历城二中的每一个人都很忙，但忙而不乱，忙而有序，忙得有价值，更重要的是要通过忙来“引路”。

在历城二中，第一节课听课制已持续多年。每天上午第一节课，不管有什么事情，分管业务的学校领导一定会准时出现在课堂上。可能有人会说：不就是听课评课吗？不就是一种教学管理与教学研究的方式而已吗？但事实上，这里面深层次的文化价值往往容易被忽略。其实无论做什么事情，都有一个倡导和行动相互影响的过程。

在历城二中，领导听第一节课就是态度，就是坚持，就是在不需要强调教学重要性的前提下做出来的“以教学为中心”。把全部精力用在教学上，用在学生身上，这样的“忙”是对教育本质的努力探索，也是引领教师专业技能进步的驱动力。

一件小事做久了，就不再是小事了，一件小事坚持久了，就成了大家的共识，成了一种文化。这样的文化氛围就将教学的核心价值完全确立了下来。

同时，历城二中的“态度坚定”也体现在学校开放的空间和时间上。历城二中常年与中国教育学会合作，聘请来自全国各地的专家来校为老师们做报告、讲课、评课。顾明远、魏书生等专家学者都曾到校与教师面对面交流，每一位老师足不出校就能够与专家学者对话。学校还主动出击，在国内外教育类大学中寻访学科名师，无论是语文、数学、英语，还是音乐、体育、美术，甚至是只有几个人的小学科，学校也从来不吝啬请专家的力度——全面提升每一位学科教师的教学水平，是历城二中在引入专家资源上的根本性原则。教师需要更宽广的平台来实现发展。近几年，二中承办了全国生物奥赛、全国科技创新大赛、全省校园文化建设现场会等，每项活动的成功举办，同时也提升了学校品位和师生的荣誉感和自豪感。这些举措都更便于老师们学习国内外最前沿的教育理论，接触国内外最专业的教育思想，从而促进老师们精神与智慧的发展。

以教学为中心，也是以教学研究为中心。历城二中的《终生受用的人生哲学——生命教育》《毽球》《生命行走的声音》3 册校本教材由济南出版社出版发行，分别是 1 个国家级课题、2 个省级课题成果，教材的出版是对学校校本课程的进一步丰富。

《终生受用的人生哲学——生命教育》是朱晓刚老师和李矿水副校长主持的山东省教育科学“十二五”规划课题《高中学段生命教育校本教材的开发和实施》的成果之一。作为直面年轻生命的中学教育工作者，课题组旨在通过深入研究并编写生命教育校本教材，传达给广大青年学生许多有益的信息，唤起学生们的生命意识，引导其尊重生命，珍爱生命，欣赏生命，提高生命质量，建立健全的人格，从而激发学生去创造有生命价值的幸福人生。

《毽球》是由我主持的山东省教育科学“十二五”规划课题《毽球在中学体育特色项目中的价值初探》的成果之一。基于毽球项目的民族性、健身性、娱乐性等特点，在国家将全民健身上升为国家战略的形势下，历城二中从体育文化传承与推广的角度大力发展该项目，并从教学入手，将毽球运动常识与教学实例相结合，为课程的进一步丰富提供了学习和参考资料。

《生命行走的声音》是白芳、蒋建青两位老师基于对《生命形态语文课堂教学研究》课题的研究辑录而成。这里的“生命”，既是指课堂的生命延展，学生的生命成长，也是指教师生命状态的呈现。两位老师一直秉承着“让生命在课堂上彼此相遇，逐渐丰盈”的信念，诗意地行走在语文教学的道路上。

对老师来说，“最好的教育是老师把时间最多地用在学生身上”，这就是“以教学为中心”“以教学研究为中心”，是历城二中老师的“教育态度”“人生态度”，也是历城二中老师的教育信仰。怎样创造成果经验？答案还是在于坚守。

“心无旁骛”：从“一个插座”到“一座座楼房”

在生活上、工作上，甚至包括精神上，老师都需要领导干部加以关怀。一个力量需要另一个力量去推动，才能使效能达到最大化，同样地，老师作为学校教育的动力源泉，还可以再向上寻找更远的、更深的源头。

前文提到的朱晓刚主任，在2004年来历城二中之前，曾拒绝过多所国内名校的盛情邀请，但他在2004年历城二中同意其调转的第二天就答复了我们并带着家人来了。16年过去了，朱老师说：“当时没有合同、没有协议，就毅然决然地来了，就是被您的诚恳、干劲所打动的，今天看来，这个决策是多么正确。”2006年，评选特级教师的时候，历城二中待推举的团队中有几位教干，也都是非常出色的老师，但是我们认为教学第一，一线教师最重要，所以最终推举了朱晓刚老师，他就在那一年被评为特级教师。腊月天，不管我有多忙，都一定抽时间去看望朱老师的父母。所以，朱老师在给大家分析教育经验的时候，总是这样反思：“在一所学校，校长时刻把老师的事情放在心上；那么作为老师，更应该时刻把学生的事情放在心上，保持一颗‘纯粹心’。在内心深处，老师永远记得那些温暖的关怀，而学生则永远记得老师给予他的教导、尊重、陪伴、关心、帮助、呵护。”

校长希望老师怎样对待自己的学生，就要先那样对待老师。好的领导者不仅仅是心里装着“事”，更重要的是心里装着“人”。不管在任何时候，一位学校管理者都不要放松“对事的严格”；同样地，不管在任何时候，一位学校管理者都不要放松“对人的关怀”。

一位张姓老师至今仍清楚记得10年前的一件小事。当时他家里的电路被雷电损坏，但由于线路在墙体内，维修困难，有几个墙体插座始终没电。对于这种生活上的不方便，张老师也很无奈。我了解了他的情况后，说了一句话：你不用管了。第二天，我亲自找了技术过硬的维修师傅给张老师上门排查，不到15分钟，从检查原因到更换电线，问题就解决了，张老师家也结束了插座无电的困扰。

为了让老师们全身心投入工作，我会尽全力帮助他们解决生活问题。众所周知，只有“安居”，才能更好地“乐业”。历城二中早在20年前就启动了教师“安居工程”，在200余亩的校园之内建起了颇具规模的教师生活区。凡是来二中任教的老师均可以比市场价低得多的支出购得住房。我甚至还拿出自己的积蓄为手头不宽裕的教师垫付首付款，并为他们做担保，从银行贷款。2018年，学校整体搬迁至环境优美、交通便利的唐冶新区。为解除搬迁后教师的后顾之忧，新校区配建了500套人才公寓，既方便了教师生活，又使他们能够安心工作，这为学校的统一化管理奠定了基础。

老师们家里的事，大到孩子上学、家属工作调动，小到一个电源开关，我都看在眼里，放在心上，只要能做到的，都会不遗余力提供帮助。

学校为老师们提供优越的工作生活环境和良好的发展平台，让他们可以心无旁骛，专心于教育事业；而老师们也把最好的年华奉献给了学校和学生。

历城二中是刘爱军老师的母校，他回到母校从教近30年，是名副其实的“老二中人”。他带过15届高三毕业班，创造了一天上10节课的记录。多年来的超负荷工作，使得他右耳残疾，听力低下。2016年暑假，学校考虑到他的年龄和身体原因，准备让他接一个班的英语课，减轻他的工作负担，但他拒绝了，依然不减工作量，享受着教书育人的快乐。他曾在给全校老师的报告中说：“我要做二中的‘POWER’老师。”他认为“实力”应当包括渊博的知识、缜密的思维、负责的态度以及无限的激情。而这些，正是历城二中所赋予老师们的，也是老师们奉献给学校和学生的。

当然，教师作为“勤文化”的直接传承者，他们最大的心理需求是给他们像家一样的温馨环境，少一些“死卡硬压”，多一些人文关怀；少一些恶性竞争，多一些协调配合；少一些机械重复，多一些求新求异。

什么叫心无旁骛？或许我们可以从宋宝老师在陶艺空间里边学边教的过程中窥知一二。

宋宝老师说：“我在教学生的同时，学生也在教我。我不是学陶艺这个专业的，我教，我也学，近 10 年了，我的陶艺水平能走到如今这一步不容易。技术是我遇到的最大障碍，没有系统学习，还要去教孩子做，要通过制作展示出来，这就很难。”

宋宝老师介绍：陶艺前期制作不认真，最后烧制出来的成品就不完美，相当于前功尽弃了。所以，需要制作者踏踏实实一步一步去做才行。比如拉胚时没做好，或者粘泥条时偷懒不刷泥浆，最后成品就可能开裂，它就是个次品。瓷器讲究十全十美，在制作过程中，学生无形中就接受了德育教育，陶艺艺术跟育人就结合到一块了。陶艺课大量的动手实践能给学生以切身体会，让他真切地感受到踏实认真做事的道理。这是咱们开陶艺课的一个初衷，而今天，学习陶艺作为学校的特色艺术教育，已经成为历城二中的品牌。

为了让老师真正把全部精力投入到事业中去，历城二中做了很多工作，尤其是注重公平。评优、晋级、表扬、奖励均有完备的规章制度和运行机制，力争做到从“制度管人”到“自我领导人”，人人带领自己，人人自觉自律地把全部精力投入到自己的专业中去，这就是历城二中的教育密码。

05

第五章

勤志根基，“守标准”守正教学质量

二中勤志根基故事：

“整本书阅读”作为高中新一轮课程改革的语文教学任务，承载的是“语言建构与运用，思维发展与提升，审美鉴赏与创造，文化传承与理解”等学科核心素养的基本落地，其关键在于如何认识四大学科素养在一个语文教学内容体系下的落实。

语文教研组以学科课程标准作为依据，以学生语文学科核心素养的提升作为总纲，对“《论语》整本书阅读”进行了创造性的开发。

一是口诵心惟，贴近先贤智慧。整本书地读，不是单篇短章地读，要从书里体会《论语》的精神，就像孔子从书里走了出来，而你是他的学生，正与他的弟子们一起学习、生活；采用“素读”的方式，不急于看注释，也不借助参考资料，放下一切既有认知，从“纯粹”地读开始，通过领读和集体诵读的形式加深印象。

二是从课堂活动延展到课余竞赛，以活动促热情，读写结合，推动思辨。《论语》整本书阅读的时长，我们拟定为一学年，在这一学年里，要有计划地安排好每一天的阅读内容。我们将第一学期定为诵读期，要求学生至少诵读20遍，将第二学期定为巩固期，要求学生边读边理解。在第二学期，学校还会组织学生通过写作来分享、促进对经典的理解与思辨，写作形式包括摘句分享和想象作文等，最后通过比赛活动来巩固阅读效果，以延续学习热情。

勤志根基思考：

课程与教学被视为学校教育发生的内核。在学生具有了良好的学习态度与学习精神之后，课程建设与课程实施的成效便构成了教学质量提升的标准和标志。

课程是文化的载体。从理想的角度来看，2017版普通高中课程方案与课程标准的出台令学校、教师、学生的课程自主权明显增强。但自主权的增强是一把双刃剑，如果不能用良好的课程文化来加以约束，课程开发就容易陷入随心所欲的盲目堆砌之中。

历城二中“勤志”教育下的课程开发要求教师就“国家标准”和“学生需要”进行思考。学校课程的开发者要具有国家的课程意志和学生的主体意识。

国家课程意志集中体现在国家课程纲要和各学科的课程标准中，是国家育人目标的具体化。学校需要做什么呢？教育要遵循国家意志，回到国家意志上来看待学校课程，即要回到如何更好地呈现国家课程纲要和课程标准的基本思路上来，并以“理解”什么是国家课程，什么是语文，什么是数学，什么是英语，什么是艺术，什么是体育，什么是科学，什么是理、化、生、政、史、地等科目作为第一要义。

在此基础上，我们再进行落实、拓展乃至突破。只有充分理解、把握各个学段育人目标与各个学科的课程标准，才能够开发出目标准确的学校课程，从而为适龄学子构建终身发展的知识结构和素养基础。学科教学可以整合，但是，学科不可被取代！不能在不知道什么是语文的前提下教语文，不能在不知道数学的六大学科核心素养的基础上教数学，更不能在不知道学生要学什么的情况下办教育。

顺势而行，课程与教学有了勤志思维

说到底，课程与教学是围绕着国家的育人目标与课程体系来完成的，也就是说，学校教育要完成“为谁培养人”“培养什么样的人”“怎样来培养人”的“立德树人”的基本任务。

2014 年新高考开始试行，“两依据一参考”以及“专业（类）+ 学校”的考试招生体系带来了学生从高中到大学一体化学习的历史机遇，将彻底改变基础教育与高等教育学科断裂、高等教育与学生人生规划不一致的问题，给予更多学生“学以致用”的学习人生；2017 年新课标正式颁布，首次，也是创造性地把学生的学科核心素养写进了标准里面，令学生在面向未来社会、不确定的人生环境与现实挑战时有了可以依靠的学科基础；2019 年山东省全面启用新教材，新教材带给我们的是新的“课程范例”，围绕新教材开展的校本化实施将是学校教育的重大历史使命；而且，德、智、体、美、劳和法治教育的开展，以及中华优秀传统文化的传承与发展，都对当前的高中教育提出了新的要求。如果说万变不离其宗，这个宗还是“人的发展”，只是在不同的时期会有不同的角度和要求而已。

把握方向是坚守学科质量的过程依据

新高考与新课程、新教材以及新的命题方向一起到来，高中学校必须以足够积极的态度进行深度研究，以足够全面包容的思维加以接纳和理解。

1. 从政策与学生的双重视角建立质量观。新的高考改革明确了高校招生录取机制，即“两依据一参考”，这是高校招生录取过程中的显著变化。“两依据”一是指统一高考成绩，二是指高中学业水平考试成绩；“一参考”是指参考学生综合素质评价情况。

统一高考成绩由语文、数学、外语 3 科成绩组成，各占 150 分，总分 450 分；学业水平考试成绩由学生从“政治、历史、地理、物理、化学、生物”中自选的 3 门学科成绩组成，各占 100 分，总分 300 分；统一高考成绩和学业水平考试构成的高考总分是 750 分。综合素质评价主要反映学生德、智、体、美全面发展情况，主要包括学生思想品德、学业水平、身心健康、艺术素养、社会实践等内容。

高校根据招生专业（类），对纳入高考录取的等级考试科目的组合方式提出要求，同时根据学校办学特色和人才培养要求，提出考生综合素质评价信息的使用办法，相关要求和使用办法实施前，须提前 2 年向社会公布。招生录取时，高校组织相关专业人员，采取集体评议等方式对综合素质信息进行分析，并对考生综合素质做出客观评价，评价结果作为招生录取的重要参考，在考生分数相当时，作为优先录取和优先安排专业的依据。本科层次的高校综合评价招生、高职（高专）层次的单独招生和综合评价招生，可依据综合素质评价档案材料形成考生综合素质评价等级或成绩，并在考生总成绩中占一定权重。

《山东省深化考试招生制度改革实施方案》提出，于 2016 年开始在本科高校开展综合评价招生改革试点，选择部分专业采取“统一高考 + 学业水平考试 + 学校考核（含综合素质评价和面试）”的招生模式录取学生。

历城二中的对策是：第一，基于学生的共性发展与基础发展，提供必修的基础课程，培养学生基础素养。基础课程需要扎实、落地的教学方法的配套。坚实的基础性文化知识和基本的道德修养能够保障整体学习成绩的提高。第二，基于学生的兴趣爱好与需求，提供选修的个性课程，以促进其个性发展和扬长发展。第三，适应新高考模式改革，通过深化课程改革，优化课程结构，实施分类指导和分层教学，落实课程育人的目标。第四，由于学生的自主选择成为必然，需要加大力气建设学校的“学科课程高地”，构建起“语文课程高地”“数学课程高地”“英语课程高地”“物理课程高地”“化学课程高地”“生物课程高地”“历史课程高地”“地理课程高地”“政治课程高地”等，整体提升学校的教育质量水平。第五，为了让学生能够自己选择自己的未来，通过艺术楼、创客空间、多功能教室等的建设增加学生的人生经验，让学生自己在实践中逐步明晰自己未来的方向。

高考成绩和核心素养之间有什么关系呢？这个问题涉及学校教学质量持续发展的命脉。学生核心素养是学生在基础教育阶段发展的整体概念，包含“文化基础、自主发展、社会参与”3 个方面的核心素养；高考成绩是学生 12 年基础教育学习结果的整体体现，包含“语数英、政史地、理化生”以及“音体美”等多个学科成绩综合。“核心素养”和“高考成绩”是同一件事情的两个方面，学生的综合素质、核心素养、关键能力和高考成绩是相互促进的。在历城二中，二者呈现如下关系。

第一，学生高考成绩与道德、志向呈现正相关。历城二中的学生们都知道：到校之前，一定要先理发、摘掉身上的饰物、把手机放在家中、穿上统一的校服；在校内外，听到国歌要起立、行注目礼；日常及时向父母报平安，主动与父母沟通交流；参与“普惠创客教育”，自己激发自己的创新潜力。我们把学生在历城二中的表现称为“正面偏好”，我们相信“爱是能够传递的”，正是在全校“人生在勤，志达天下”的良好道德氛围熏陶下，学生的道德素养普遍得到提高，刻苦耐劳、坚韧不拔、勤奋进取、言行规范这些基础性的核心素养都是学生取得好成绩的保障。

第二，学生高考成绩与文化基础素养呈现正相关。历城二中的学生是勤奋的，但是要取得好成绩，不能光靠蛮劲，学校为同学们搭建了文化基础发展的高端平台和丰富课程，“科技创新教育、陶艺教育、艺术体育教育”3 张特色教育名片在历城二中衍生出了几十门特色课程、几十项社团活动、几十个活动空间、几十个比赛机会，甚至几十种校本教材，这些都是学生文化基础素养发展的依据，也是学生成绩提高的依据。奥赛、创客、艺术教育、道德教育等在学校里扎扎实实地开展起来，而且基本上都能够在全省乃至全国达到领先水平，这些也都是学生成绩提高的文化基础保障。

第三，学生高考成绩和学校的管理水平是一致的。“不跟风、不盲从、不随波逐流”的管理信条，不是要限制教师的创新，而是要让教师的创新、学校的创新与学生的学习和素养发展统一起来。历城二中在艺术教育、“普惠创客教育”等领域内创造了全省、全国领先的创新性经验，恰恰是和学校坚持的“不跟风、不盲从、不随波逐流”的发展理念高度吻合的。不为创新却赢得创新，不为高考却赢得高考，这里面的秘诀在于学校的“管理水平”，历城二中近20年以来一贯的“勤文化”管理就是学生素养和成绩同步发展的内在动力机制。

2. 传承发展中华优秀传统文化成为学校的新任务。2019年高中语文新教材中，文言文所占的比例达到了49.3%。其实，不只是语文，各个学科都应该传承发展中华优秀传统文化，这是时代与教育的大势所趋。

2017年1月25日，中共中央办公厅、国务院办公厅印发了《关于实施中华优秀传统文化传承发展工程的意见》，指出中华优秀传统文化的内涵基本包括：核心思想理念、中华传统美德、中华人文精神。这样大众传承与学校教育都有了具有时代意义的良好定位，这是时代发展的必然结果，核心思想理念、中华传统美德、中华人文精神理应成为学校教育新一轮文化归属的核心。

“核心思想理念”——“中华民族和中国人民在修齐治平、尊时守位、知常达变、开物成务、建功立业过程中培育和形成的基本思想理念，如革故鼎新、与时俱进的思想，脚踏实地、实事求是的思想，惠民利民、安民富民的思想，道法自然、天人合一的思想等，可以为人们认识和改造世界提供有益启迪，可以为治国理政提供有益借鉴。传承发展中华优秀传统文化，就要大力弘扬讲仁爱、重民本、守诚信、崇正义、尚和合、求大同等核心思想理念”。

“中华传统美德”——“中华优秀传统文化蕴含着丰富的道德理念和规范，如天下兴亡、匹夫有责的担当意识，精忠报国、振兴中华的爱国情怀，崇德向善、见贤思齐的社会风尚，孝悌忠信、礼义廉耻的荣辱观念，体现着评判是非曲直的价值标准，潜移默化地影响着中国人的行为方式。传承发展中华优秀传统文化，就要大力弘扬自强不息、敬业乐群、扶危济困、见义勇为、孝老爱亲等中华传统美德”。

“中华人文精神”——“中华优秀传统文化积淀着多样、珍贵的精神财富，如求同存异、和而不同的处世方法，文以载道、以文化人的教化思想，形神兼备、情景交融的美学追求，俭约自守、中和泰和的生活理念等，是中国人民思想观念、风俗习惯、生活方式、情感样式的集中表达，滋养了独特丰富的文学艺术、科学技术、人文学术，至今仍然具有深刻影响。传承发展中华优秀传统文化，就要大力弘扬有利于促进社会和谐、鼓励人们向上向善的思想文化内容”。

无疑，中华优秀传统文化是一个综合的概括，其中既有对中国人的思想方式、行为准则的判断，体现在“核心思想”里；又有对中国人的人格特征、道德标准的梳理，体现在“传统美德”里；还有对更为普世的文化习俗、文明薪火的总结，体现在“人文精神”里。我们应该用“中”还是“华”来看待这份《意见》？显然，这样想的话又会犯非此即彼的错误，因为这里面既包含“中”的大道，又包含“华”的内容，是生生不息的文化传承与发展。

为什么我们需要以如此正式和宏大的形式来倡导，乃至依法实施中华优秀传统文化传承发展工程呢？《道德经》给出了让我们深思的道理，那就是“故失道而后德，失德而后仁，失仁而后义，失义而后礼”。简单来说，道是本，失了道，大家就只好讲德了。失了德，大家就只好讲仁；仁就是将心比心，己所不欲、勿施于人，设身处地站在对方的立场好好想一想。可是这种人也越来越少了，那就只好讲义。如果义也达不到，那就只好讲礼。越往下行，社会越乱，人与人之间的信用越来越薄弱。故此我们不应该以有礼貌为满足，而应该提高层次到“义”，然后提高层次到“仁”，一步一步向“道”提升，这才是老子真正的用意。

上德还是下德，不在于结果，不在于过程，而在于是否守一、抱一、得一，在于是否“从一开始”。当然，这个“一”是代表道的，不等于“道”。

那么，学校教育可否从“学做人”这个“一”开始理出一个清晰的脉络来呢？历城二中以“做人”为核心理念，继承中华民族优秀传统文化，践行的是“继旧开新”的理念，引领学生走上“厚德健行”的中华传统美德道路，弘扬的是中华民族“明德天下”的人文传统。

一是文化上的“传承发展”，实现中华优秀传统文化在学校层面的表达，将几千年以来的中华优秀传统文化转化为学校的教育系统和语言环境，实现学校教育的根基模式；二是“中国梦想”教育系统的建立，真正体现学校教育的中国式特质和传统，借用《易经》的方式来呈现学校的文化结构，使之成为生长的结构而非控制的结构；三是先学做人的教育目标，为学生的夙愿找寻正确的起点和方向——从“做什么样的人”开始，学做人的教育是我们理解教育价值的根本；四是“修己安人”的教育发展之道与教师实践之道，真正体现出二中老师的教育价值和独特的教育实践，以教师的先学做人引领学生的先学做人，从而引领社会的先学做人；五是“明德天下”的德育策略，即学校教育立足于“取法乎上”，理应从最高追求出发，追寻德育美的境界与层次。

循序渐进遵循标准是学校课程教学的基本原则

在新一轮高考改革的背景之下，特别是伴随着《山东省深化考试招生制度改革实施方案》的正式颁布，山东省新一轮考试招生制度改革全面启动了。在新高考方案中，选课走班是一个绕不开的话题。选课走班这种新型育人模式尊重学生的个体差异，满足学生的个性发展需要，实施个性化教育，从教育价值取向到教学组织形式、从课程体系创设到管理制度改革、从教学方式到学校组织等方面实施全方位变革，其核心是课程重建，本质则是育人价值的终极回归。选课走班的实践体现了新高考改革的价值取向从“分的教育”向“人的教育”的转变。因而，选课走班成为新高考背景下高中育人模式的必然选择。

历城二中的选课走班一如既往地按照规律来，遵循阶段走，充分体现课程教学研究与实践过程中的循序渐进性。我们本着扎实、实效的工作作风，将选课走班设置为如下 7 个阶段。

第一阶段：任意选择。2017 年 12 月，学生根据个人兴趣和特长进行“6 选 3”初选（盲选）。高一学生合计 1816 人，全部参与调研。我们对学生选课进行了指导，要求学生遵循“总分最大原则”“避强争优原则”“兴趣专业原则”进行选课。依据此次调研，我们进行了分班设置，在分班过程中遵循 3 个原则：固定行政班最大化原则、走班科目最小化原则、固三和固二走一原则。同时，将此次试行向家长和学生进行了公示，让家长和学生共同了解选课走班，走进选课走班。

第二阶段：理性选择。学生在高中的学习就要为大学选择专业奠定基础。这样一来，就要求学生在高中阶段就要对自己未来的职业和人生有一个较为清晰的规划。为此，2018 年 1 月 17 日，我们组织全体学生参加山东省新高考 2017 级高一模拟选调考试，该考试设置了生涯规划测试。我们要求学生根据个人兴趣和学科优势按照“总分最大原则”“避强争优原则”“兴趣专业原则”选定自己所学科目，级部按照学生选课后确定的班级以“走而有序原则”进行模拟走班班级设置。2018 年 2 月，根据两个月的了解和测评效果，学生根据专业倾向进行“6 选 3”预选（专业方向）。这次的最大收获是发现了我们学生中的优势学科和薄弱学科，和第一次选课对比，可以看到：物理、化学、生物的选课人数均有所减少，政治、历史、地理的选课人数均有所增加。为此，按照“固三和固二走一原则”，我们进行了系统设置。采取“固三”和“固二走一”是一种高效的走班方式，而且在课程表上也体现了其独特的优势，浙江鲁迅中学就是采取每天第 3 节课进行走班的方式来实施走班的，我们也将基本效仿其模式实施走班。

第三阶段：清晰选择。2018 年 4 月，根据高校专业要求和个人生涯规划进行“6 选 3”定选（与大学接轨）。在这段准备过程中，我们参加了山东教育联盟高一选课走班调研第二次考试，掌握了更多的数据，从而更加有效地指导学生进行选课。恰逢山东省高考改革方案综合解读出台，有利于学生结合考试成绩，根据自己的职业规划数据再次进行理性清晰的选择。我们根据学生选课情况，坚持“走而有序原则”来进行模拟走班班级设置，并且在设置上遵循了“固三和固二走一原则”。

第四阶段：准确选择。我校在 2018 年 5 月 21 日—23 日进行省联考第三次模拟选课调考。然后结合考试平台提供的学生生涯规划和选课数据让学生根据自己的考试结果进行分析，并且在5月26日邀请生涯规划导师韩旭老师为所有家长做报告。之后，家长帮助学生最终确定“6 选 3”的结果。我们开始正式根据“固三和固二走一原则”编排高二选课走班的班级。

第五阶段：走班试行。在 2018 年 6 月 23 日—24 日学业水平考试的合格考结束后，学校开始试运行走班制，试行时间大约为 20 天，让学生提前体验一下高二的选课走班模式。

第六阶段：最终选择。2018 年 7 月 11 日—7 月 13 日，按照选课进行期末考试，按照等级分进行成绩折合做比较，允许学生结合期末考试成绩并根据合格考情况及家庭和个人目标进行“6 选 3”调选。整个暑假期间，学校都接受学生的调班请求，并在开学前进行有效调整，从而确保每名学生都能按照自己的兴趣和选择进行选课走班，为之后的学习打下坚实的基础。

第七个阶段：总结改进。2018 年整个暑假，学校都在为选课走班做最终的论证、改进，以形成“纵横结合”的选课走班混合式机制。横向的“选课走班”是指学生在“政、史、地、理、化、生”这些等级考科目中根据自己的兴趣、特长、需要做出选择后的选课走班；纵向的“选课走班”是指学生在“语文、数学、英语”学科中，根据学校设计的不同难度层次的课程，再进行程度不一的选课走班，保证门门学科的学习都是最适合自己的。

从课程到教学，从“选科”“选课”到“走班”，历城二中在面对新的教育发展状态和形态的时候，始终从“坚守与创新”的行为规律入手。《普通高中课程方案（2017 版）》清晰界定了学科核心素养：“各学科基于学科本质凝练了本学科的核心素养，明确了学生学习该学科课程后应达成的正确价值观念、必备品格和关键能力，对知识与技能、过程与方法、情感态度价值观三维目标进行了整合。”课程标准还围绕核心素养的落实，精选、重组课程内容，明确内容要求，指导教学设计，提出考试评价和教材编写建议。学科核心素养，是从过去的双基、三维目标发展而来的，并一以贯之。同时，作为高中教育的升学诉求，学科核心素养又是未来考试命题所关注的基本方向。《普通高中课程方案（2017版）》有明确的规定：“普通高等学校招生全国统一考试和计入高校招生录取总成绩的学业水平等级性考试以必修课程和选择性必修课程的综合要求为准。考试命题应注重紧密联系社会实际与学生生活经验，强调综合运用知识分析解决实际问题能力的考查。”有专家曾指出，从目标构成来看，双基目标是完全关注知识的，可以说没有具体到“人”；三维目标则从知识过渡到了人，可以说关注到了“半人”；学科核心素养则是从人的角度来构建，努力关注到了“全人”。这样的观点无疑具有极大的启发性，学科核心素养既是属于学科的，更是关注“人”的，是教育价值、课程价值、教学价值、考试评价价值的新导向。

从这个角度讲，不同的历史背景下，学校教育的形态可以改变，但是作为一所学校来说，“勤文化”不变，“志达天下”不变，这一核心价值观就融入到了学生每一天的学习与生活中，改革与创新就有了内在的“标准”和外在的形态。

坚守高地，把每个学科都建成品牌

在改革与创新的时代，学校要做的事情似乎很多，实际上，其中有一个始终不变的关键要素——课程。课程体现在学科上，因此，加强学科建设就成为学校发展过程中的基本要素。

长期以来，我们对学科有这样的误解：认为抓学科就是进行应试教育，抓课外活动才是进行素质教育。其实，每一门学科中都有学生成长所必需的基本价值、关键能力和必备品格，把每个学科搞好了，就是把学校的育人功能发挥好了，甚至可以说，学科建设就是教育品牌建设的一部分。

坚守课程的知识地位才能有所创新

学科核心素养是什么？就是学生通过本学科的学习逐步形成的关键能力、必备品格与价值观念，体现学生在真实情境中的认知经验和敏感性。

在过去，课程与教学曾一度沿着“从知识到知识”的程序性道路进行，即让学生把固有知识学会，用于考试及应对相对确定的未来生活；近 30 年来，伴随着新兴知识经济的发展，未来生活的不确定性开始增多，固有知识本身的价值受到挑战，教学开始进入“从知识到能力”的时代，这不是说知识不重要了，而是要把知识转化为解决问题的能力；近年来，随着互联网、大数据的生活化，知识已经无处不在，但需要警惕的是，我们要具备基本素养才能真正掌握知识，并使之为我所用。因此可以说，未来教学将会进入“从素养到知识”的时代。

我们从恢复高考以来的几个具有代表性的年份的高考题目中可以看到这种变化。

1978 年高考作文：

将《速度问题是一个政治问题》一文缩写成 500 至 600 字。

这体现了知识指向的命题思路，反映了当时整个社会渴望发展的时代背景。但是，其所考查的写作方法仅是“缩写”，只要掌握了“缩写”的系列知识，直接套用，就能写出一篇不错的文章。

时间过了 20 年，到了 1998 年，第三次全教会前夜，也是素质教育正式提出之前，全国卷高考作文题目如下。

1998 年全国卷高考作文：

1. 补写《妈妈只洗了一只鞋》。（20 分）

要求：①根据所提供的开头和结尾，补写中间的内容。②补写部分要与所提供的开头结尾衔接得上。③补写 200 字左右。

妈妈只洗了一只鞋

小乐回到家，看见自己的一只鞋已洗得干干净净地晾在门口，但另一只鞋妈妈没有洗。

……

小乐穿着一双干干净净的鞋上学去了。

2. 根据下述材料，按要求作文。（40 分）

现今中学生的心理承受力差异较大，有的像鸡蛋壳那样脆弱，有的却很坚韧。那么你是怎样的呢？从后面两个题目中，选择一个适合你的情况的题目，举出实例，写一篇关于你自己的心理承受力的文章。

要求：①把不选的题目划去；也可两个都划去，另拟一个适合表现你的心理承受力的题目。②可任意运用叙述、描写、抒情、说明和议论几种表达方式中的一种或几种。③不可写成诗歌、小说、戏剧等文学体裁。④不少于600字。（题目：坚韧——我追求的品格／战胜脆弱）。

这两道题反映了从知识立意向能力立意过渡的时代特征。第一道题200字的补写，虽然有联想、想象的成分，但是，更关键的是“补写的知识”，这是上承高考命题知识取向的体现。第二道题是根据材料要求，从两个题目中二选一，这个二选一，基本体现的是对学生能力的考查。所谓能力，就是运用所学知识来解决实际问题。

然而，再过10年，到了2008年，高考作文则完全呈现出了能力取向的基本特征。

2008年全国卷高考作文：

阅读文字：2008年5月12日14时28分，四川省汶川县发生里氏8.0级特大地震。

人民的生命高于一切！胡锦涛、温家宝等党政军领导人迅速赶赴灾区指导抗震救灾。10多万解放军、武警和公安民警，各省市的救援队、医疗队、工程抢修队迅速进入灾区。港台救援队和国际救援队飞抵灾区。志愿者从四面八方汇聚灾区。救援物资从水陆空源源不断运进灾区。

一位中学教师趴在讲台上用生命保护了下面的4个学生。一位失去15个亲人的县民政局长连续指挥救灾5天只睡了7个小时。

幸存者的生还奇迹在不断突破，100小时、150小时、196小时……

中央电视台24小时播报。19日14时28分举国哀悼。

一样的爱心，不一样的表达。捐款、献血、义演、关注……

要求选择一个角度构思作文，自主确定立意，确定文体，确定标题；不要脱离材料内容及含意的范围作文，不要套作，不得抄袭。

关键在于题目要求从各个材料中“选择一个角度构思作文”，这一个角度是材料给出的，无论是“领导人、军人、受难者”，还是“捐款、献血、义演、关注”，都是在这场灾难中学生有了清晰认知并深刻体会到的，特别是“不要脱离材料内容及含意的范围作文”这一要求也清晰地指向了写作能力的考查。写作过程就是学生调动自己的写作知识来完成既定能力范畴的过程。

然而，到了 2018 年，同样是题材作文，但已经不再是简单的能力考核了。

2018 新课标全国 Ⅰ 卷高考作文：

（全国 Ⅰ 卷适用地区：河南、河北、山西、江西、湖南、湖北、广东、安徽、福建、山东）阅读下面的材料，根据要求写作。

2000 年 农历庚辰龙年，人类迈进新千年，中国千万“世纪宝宝”出生。

2008 年 汶川大地震。北京奥运会。

2013 年 “天宫一号”首次太空授课。公路“村村通”接近完成；“精准扶贫”开始推动。

2017 年 网民规模达 7.72 亿，互联网普及率超全球平均水平。

2018 年 “世纪宝宝”一代长大成人。

……

2020 年 全面建成小康社会。

2035 年 基本实现社会主义现代化。

一代人有一代人的际遇和机缘、使命和挑战。你们与新世纪的中国一路同行、成长，和中国的新时代一起追梦、圆梦。以上材料触发了你怎样的联想和思考？请据此写一篇文章，想象它装进“时光瓶”留待 2035 年开启，给那时的 18 岁的一代人阅读。

要求：选好角度，确定立意，明确文本，自拟标题，不要套作，不得抄袭，不得泄露个人信息；不少于 800 字。

2018 新课标全国 Ⅱ 卷高考作文：

“二战”期间，为了加强对战机防护，英美军方调查了作战后幸存飞机上的弹痕的分布，决定哪里弹痕多就加强哪里，然而统计学家沃德力排众议，指出更应该注意弹痕少的部位，因为这些部位受到重创的战机，很难有机会返航，而这部分数据被忽略了，事实证明，沃德是正确的。

要求：综合材料内容及含意，选好角度，确定立意，明确文体，自拟标题；不要套作，不得抄袭；不少于 800 字。

2018 新课标全国Ⅲ卷高考作文：

时间就是金钱，效率就是生命——特区口号，深圳，1981

绿水青山就是金山银山——时评标题，浙江，2005

走好我们这一代的长征路——新区标语，雄安，2017

要求：围绕材料内容及含意，选好角度，确定立意，明确文体，自拟标题；不要套作，不得抄袭，不少于 800 字。

这 3 个作文题目，都是提供材料，对比以往，这一年题目的发展性要求是，对于材料的内涵需要学生自己去理解，自己去把握。材料的内涵并不具有唯一性，学生事实上是被带入了材料所构建起来的教育情境之中，这就需要学生在材料的情境之中重新发现语文的切入点，也可以视为重新建构自己的语文知识，然后才能运用重构的语文知识来完成写作。

其实，不只是语文，从各个学科的高考命题上来说，以真实情境为代表的学科核心素养时代到来了。

从近 40 年高考命题的知识价值变革来看，大致经历了“知识立意”的命题—“能力立意”的命题—“素养立意”的命题的过程。

其实，不是课程与教学在跟着高考走，而是考试命题与教学在跟随时代步伐而不断衍变。所以，教学方式也大致经历了如下变革过程：“知识立意”的效率取向教学——“能力立意”的思维取向教学——“素养立意”的经验取向教学。

那么，在学科核心素养时代的教学应该建立怎样的实践逻辑呢？怎样对接高考命题方向来重新观照与建构新的教学模型呢？

尤瓦尔·赫拉利曾给出过答案，这位耶路撒冷希伯来大学的年轻教授深受全球瞩目，他是一个敢给未来写历史的历史学家。我校的老师们曾对他的《未来简史》做过深入研究，以获取教育的灵感。我们不妨来看看他给出的人类认知升级的 3 个公式。中世纪时期，人类获取知识的公式：知识 = 经文 × 逻辑，这是指读经典书，然后由名师讲解，这个时代在中国历史上是最长的；科学革命以后，人类获取知识的公式：知识 = 实证数据 × 数学，这是指把经过验证的科学知识用科学方法传递给学生；人文主义时期，人类获取知识的公式：知识 = 经验 × 敏感性，这是面向未来的课程与教学，学生用自己的万卷书和万里路来构建一个敏感性的学习体验。这 3 个阶段的发展告诉我们，未来的教学靠的是学生自己的经验及经历。特别是在智能化的未来，没有什么知识、能力是一成不变的，不变的是人获取这些知识和能力的思维方式，你想到了才有可能做到，连想都没有想的事情，怎么可能有收获呢？

所以，课程与教学应当选择的是“真实情境”，真实情境是学生赖以发现、掌握与重新建构知识的教学资源，它以类社会、超社会形态复杂而不确定地构成学习时空。情境不再是一般意义上的教学环境和手段，而是学生从万物中获得认知经验到自我建构的过程，这也构成了未来基础教育课堂教学必须要走的基础性道路。

优秀的教学质量就在于将每一个学科都建设为课程高地

优秀的教学质量是历城二中坚持的教育核心。寒暑假期间，我们鼓励老师们一遍又一遍地研究各学科课程标准，就是基于这一教育核心。2017 版普通高中课程方案和各学科课程标准的出台，进一步强化了学科的育人功能，体现了鲜明的育人导向，思想性、科学性、时代性、整体性等明显增强。这也意味着新一轮的课程改革、高考改革时代已经到来，学校要做的是全面落实国家课程方案，老师要做的是精心理解学科课程标准。

我们对此的理解是“构建以学科为核心的一体化课程系统”。国家课程系统包括国家层面的课程法规、政策、课程方案、若干实施意见，以及经教育部批准实施的各种课程标准。狭义上来说，国家课程系统就是教育部制定的各学科课程标准，这是学校、老师从事学科教学的基本标准，这个标准系统含有课程性质、课程目标、课程内容、课程实施建议、课程评价建议、学业质量考察以及课程资源开发建议等。

而教材是根据课程标准编选的供教学用并要求学生掌握的基本材料，包括文字材料，如教科书、讲义、讲授提纲等，以及视听材料，如挂图、投影（幻灯）片、音带、录像带、光盘、电子学习材料等。

课程是“三级管理”，而不是“三级开发”，学校的核心任务是“课程理解”，然后才是“课程开发”。这就是说，校本课程是国家课程（课程标准）的现实化，是国家课程在学校的具体实现形态。

也就是说，校本课程和国家课程在学校里是同一个系统，校本课程不是国家课程的补充，而是国家课程在学校里的落地。

我们的做法是“形成德智体美劳一体化课程系统”。历城二中构建以国家课程为本的学校5大类课程系统，它们是从“德智体美劳”衍生出来的，分别为：文化教育课程系统、创客教育课程系统、艺术教育课程系统、道德教育课程系统、身心健康教育课程系统。这五大系统以国家课程方案为本，整合“语、数、英、政、史、地、理、化、生、音、体、美、综合实践活动”等所有学科，构成一个课程整体，推动整个历城二中“人生在勤，志达天下”的教育核心价值观的实现。

我们要分析和把握学生的成长需求。学生的生命需要是什么？我们可以依据这一问题的答案来确定学校课程可选择性的理论基础。学校课程的“目中有人”是指有着家国背景的个体的人，不同学段、不同学校、不同地域的学生各有其不同的需要。教育需要做什么呢？教育是要去适应学生的，而不是学生去适应教育。也就是说，教育要“成人”，而不是让人“成事”；“成事”只能是“成人”之后的顺理成章。这里的人，是完整的人，是有生命质感的人（自然人）、有精神情操的人（道德人）、有家国归属的人（社会人），这是学校课程建设的核心。

学生课程要坚守学校个性化思维建构的基本原则

人要全面发展，所以要让学生把每一门学科都学好；人要个性发展，则要让学生把其中的一门或几门学科作为个性特长来加以发挥，在学习时间上加大投入、在学习目标上提高标准。

那么，学生到底如何选择？是选择艺术、体育、科技、智能、舞蹈、创客，还是选择其他？其实，只要学校把课程开好，学生无论选择什么都能够促进其个性化发展。

而且，学生的选择是个人选择和集体选择的结合。比如，在历城二中的体育类课程中，学生可以自由选择参与乒乓球、足球或羽毛球等球类活动，但是全体学生都必须参与田径等基础项目的学习；又比如，全体学生都必须学习古琴，若有个别同学对古琴特别感兴趣，那么，我们就为这一部分同学强化古琴的学习。此外，虽然在校教师不可能满足所有学生的选择需要，但学校是开放性的，比如只有少数学生喜欢“西方美学”，那我们就寻找合适的老师来为这些学生开设这一门课。

从学生的角度来看，学校课程的选择性实施分 3 个层面：一是必修领域，二是选修领域，三是个性化思维自修领域；这 3 个领域内的学校课程都归于学生的主体实践。

关于必修领域。这是供所有学生使用的课程，包括学校的所有学科课程，是学校围绕核心价值观所设置的具有普遍适用意义的课程，既可以是全校学生的必修课程，也可以是某一个班级学生的必修课程。如：“篮球”作为一门学校课程，目的在于强身健体、磨炼意志、增进集体观念等，这就要求所有学生都必须修“篮球”这门课（有特殊身体原因的除外）。这一课程不是国家、地方课程体系里的科目，而是学校开发的一门必修课程，但是它也是属于国家课程里的“体育”范畴的，所以它就也是国家课程。虽然有些学生并不太喜欢这样的课程，但是其对学生的身心发展的价值是显而易见的。因此，必修课程带有一定的强制实施的因素，这并不会与学生的趣向选择相矛盾。在班级授课制的前提下，学校希望能够发挥班级教师的能动性，开发出具有班级特色的“班本课程”，这样的课程事实上就是班级内的校本必修课程，在适用性和组织性方面都具有一定的优势，值得呵护、完善、实施。所以，班主任负责制下的班本课程也是必修内容。

关于选修领域。这是学校开发的多样化的供学生选择性使用的课程。选修课程突出选择性，突出学生多样化发展的需要，这是学校课程核心价值和存在意义的体现。“选修”是一个多层次的概念。历城二中的“选修”课程，是每一位老师开发出来供学生选择的课程，我们还将有几大类的“证书”课程，由学生自己选择参与其中。学校在课时安排上采用联排大课堂的形式，打破班级甚至年级的界限，根据学生的选择走班参与学校课程学习，这便是最基本的选择性；另外，综合干预下的选择性也是可行的，如学校每个月设计一项主题课程活动——“科技月”“成人月”“孝亲月”等，通过课程活动月引领学生的学习，虽然主题是固定的，但是每个学科、每个班级、每个学生都可以按照自己选择的方式、内容参与进来，而不是仅有固定的一两项活动，这也是一种有效的选择。

关于个性化思维自修领域。自修不是选修，其实是学生个性化思维下自己必修的课程，是针对某一名学生、某一类学生群体的需要而开发的课程。在当前班级授课的学校教育体系下，能够关注到某一名学生的需要而设计相应的课程是很困难的，在技术路线上也还没有找到更好的办法，但可以开始探索。最好的学校是由最好的课程搭建起来的，最好的课程还需要最好的老师来实施，从而造就学生最好的发展。

另外，学校三大课程“科技创新教育、陶艺教育、艺术体育教育”构成历城二中 3 张特色教育名片。学校带着基于对高中教育价值的思考的再创造，在探索与实践中高标准建造了科技馆、陶艺馆、艺术楼、体育馆，专门配备专业教师授课，相继开发了《开启创造智慧》《陶艺》《毽球》等校本教材。我们还进行了课程引领，组织了科技节、夏令营、冬令营以及吕剧、舞蹈、曲艺等高品位艺术活动进校园等，打造了舞蹈队、器乐队、合唱队、排球队、毽球队等精品社团。师生共同创作的《艺海拾贝》《中华文明长廊》《陶艺壁画》等具有较高艺术品位的陶艺作品已经成为学校文化的亮丽景观。舞蹈队参加了全国中小学生艺术展演，两个原创舞蹈作品分获“泰山文艺奖”和“泉城文艺奖”。器乐队、合唱队、毽球队、排球队在全国、省、市比赛中屡获佳绩。

这其中，科技创新领域的课程开发价值更为突出。“普惠创客教育”实现了理论探索与实践策略的双向建构。人工智能、云计算、信息化、数字化正在促进教育转型，在教师观念、新技术应用、课程建设、课堂模式等方面，高中教育面临新一轮内在办学体制与机制创新的重任。历城二中在传承中创新，为了让更多的学生能够具备应对未来的可持续发展能力，建设了总面积 6000 余平方米的科创大楼，整合微软、惠普、华为、科大讯飞等国内外一流创客教育资源，汇集国际最前沿的软件、电子、机械等科学技术，邀请中国工程院院士等一流专家团队参与，使人人普惠的创客教育课程能为学生提供创建理想未来的支撑。

“小作课程，大施功力”，历城二中将继续沿着每一名学生的需求来寻找学校课程与教学的理想道路。

开放思路，学校物态文化的课程取向与统筹

文化具有一定的教育功能，精神文化在于积淀，物态文化在于发现，行为文化在于领导，制度文化在于创造。而物态文化作为可以具体感知的、看得见、摸得着的文化事物，兼具显性与隐性教育价值，在学校教育中起着至关重要的支撑作用。历城二中的文化建设是多元的、多方面的，特别是提出了物态文化建设的新思路。

就当前中国基础教育学校的存在状态来看，既有历史传统悠久的百年以上的学校，也有新中国成立后带有鲜明时代感的学校，还有一大批随着城市化进程和社区建设萌芽不久的学校，呈现出多元的文化特色。

历城二中是兼有上述第二类与第三类特色的区域名校。如今建校已 60 余年，历城二中教育质量一流，并于 2018 年整体搬迁到高标准新建的校区，处在新旧传承的历史生长点上。

在学校近 20 年的坚守和创新中，在学校“人生在勤，志达天下”的“勤志”教育实践中，历城二中经历了管理创新、教学创新、德育创新、课程创新、文化创新的发展历程，但就一所普通高中来说，发展不是拼接的，而是一体化的。特别是高标准、大规划的学校硬件建设怎样才能转化为学校的物态文化，又怎样与学校教育内涵发展相一致？对此，历城二中的发展经验是：把学校建在学科课程高地上。

学科课程建设的物态文化需求与路径

学校育人有标准、学生成长有标准、学生考试有标准、社会评价也有标准，达到这些标准的根本还在于学科课程建设。

在历城二中，有特级教师、名师不断涌现的思想政治学科教师团队，有人人都参与研究的英语教师团队；数学、物理、化学、生物、信息技术学科不断刷新学校参加奥赛的成绩，至今已获得国际金牌 3 枚，全国金牌 33 枚，2018 年，41 人获得山东省学科竞赛省一等奖，五大学科全部都有收获；学校的品牌之一“普惠创客”融合数学、物理、化学、生物学科教育，获得国家基础教育成果二等奖；品牌之一“艺术教育”融合舞蹈、器乐、声乐乃至绘画等，不断在省内外演出、获奖；品牌之一“陶艺教育”融合绘画、雕刻、手工、历史、文化，学生作品随学校出访海内外。二中的发展呈现出来的经验是：只有学科建设才是建设新时代中国特色社会主义教育的基础；只有学科建设才是高质量、高水平教育的保证；只有学科建设才是一流人才培养和创新能力培养的根本道路。

这些与学科相关联的品牌来自学校对于课程高地建设的基本思路。学科育人关联着学校的软硬件建设，学科育人贯穿学校影响学生发展的所有因素，这些因素既有显性的课程体系、隐性的制度流程，也有介于其中的物态空间，是经验课程实现的基础，因为“经验课程的目标是，提高主体的人同客体的环境之间的交互作用的连续发展的质”，①经验课程的实现有赖于物态文化的建设。

在新的历史时期，历城二中主动探索教育现代化的办学思路，主动寻求有选择性的教育和考试趋势，更加坚定了“学科课程高地建设研究”的教育思想和教育思路，物态文化成为学校发展的需求与路径。

① 钟启泉 . 现代课程论［M］. 上海：上海教育出版社，2006：242.

物态文化建设的思维空间与范式

学科课程高地建设的切入点有很多，历城二中以新校区建设为契机，创造性探索了“软件与硬件一体研究，建设与使用一体研究”的思路，研究并创新学校物理空间，以增加、提升学生的学习活动的场域、功能为出发点，让学生的直觉思维得到发展，因为“数学家、物理学家、生物学家和其余人士在他们各种的领域里，都强调直觉思维的价值”。①学科建设从理论到实践为学生发展提供了系统支持。

一是研究建设“创客空间”，提升学科创新能力。学校投资1700多万元，建设了6000多平方米的“泉城创客中心”，形成了多样的、完善的创客空间，以有利于创客课程的顺利开展，便于学生开展丰富多彩的实践活动。学校共建设了3类智能线下创客空间和线上智能创客空间，其中，有总面积为1000多平方米的线下基础性创客教室6个、3000平方米的提升型智能创客空间和1000平方米的引领型创客空间，还有线上智能创客空间，打造了融汇多学科的、全员性的混合式创客学习基地。

二是研究建设“艺术空间”，提升学科育人水准。以闻韶艺术馆和陶艺馆为代表的艺术学科场馆，形成了学校的大型学科实践基地。历城二中在这方面的场馆建设、器材配备、师资水平在国内都是一流的，我们将美育当作学校的特色和学生智慧发展的根基来做，让艺术成为人人受益的学科高地，越来越突显其在二中学生发展中的深刻价值。

三是研究建设“心理空间”，提升心理健康素质。健康发展中心成立于2014年，于2018年进行了全面重建。现有总面积600多平方米的综合心理健康教育中心。中心现有专、兼职心理教师177人，其中国家二级心理咨询师10人，三级心理咨询师167人。学校鼓励每一位老师都来研究心理健康教育，陪伴学生健康成长，因此教授语文、物理、化学、政治、历史、生物、体育、计算机、心理等学科的老师们中都有在中心当兼职心理教师的。

---

① 布鲁纳．教育过程［M］．邵瑞珍，译．北京：文化教育出版社，1982：67.

四是研究建设“体育空间”，提升身心健康标准。以大型的“天健体育馆”与两个户外操场为代表，连同公寓两侧的运动场所，学校内分布有8类多功能体育运动场所，仅篮球场就有23个，乒乓球台80多张，足球场、排球场、毽球场、羽毛球场等一应俱全。体育学科建设、体育场馆建设与体育教学质量三位一体，身心两健的教育得以真正体现出来。

五是研究建设“德育空间”，提升学校育人品质。德育靠活动，德育也要靠空间的熏陶。在二中校园里，道路名取自地方名人，场馆是文化载体。校内17条道路分别被命名为叔牙路、伏胜路、终军路、秦公路等，构成校内思贤之路；校内14座楼宇分别被命名为知辛楼、弘远楼、敏正楼、幼安居、易安居等，构成校内明德之宇；校内的稼轩广场、舜德广场、卿云桥构成立志之所。这些都与学校始终坚持的德育为本的办学理念一脉相承。

六是研究建设“教研空间”，提升教师队伍水平。从容纳1500人的综合性报告厅，到容纳300人的中型会议室，到分布在各个级部的教学研究室，还有学校的“博雅书吧”等，历城二中的教研空间应有尽有，多维度、立体化地构建了教师教学研究与交流的学术空间。在历城二中，天天都有听评课研究，周周都有学科常态教研，月月都有学段大教研，大师、名师进校园也成为常态。领导教师发展，我们不仅提出要求，还提供条件，这也有利于引领教师走进学科课程研究与建设的基本思维。

学校物态文化建设的价值走向

物态文化不是单向度的学校硬件建设，而是与物质文化、精神文化、制度文化、行为文化相互交融为一体的教育场，以“学科课程高地建设”为载体的学校教育现代化治理让物质与精神、制度与行为浑然一体，也构成了历城二中办学特色群峰竞秀的研究基础。

1. 让学校的每一个角落活起来。人与生活的物质文化场所达成天然的一体化，这在学校教育中具有积极的现实价值。在历城二中，从校园到餐厅，从教室到宿舍，从体育场到艺术馆，每一个角落都保持着高度的整洁。哪怕是地上一张小小的纸片，也会被校长带头捡起来，久而久之，就自然而然地寓教育于学校环境维护之中。物质环境和精神力量往往相辅相成，师生生活在自己创造的干干净净的学习空间里，物我一体，天人合一，增加了生命的归属感，也做好了从改变自己身边的细小事物开始来实现理想抱负的心理准备。

2. 让学校建筑说出教育的语言。让建筑会说话，让空间有灵性，而在此背景下，还需要让建筑说出教育的语言。何谓教育的语言？就是建筑与学生能够实现对话。这就是说，环境设计力求还原教育情境的本来面目，充分挖掘并发挥自然环境资源，遵循自然本源去建设学校，尊重自然特征去打造学生开展实践性教育活动的场所。在历城二中，校园内河可以排练节目及演出；在学校楼顶上就可以“学耕种”，校园空间的意义无限扩大。

在文化表达上，建筑的设计遵循“古典朴素与现代动感巧妙结合，西方的文明成果与中国的文化传统相结合”的原则，各种功能教室具有相互协调的作用，让人类文化的经典能够在这里被还原到物态环境中、落到教学中。

3. 让师生走到每一个活动场所。在历城二中，师生可以随意进入每一间教室。要读书，随手可取；要休息，随地可坐；要活动，随处可行；要选择，随即可达；有需求，随时可应；要进退，随性所遇。我们施行的一些举措能满足不同特点、不同需求、不同时空状态下的师生的发展需要，如：在图书空间方面，不设图书管理员，学生在学校的学习区和综合活动区随手可获得图书，随时可坐下读书，图书就是学生的新伙伴、老朋友；在创意空间方面，科学实验室等全天候开放，实验室管理员全天候负责学生的指导，实验室建设的理想状态是要成为学生的科学探究馆，成为学生可以尝试错误和失败的幸运港；在体育空间方面，有各种室内体育锻炼场所供学生选择使用，体育教师也提供全天候的体育锻炼支撑，并成为学生的人生健康导师；在数字空间方面，学校电子教室、数字教室、网络评价平台可供学生、家长、教师交流、研究，在规定的时间内可以充分发挥其功能；在人际空间方面，网格化的基本人际构成最大限度地让每个学生的特长与兴趣在这里得到释放与发展。

4. 让学校还原人类经典与未来。学校文化需要与艺术相结合。在历城二中，为了彰显学校的公共教育价值，学校从场馆文化、雕塑文化、楼道文化、道路文化等方面进行了大胆而细致的规划设计，形成了浑然一体而又各具特色的物态文化场景：敬楷模，建立彰显楷模、敬畏圣贤的法度观，让学校法度以文化的方式融入到教育过程中，“与学生对话的爱因斯坦”“与学生一起绘画的达芬奇”等人物雕塑构成了动态的活动场景；顺义理，尊重人学、社会学、管理学、知识学、心理学原理，在艺术空间、科学梦工场设计上，让空间去适应学生，而不是让学生去适应空间；适人情，学校空间实现人人共赢、志同道合的总体建构，不仅是艺术、科学，包括语文、数学、英语各个学科的梦工场，也是知识学习与知识建构的物态空间。

“把学校建在学科课程高地上”，实现人与环境的相互促进。物态环境与学校整体教育的结合，将会创造新的价值空间和教育路径。

释放价值，每个学科都是一个完整系统

学校育人有标准、学生成长有标准、学生考试有标准、社会评价也有标准，达到这些标准的根本还在于“育人高地建设”和“学科高地建设”。因为只有学科建设才是建设新时代中国特色社会主义教育的基础；只有学科建设才是高质量、高水平教育的保证；只有学科建设才是一流人才培养和创新能力培养的根本道路。

历城二中课程设计的核心是“学科关联”。“关联”的意思是指每个学科都有道德、智慧、健身、审美、劳动、法治等各方面的价值，让学科课程从“以课本为本”走向“以课程标准为本”，其出发点与归宿就是将学科课程、教师理解与学校建设融为一体，让学生的经验增加，生命体验更丰富，继而培养其学科核心素养。我们以学生的学习活动场域功能为出发点，让学科建设从理论到实践获得根本发展。

以数学课程为例，我们探究数学学科教学的最大价值，将其与生物、物理以及化学课程关联起来，将融合了信息技术、通用技术的人工智能类课程作为学生探究学习的创客空间来进行打磨，从而构成了融“数学、物理、化学、生物”为一体的一个课程系统，帮助学生建立科学探究精神。

数学课程标准的理解与课程拓展

数学教育承载着落实立德树人根本任务、发展素质教育的功能。“数学项目”课程能帮助学生掌握现代生活和进一步学习所必需的数学知识、技能、思想和方法；提升学生的数学素养，引导学生用数学眼光观察世界，用数学思维去思考，用数学语言去表达；促进学生思维能力、实践能力和创新意识的发展，帮助学生探寻事物变化规律，在形成正确人生观、价值观、世界观等方面发挥独特作用。

首先，我们依据数学课程标准来理解数学学科的核心素养：

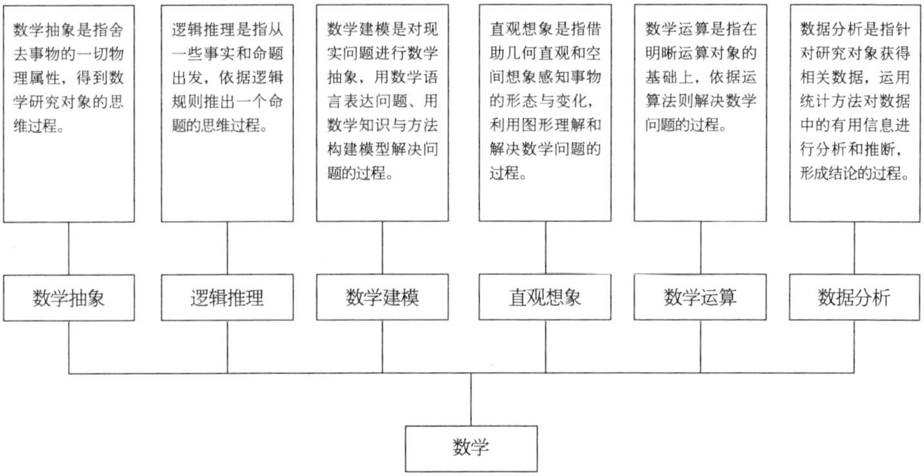

图 5-1 数学学科的核心素养

数学核心素养是具有数学基本特征的、适应个人终身发展和社会发展需要的人的关键能力与思维品质。数学抽象是形成理性思维的重要基础，主要表现为形成数学概念与规则、数学命题与模型、数学方法与思想、数学结构与体系；逻辑推理是得出数学结论、构建数学体系的重要方式；数学建模搭建了数学与外部世界联系的桥梁，是应用数学解决实际问题的基本手段，也是推动数学发展的动力；直观想象是建立数学直觉的基本途径，利用图形描述、理解、探索和解决数学问题，运用空间想象认识事物；数学运算是解决数学问题的基本手段，是演绎推理和通过计算机解决问题的基础；数据分析是研究随机现象的重要数学技术，是大数据数学应用的重要方法，主要包括收集数据提取信息、利用图表展示数据、构建模型分析数据、解释数据获取知识。

1. 数学项目课程内容设计。我们以高中阶段数学课程内容为载体，以发展数学核心素养为基础，将中国古代数学成就、生活中的数学、趣味数学、数学与艺术、数学与现代技术 5 个项目整合成“数学项目”课程，让学生感受中国数学文化，体验将数学建模、数学探究活动、应用数学作为工具去解决实际问题的过程，体会到数学的价值和内涵，发挥数学文化的教育功能。

数学学科项目 1：中国古代数学成就。数学是中国古代科学中一门重要的学科，从春秋前中国数学的萌芽，到唐中叶至宋元中国数学的高潮，其发展源远流长，成就辉煌。这一类课程的开设，对于弘扬数学传统文化有重要意义。

具体课程内容包括中国古代数学发展史、中国古代数学著作《算经十书》、中国古代数学家的故事、中国古代数学名题……每一类课程还可进一步进行分类、细化。

数学学科项目 2：生活中的数学。数学无处不在，它就存在于我们生活中的每一个角落。小到日常生活中的柴米油盐，大到个人投资理财、置业经商，无处不渗透着数学，很多问题需要我们利用数学建模等方法给予分析和解答。

具体课程内容包括数学与服饰、数学与饮食、数学与购物、数学与建筑、数学与交通、数学与运动、数学与理财、数学与彩票、数学与股票……

数学学科项目 3：趣味数学。将数学知识和趣味性融为一体，用数学理念与数学思维方式引导学生在不同的数学情境中感受数学的魅力。引导学生走近数学、爱上数学，让学生在趣味中学习、提高学生的数学核心素养。

游戏中的数学包括图形变换类游戏、数字计算类游戏、逻辑推理类游戏、统计概率类游戏等等，有数学魔术师、数学与谜语、数学奇趣事、数学故事、有趣的数学问题、数独、烧脑数学等多种表现形式。

数学学科项目 4：数学与艺术。数学不是一堆数字与枯燥的演算，而是一种别具匠心的艺术。数学与艺术都有着共同的美学特征，其中的几何之美、对称之美、透视之美、和谐之美等，都是数学与艺术的完美碰撞。

具体课程内容包括文学与数学（诗词与数学）、音乐中的数学、美术中的数学、摄影中的数学、数学剧、数学日记、数学相声、数学美文赏析……

数学学科项目 5：数学与现代技术。数学不仅是科学，还是技术。数学对现代科学技术的发展起着重大的作用，在大量的高新尖技术中，数学起着关键的作用。本项目的实施和相关课程的开设能让学生充分认识到学习数学、提高数学素养的重要性。

具体课程内容包括计算机中的二进制、编程与数学、二维码中的数学、数学建模与人工智能……

2. 数学梦工场课程空间建设。根据不同数学项目的特点，建设数学梦工场课程空间，以适应和营造相应项目学习的环境和氛围。我们建立了符合以下 5 个数学学科项目的一个课程空间：一是体现中国古代数学成就，具有数学历史感；二是体现生活中的数学发现，具有数学的抽象观念；三是体现趣味数学的核心思想和理念，让数学学习变得容易感悟；四是体现数学艺术特征，让学生体会到数学之美；五是体现数学与现代技术的基本规律，在梦工场里理解数学的无处不在。

生物课程标准的理解与课程拓展

生物学学科核心素养是学生在生物学课程学习过程中逐渐发展起来的，在解决真实情境中的实际问题时所表现出来的价值观念、必备品格与关键能力，是学生知识、能力、情感态度与价值观的综合体现，包括生命观念、科学思维、科学探究和社会责任。

1. 生物项目课程内容设计。我们以高中生物课程标准中关于学生学科核心素养的设计为基础，强化生物的“生命观念”“科学思维”“科学探究”和“社会责任”，充分利用学校环境，以探究与实践式学习方式作为学习的主要途径，开发开设了“12+”项目课程，实现学生的人文素养和知识技能的双提升。

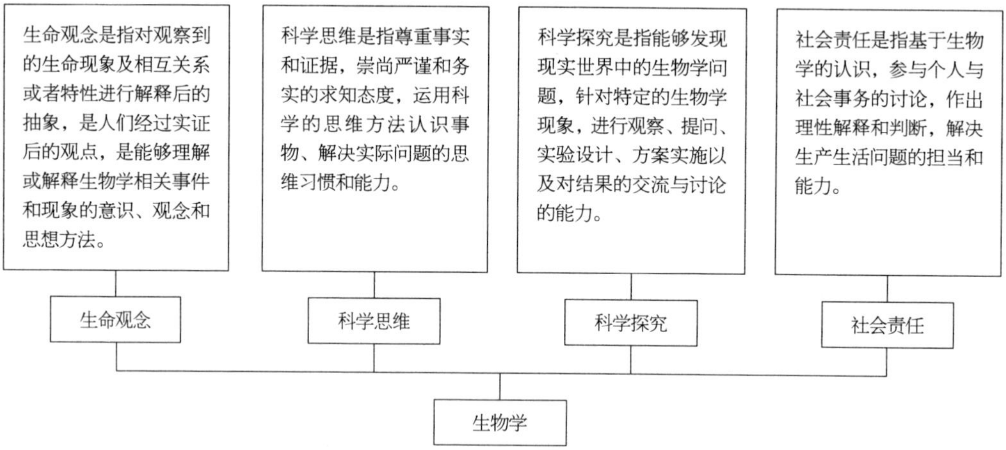

图 5-2 生物学学科的核心素养

一是《生物》关联性项目课程，将生物基础知识高标准落实，将“生命观念、科学思维、科学探究、社会责任”融合到具体生物知识的学习进程中，以生物视角研究生物。

二是学校开发项目课程“历城二中生物链”，将身边环境中的生物知识编辑成篇，让学生通过对身边生物的辨识与研究形成生物学思维。

三是学校开发项目课程“我的种植”，开展每个学生包干试验田活动，让学生在实践中理解生物。这些分年级段的种植课程从学生入校起即开展。

四是学校开发项目课程“营养菜谱”，学生根据所学生物营养知识，自主设计食谱，学校餐厅可根据学生的设计来制作营养餐。简单项目可由学生团队完成，开展不定期学生、厨师研讨活动。

五是学校开发项目课程“节气养生”，学生根据节气特点，结合所学生物知识，策划节气活动，包括衣、食、住、行等多方面内容。学校提供材料帮助学生制作展板等，并举行相关节气仪式。

六是学校开发项目课程“动物园”，建设养殖园，每个学生都可认领一只动物，记录动物成长过程，形成个案研究系列。

七是学校开发项目课程“植物图谱”“动物图谱”，学生按照动植物的分类制作图谱，以班级为单位形成图册，还可将植物图谱制作成明信片等。

八是学校开发项目课程“标签家族”，组织学生精心制作动植物标签，并可将植物标签贴至校园内的植物上。

九是学校开发项目课程“生生不息”，不定期组织开展徒步活动，沿途辨识不同种类的植物，并以图画、照片的形式展示行走收获。学校还组织学生将未能识别的品种移植校内，作为每次行走的标志。

十是学校开发项目课程“物物相关”，组织学生对校园内古植物进行调研，从植物的习性、年代等角度进行研究，制定保护措施，拍摄宣传片，进而推广到对世界濒临绝迹的植物的研究和保护。

十一是学校开发项目课程“生物‘家’”，学生与家长、教师一起，根据植物的习性等进行选择，将家庭、寝室、教室打造成植物乐园。学校不定期开展“我说我家”等活动。

十二是学校开发项目课程“标本”，让学生自制标本，以班级为单位，按照类别进行归档整理。

2. 生物世界梦工场课程空间建设。生物世界梦工场建设要适应学生的项目学习需求，适应学生的生物学科核心素养的训练与生成需求。我们建立了三大梦工场教室：生物实验室，按照国标要求建设高标准实验室，保证高中阶段所有实验项目的顺利完成；生物展览室，每个学生都有专用的开放式储物柜，可陈列学生实验过程的一些图片、照片、自制的标本、个人图书等，学生在这里既可以进行阅读，又可以进行创意制作；生物研习室，可供学生进行讨论、外聘学者进行指导等。

物理课程标准的理解与课程拓展

物理学是自然科学领域的一门基础学科，研究自然界物质的基本结构、相互作用和运动规律。物理学基于观察与实验，建构物理模型，应用数学等工具，通过科学推理和论证，形成系统的研究方法和理论体系。物理学对化学、生命科学、地球与宇宙科学、材料、能源、环境、信息等自然科学产生了重要影响，推动了材料、能源、环境、信息等科学技术的进步，促进了人类生产生活方式的变革，对人类的思维方式、价值观念等都产生了深远影响，对人类文明和社会进步做出了巨大贡献。

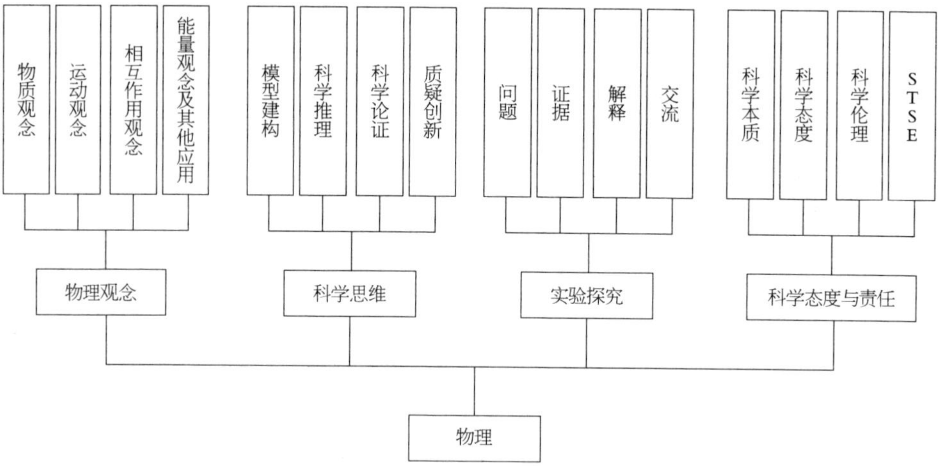

图 5-3 物理学学科的核心素养

注：STSE 是科学（Science）、技术（Technology）、社会（Society）、环境（Environment）的英文缩写。

1. 物理项目课程内容设计。我们以高中物理课程标准中关于学生学科核心素养的设计为基础，强化物理的“物理观念”“科学思维”“实验探究”和“科学态度与责任”，充分利用学校环境，以探究与实践式学习方式作为学习的主要途径，开发开设了“11+”项目课程，实现学生的人文素养和知识技能的双提升。

一是《物理》关联性项目课程，将物理基础知识高标准落实，将“物理观念、科学思维、实验探究、科学态度与责任”融合到具体物理知识的学习进程中，形成常态化的物理学思维方式。

二是学校开发项目课程“‘动’行天下”，与体育课结合，对相同距离内步行、跑步、骑行、驾驶小车等进行速度测试与计算，提出“动行”合理化建议。

三是学校开发项目课程“电世界”，组织学生对校内的用电进行考量，了解学校用电安全、用电量、电线布局等知识，对学校用电提出合理化建议。并请学校电工师傅走进课堂，进行现场讲解。

四是学校开发项目课程“水立方”，组织学生调研水库容量，根据气候变化和水量贮存等对水库中水的使用提出合理化建议。

五是学校开发项目课程“山鸣谷音”，与音乐课结合，开设早课练声场，体味山谷回音中的物理知识并提升音乐感悟力。音乐教师从宫、商、角、徵、羽五音角度帮助学生建立五行养生知识，并与学生一起编创练声曲谱，形成校本教材。

六是学校开发项目课程“平衡称”，学生根据杠杆原理制作不同功能的称，体会称量中的学问。

七是学校开发项目课程“镜中乾坤”，学生根据镜子的作用和原理，对镜子的使用提出建议，并制作图谱，形成图册。

八是学校开发项目课程“温度计”，组织学生开展温度测量活动，常年坚持对气温进行测量，并将之与植物生活习性相结合，形成“气温与植物的生存关系”系列报告，进而推广到对气温与生命健康的关系的研究。

九是学校开发项目课程“物理大师”，组织学生开展对世界物理大师的资料搜集活动，将物理大师的成长、研究领域、杰出贡献等资料制作成系列图册并加以学习。学校相时邀请部分物理大师来校开设讲座。

十是学校开发项目课程“物我合一”，讲述生活中的物理现象和原理，体会物我合一的宇宙观。

十一是学校开发项目课程“小制作”，教学生运用相关物理知识制作风筝、笛子等，并请相关专业人士来校进行指导。学校还举办了学生作品展。

2. 物理梦工场课程空间建设。物理梦工场建设要适应学生的项目学习需求，适应学生的物理学科核心素养的训练与生成需求。我们建立了三大梦工场教室：物理实验室，按照国标要求建设高标准实验室，保证高中阶段所有实验项目的顺利完成；物理展览室，每个学生都有专用的开放式储物柜，可陈列学生实验过程的一些图片、照片、自制的器材、个人图书等，学生在这里既可以进行阅读，又可以进行创意制作；物理研习室，可供学生进行讨论、外聘学者进行指导等。

化学课程标准的理解与课程拓展

化学课程标准强调实验的核心地位，倡导实践性、探究性教学，以培养学生终身学习的意识和能力为目标。历城二中的学生将在生活化的实践性学习中构建对化学的宏观理解与内涵深化模式。

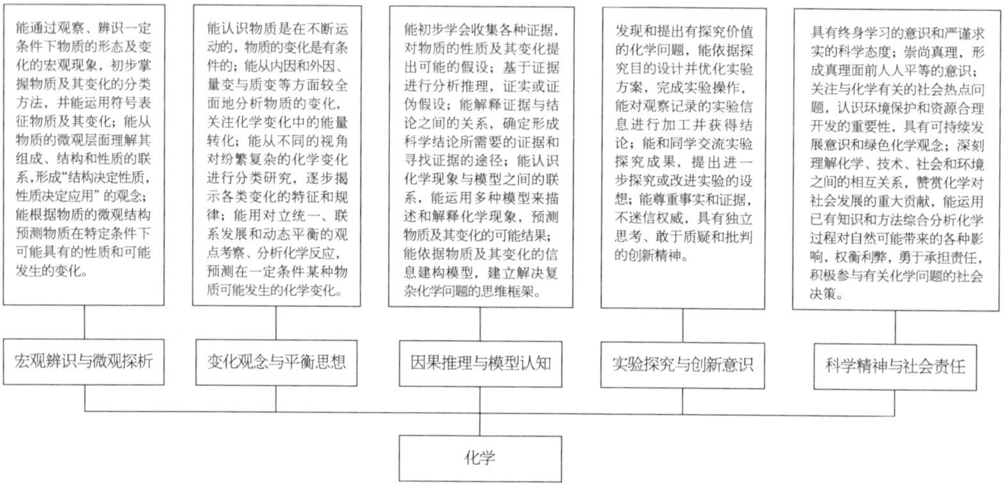

图 5-4 化学学科的核心素养

1. 化学项目课程内容设计。我们以高中化学课程标准中关于学生学科核心素养的设计为基础，拓展生活中的化学课程，将国学理念中的辩证、变化、平衡、联系等思想融于日常学习中，充分利用学校环境，以探究与实践式学习方式作为学习的主要途径，开发开设了"10+"项目课程，实现学生的人文素养和知识技能的双提升。

一是《化学》关联性项目课程，将化学基础知识高标准落实，将"物质观、微粒观、元素观、变化观、分类观、结构观、科学价值观"统筹规划到学习进程中，让学生形成通过化学认识世界的独特视角。

二是学校开发项目课程"生活中的化学"，将学生生活与化学有机融合，如建设“洗衣篇”“饮食篇”“穿着篇”“健康篇”等栏目，让学生感受日常生活与化学的密切关系。

三是学校开发项目课程“我的化学小故事”，将学生学习化学的过程编撰成故事，形成“我说化学”系列。

四是学校开发项目课程“水世界”，以水为探究点，形成对水世界的化学认知体系。学生将在实地考察、物质探究、生活联系中形成对水的全方位认知。

五是学校开发项目课程“化学小制作”，学生利用建议材料制作化学器材，形成“动手制作”系列。这项工作安排在高中起点年级，通过渗透式教学让学生在制作中走进化学世界。

六是学校开发项目课程“家中实验室”，根据课程标准中的内容及学生家中现有材料，建立家中实验台，打造无处不在的探究环境。

七是学校开发项目课程“化学歌谣”，将化学中一些比较零散、难以记忆的知识以歌谣的方式来加以呈现。这项工作由教师先建立简要编辑模本，然后让学生在模仿中进行创意创作，形成历城二中独特的化学认知课程。

八是学校开发项目课程“化学图谱”，让低年级的学生以漫画形式呈现化学学习过程，让高年级学生就知识的内在关联性进行个性创作，以思维导图的形式来呈现知识内容。

九是学校开发项目课程“化心微动”，组织学生开展“金点子”搜集工作，包括搜集饮食营养建议书、洗衣小技巧、污水净化技巧等，提升学生对化学知识的实际运用能力。

十是学校开发项目课程“化行天下”，组织学生开展实地考察工作，如对历城二中的水质、化学肥料使用进行调研等。“化行天下”还包括组织学生到高校实验室、企业参观等项目，让学生在真实的环境中学习化学、思考化学。

2. 化学梦工场课程空间建设。化学梦工场建设要适应学生的项目学习需求，适应学生的化学学科核心素养的训练与生成需求。我们建立了三大梦工场教室：化学实验室，按照国标要求建设高标准实验室，保证高中阶段所有实验项目的顺利完成；化学展览室，每个学生都有专用的开放式储物柜，可陈列学生实验过程的一些图片、照片、自制的模型、个人图书等，学生在这里既可以进行阅读，又可以进行创意制作；化学研习室，可供学生进行讨论、外聘学者进行指导等。

这就是学科课程、教学、评价、建设的一体化，体现了学校在课程领域系统性、综合性、全方位的价值追求。

06

第六章

勤志未来，“艺术与科学”铺就人人成才路

二中勤志未来故事：

这是《齐鲁晚报》记者写下的历城二中艺术老师和艺术教育的故事：

赵立秋是历城二中艺术团的团长，也是学校音乐组的组长。初见赵立秋，一身清秀素雅的黑白条纹衣服，未施粉黛，端庄的神态里透着从容与干练。在她看来，与普通的知识文化教育相比，艺术教育的育人作用更加直接，就像一面镜子，老师的一言一行能够直接投射到孩子身上。

“很多人认为艺术组是比较时尚的，但是我们艺术组的老师，不想在外形和穿衣打扮上引领学生，而是坚持内心的思想引领。”既要让学生受到艺术的熏陶，又要充分发挥艺术教育的育人功能，赵立秋老师为此十分重视细节。“当孩子将一些精力放在了关注老师的外在上时，比如想着指甲如何涂得好看，怎么穿衣打扮，孩子的精力就已经分散了。爱美之心人皆有之，但是对于初中生、高中生来说，我们需要向学生传导一个理念，让他们更加关注人最朴素、最原始的美丽，在这一点上

艺术老师是有责任的。”赵立秋说。

在历城二中，舞蹈队的所有学生的头绳都是黑的，上舞蹈课的时候所有学生都要盘发上课，“我们希望能够从内心思想引领上更好地做到立德树人”。赵立秋带领学生连续4届参加山东省中小学生艺术展演，都荣获一等奖。舞蹈作品荣获济南市政府最高奖“泉城文艺奖”、省文艺界最高奖“泰山文艺奖”。

有一句话是这样说的:“教育本质是一棵树摇动另一棵树,一朵云推动另一朵云,一个灵魂唤醒另一个灵魂。”这是赵立秋所坚信的，也是历城二中艺术教育的初心。

近年来，历城二中舞蹈、器乐、合唱艺术团一直遵循“以先进文化引导人，以高尚情操塑造人，以优秀作品鼓舞人”的指导思想，以“打造突出精品校园文化”为目标，服从服务于整体校园文化建设，成为校园艺术环境建设的一支主力军，并在校内外各种文化交流与艺术展演活动中承担着重要任务。

勤志未来思考：

在很多人看来，历城二中的教育谈不上特色，因为二中有一个始终不变的行为准则，那就是“不跟风、不盲从、不随波逐流”，“标新立异”和二中人的基本价值观基本是不相关联的。但是，正是因为有了这份坚守，这里反而成了改革创新的前沿阵地，特别是近20年来，从“优化升级”到“全市最早实现无纸化办公、电子备课”，从重视艺术学科教育到打造艺术教育特色高地，从“太阳能实验室”到“把发明创造当作必修课”，再到探索拔尖创新人才，在培养中率先使用“学校购买服务”的方式来引进社会资源，历城二中的教育创新成了常态。

创建于2008年的“普惠创客教育”体系，是历城二中以创客教育的普惠价值和知识建构理论为生长点，基于“面向全体，惠及所有”的教育伦理，建构目标、内容、实施、评价集于一体的空间与课程系统，支持学生将自己的“创意”转化为智慧“作品”，发展创新精神和实践能力的应用性教学成果体系。这一体系的构建历时近20年，也是学校坚守中创新的基本体现。

而启动于10年前的艺术创新教育，则源自学校对于艺术价值、审美本质的基本认同。“人是按照美的规律来塑造的”，学校里要有艺术之美，要有文化之美，要有建筑之美，要有人性之美，要从美开始塑造精神气质、打造精神价值。中国文化里的美总是和善联系在一起，叫作“尽善尽美”，就是说，美的塑造也是善的推行。因此，坚定不移地进行艺术创新教育，成为历城二中极具深度的教育价值选择。

艺术与科学对话的教育根基

艺术与科学，最人文与最理性，似乎是人的发展的两极，但是在历城二中的学校教育价值观里，二者是塑造学生素质的两大支柱，艺术教育与科学教育构成学生道德成长、智慧发展、身心愉悦的基础，也是历城二中打造素质教育范式、构筑现代教育体系的基本切入点。

“人是按照美的规律来塑造的”，马克思的话告诉我们，艺术与审美是可以统辖人生的，对学校来说，更是如此。历城二中重视艺术教育，重视科技教育，却不限于艺术，不限于科学，而是面向学生全面发展的大未来。

艺术与科学才是“大考”

“考试成绩只决定学生一时的成败，而好习惯、好品质才是助人成功的根本。”为学生发展计长远，是历城二中教育的坚定选择！“关心每个学生，为每个学生提供适合的教育”是历城二中对社会的承诺。一名学习成绩在年级名列前茅的学生说：“历城二中给予了我 3 件珍贵的礼物，那就是师生情、同学情和上进心。”而另外一名成绩不太好的学生也说：“虽然我学习成绩并不突出，但我仍然觉得每天都非常有目标、有奔头！”能让各个层次的学生都充满信心，调动起每个学生奋发向上的积极性，这就是历城二中教育的“魔力”与魅力之所在。

面向农村普通家庭招生的历城二中，肩负着教育公平、教育均衡的道德伦理使命。怎样将优秀的教育惠及每一个学生？怎样将最好的教育延伸到每一个家庭？学校将自身对教育价值的理解、学校资源、师资条件与学生的发展需要加以结合，创造性地以“科技创新、陶艺教育和艺术教育”作为特色突破口，向学生提供最前沿、最普惠的教育资源。

艺术与美学同源共生，而艺术与生命又是相互依存的：“你愈是深入地研究艺术品的结构，你就愈加清楚地发现艺术结构与生命结构的相似之处，这里所说的生命结构，包括了从低级生物的生命结构到人类情感和人类本性这样复杂的生命结构（情感和人性正是那些高级艺术所传达的意义）。正是由于这两种结构之间的相似性，才使得一幅画、一支歌或一首诗与一件普通的事物区别开来——使它们看上去像是一种生命的形式，而不是用机械的方法制造出来的，使它的表现意义看上去像是直接包含在艺术品之中（这个意义就是我们自己的感性存在，也就是现实存在）。”①无论是中国美学里的“尽美矣，又尽善也”，还是“天地之间有大美”都在告诉我们，艺术之美是无处不在的，而且更因为其与人的生命意义相关联，才更具有意义。

科学与创新相关联，科学同时也与人的生命发展密切相关，张开逊先生以其优雅诗意、富有哲理的语言道出了科学传播的三重境界：第一重境界，是出于对科学与人类的爱，热忱地传播科学，这是人生的境界；第二重境界，是以新的视角看待人类的知识，站在知识群峰的高处俯瞰人类活动；第三重境界，是在宇宙演化的时间尺度上思考人类的未来，超越红尘世界的利益纠葛，为人类提出中肯的建议。努力使科学理性与哲学智慧引导人类活动，是科学传播的追求，是科学对人类的大爱。②历城二中的科学教育有自己的坚持：“科学教育并不是指把一切科学知识都教给每一个学生，那是非常荒唐的。我指的是，学生在离开学校之前，

① 苏珊·朗格. 艺术问题［M］. 滕守尧，朱疆源，译. 北京：中国社会科学出版社，1983：55.
② 张开逊. 探究科学传播的境界［J］. 科普研究，2008，3：5-8.

都应当牢固地掌握科学的一般特点，并且在所有的科学方法上多少受一点训练。”① 这就是科学教育在学生人生成长中的价值与意义。

教育难得在“痴迷”

历久弥新，滴水石穿，在长期的坚守与创新中，“科技创新、陶艺教育和艺术体育”已成为历城二中 3 张响亮的教育名片，帮助每一个学生走向教育普惠目标。而名片是由人所创造的，接下来让我们关注一下以下这几位老师。

在创客空间，高月锋老师用“普惠创客教育”引领学生成长。2008 年年初，在行政会上，学校讨论确定把科技创新教育纳入当年学校的一项重要工作，高老师得知后主动请缨，成为历城二中第一个专职的科技辅导员。从向他人学习，到形成自己独特的科技创新课程体系；从指导学生撰写有关创意的文字材料，到辅导学生成功申请到 4000 多项国家专利；从一名普通的信息学教师，到成长为一名科技创新教育方面的专家；从为本校学生上课，到为全国各地学生做报告及普及推广科技创新教育——高老师的专业素养得到迅速提升。

我在很多场合都不吝夸奖这位有恒心和毅力的年轻人。我还记得，2003 年高老师负责机器人辅导工作，当时学校从上海购买了 4 台“能力风暴”机器人平台，这是大家第一次见到机器人，谁也没有经验。为了彻底弄清楚机器人的各种部件的功能和各种传感器的性能，在长达半年的时间里，高老师经常工作到深夜，有好多次都是我亲自把他撵走，要求他必须要休息好。凭着这份执着，2003 年 12 月，在山东省机器人大赛中，他带领的机器人足球代表队经过 3 天奋战，夺得了全省一等奖第一名。功夫不负有心人，14 年来，高老师和他的学生获得的奖牌、证书摆满了学校科技馆 60 多平方米的荣誉墙和长廊。实施科技创新教育以来，学校累计收到学生创意 45 万多份，学生已申请到国家专利 4168 项。学校在各级大赛中获奖 750 多项，荣获第二、三、四、五届中国青少年创意大赛最高奖“尚德创意奖”，

---

① 托·亨·赫胥黎．科学与教育［M］．单中惠，平波，译．北京：人民教育出版社，1990：85.

并承办了“尚德电力杯”第三届中国青少年创意大赛全国总决赛。学校先后被授予“全国十佳创新型学校”“山东省科普示范学校”“山东省青少年科普系列活动先进单位”“中国宋庆龄少年儿童科技发明示范基地”等荣誉称号，“普惠创客教育体系研究与实践”课题荣获了2018年山东省基础教育教学成果奖特等奖。

北京师范大学资深教授、光明教育家书院院长顾明远先生曾为学校题词“教书育人楷模，创新创意先锋”。事实证明，创新意识和研究能力的增强，对学生综合素质的提升大有裨益。学校有一大批同学考入了清华大学、北京大学等名校，而这些同学几乎全都拥有国家专利证书。同时，高老师也收获了自己的教育成绩。

在陶艺空间，宋宝老师把每件陶艺作品都当作宝。陶艺是艺术与科学、知识与智慧、内心与创造的结合。我们认为，陶艺不但可以培养学生的审美情趣，活跃他们的校园文化生活，还能锻炼他们动手操作、实践创新的能力，让他们怡情养性、体验成败，对于促进他们自身的全面发展作用巨大。为此，学校将陶艺教育作为素质教育的突破口，与山东艺术学院合作，在全市率先将陶艺纳入正常的课程教学体系，建立了陶艺馆，配备专职于陶艺教学的教师，开设面向全体学生的陶艺课，并编写了校本教材和陶艺画册。

走进占地3.5亩的陶艺馆，恍然进入了一个缤纷灿烂的艺术世界，这里是二中校园的一大景观。这里可以容纳200多名学生同时上课，与之配套的陶艺室、展列室、材料室、烘干室、窑炉一应俱全。透过师生或古朴厚重、或憨态可掬的作品，你能感受到他们的奇思妙想，也不禁感叹于二中人在教育上的匠心巧思。如今，学校正通过组织优秀陶艺作品展、外出观摩、团队交流、现场竞赛等形式多样的活动，使陶艺课程体系日趋完善。除此之外，教师还积极探索陶艺与语文、音乐等学科的融合，使不起眼的“泥巴”迸发出更大的育人能量。每到一处场馆，负责陶艺教学的宋老师总是反反复复、不厌其烦地提醒他人“注意不要碰着这些陶艺作品”，在他的心中，学生的每一次创造都是一个艺术生命的诞生过程。

在艺术空间，痴迷于艺术的赵立秋老师讲述着一个个学生成长的故事。这是一位在稼轩小学工作了10年的老师，我们认为她很有潜力，就克服一切困难将她引进到二中，赵老师至今还记得我作为校长给出的承诺：“没事，认识我李新生就行了，好好干活。”

确实，赵老师记住的就是“好好干活”。历城二中8年里连续4届获得山东省艺术展演一等奖，从舞蹈到合唱，再到器乐，基本上成绩是最好的，其中合唱成绩一直是全省第一。每年历城二中会有14场左右的“高雅艺术进校园”活动，邀请而来的多数是省内一流水准人才。有一回，为了邀请一位交响乐大师到学校指导，赵老师光是邀约就花了半年多的时间。还有一次，为了邀请一位指挥家，她在指挥家所在学校门口从上午8点一直等到11点40分，感动了对方，对方应约来校指导。此外，她还积极地约请专业团队来校演出。她所做的这一切都是为了让同学们能感受到不同的艺术形式，体会更深层次的艺术。

历城二中逐步实现了“高雅艺术进校园”，培养了不少艺术特长生。学校每周星期天下午有3个小时的专业课程，外聘专家来给学生上课，帮助学生提升艺术专业素养。为了满足教师家庭的艺术需求，学校提出“把教师家属院所有孩子的艺术素养都培养起来”，把歌舞剧院演出引进学校，并且为孩子们引进优质的艺术教育。经过2年的时间，历城二中的国乐团成员有一半以上是教师家属，成效显著。2017年开始，学校成立“历城二中艺术团国乐公益团”，并且不断进行社团升级，保证其社团化发展，所做工作受到了山东歌舞团和前卫歌舞团的肯定。我们还从所有济南市中小学热爱音乐、热爱国乐的孩子中选了80人左右，每周日下午向他们提供公益培训。近两年，学校舞蹈队参加了全国中小学生艺术展演，两个原创舞蹈作品分获“泰山文艺奖”和“泉城文艺奖”。学校器乐队、合唱队也在全国、省、市比赛中崭露头角。成绩背后是“勤文化”的力量，是学生素质的迅速、综合提升。2019年，《丝路花雨》《沂蒙山》《锁麟囊》《双生花》等国家大型经典舞剧、京剧、音乐剧先后走进校园，一些艺术大师也成为历城二中讲坛上定期出现的引路人。

艺术与科学正成为历城二中教育内涵发展的大战略，并已经融入到各个学科之内。

从科技创新到“普惠创客”的科学时空

搬到新校区后，学校规划出一栋楼来打造科技创新空间——“普惠创客”空间。“普惠创客”空间共有7000多平方米，从2层到7层，科技馆、微机教室、机器人实验室、创意工坊应有尽有。“普惠”还有另一层含义：历城二中挂牌成立了“泉城创客中心”，周边的中小学师生都有机会到这里免费参观、体验和学习。

科技创新和“普惠创客”改变了学校的基本教育状态，特别是在教学领域内，启发了更深层次的变革力量，让历城二中的课堂在不声不响中实现了“逆变”。在中国的课堂教学改革成果中，自主、合作的实现已经有了良好的抓手，也已经通过大量的模式、方法得到了实现。然而，直接指向学生创造与探究相结合，并通过物理空间与行为空间来实现的学习研究还很少见。创造与探究是一种内在的学习品质，需要在更具针对性的条件和过程中实现，这就是科技创新与“普惠创客”的应用价值之所在。

“普惠创客”在历城二中的发展过程

十几年前，我找到信息技术教师高月锋，跟他商讨：可否开设一门创造发明课？

商讨的结果是，既无专业师资，也无专业教室，更没有任何经验，完全是“一穷二白”，开设难度不言而喻。

怎么办？几经辗转，我邀请了一位专家来校做了一场关于创造发明的报告。在专家的启蒙下，学生的奇思妙想就像雨后春笋一样纷纷地冒了头。“普惠创客教育”不是凭空产生的，是历城二中在学校科技创新教育特色发展的基础上，通过十年之功的教育坚守才生长起来的系统。

1. 问题导向的“普惠创客教育”思维。2008年，历城二中开始实施科技创新教育，这可视为后来的“普惠创客教育”的前身，师生主体创新意识得到空前解放，新点子、新创意层出不穷。然而，学校空间、学科课程体系、师资等不能满足整体参与创新的需求；部分学生仍局限在课本知识与定理规律中，主动思考的创新动力和能力不足。在对此类问题的探究下，“普惠”教育观和知识建构理论探索逐步明晰并形成。

目前，创客教育尚无基本标准和评估机制，国家倡导的科技类活动和项目虽在某种程度上丰富了学生的科技活动，但这些项目往往是由多个部门分别组织，重训练轻教育，并未能普惠全体学生。创客教育普遍未能在学校形成整体解决方案。有鉴于此，“普惠创客教育”体系的研究与实践致力于空间与课程深度融合的泛在学习系统建设。

教师结构性缺编在学校科技创新、创客教育领域极为明显。许多学校的创客教育师资游离于主流学科之外，创客教师缺乏专业理论研究而囿于技术、技能训练的现象广泛存在，教育效果和普及度远远不够。“普惠创客教育”体系则通过校企合作的机制体制进行创新，将学校自主造血和购买服务相结合，构建全科式的创客教育师资队伍。

“技术改变教学”，这是无奈的选择。它可能意味着“人拥有技术”进而主动改变或者优化教学，也可能意味着教学会被技术改变或者颠覆。从学校教育现场来看，老师们从来没有停止对教学辅助材料、辅助技术的开发，曾经的教学挂图、四机一幕、导学案、多媒体课件等都是老师们做过的教学辅助材料或对教学技术的运用成果。然而，与技术的发展相比，这些曾经的改革与创新已显得落后，并直接制约着教育的发展。

其实，每个学生、每位老师的每一天都在创造着课程教学的大数据，这些大数据中肯定有可供我们学习的资料。

2. 实践取向的“普惠创客教育”阶段。沿着问题导向、理论定向、组织纵向、实践取向的技术路线，依托国家社科基金课题等，历城二中在行动研究和实证研究中构建起“普惠创客教育”体系，生成了普惠教育价值。

一是问题导向，践行普惠阶段。2008 年 1 月，学校科技创新教育整体启动，经过专业培养，一个寒假过后，短短 4 个月时间，学生共提交创意 1.5 万份，申请专利 200 多项，制造优质实物和精品模型 30 多件。这得益于学校行政会通过的一项重要决议：要让每一名学生参加创新教育，定位是“全员参与，人人受益”，实施普惠教育。但当时没有专职教师、没有场地、没有经验，这些成了工作启动的巨大阻力。我们决定边做边学，边学边改，进行定位策划、找专家提升、内容丰富化、打造专职队伍等工作同时进行。

1 月，我们邀请了济南市科学技术协会商敬工主席、魏萍部长，山东省发明协会陈明泉老师等专家来到学校，对知识产权教育进行定位和策划。经过讨论、论证，将该项工作的落脚点放在教育教学的主阵地——课堂，要对学生进行全员普及教育。普及报告现场非常火爆，吸引了 400 多名学生参与，报告结束时，学生们在现场提出了很多问题。这场“头脑风暴”过后，短短一个寒假就收到学生提交的创意 1000 多份、作品 200 多个。

3 月，学校首次组织学生参加了第 23 届全国青少年科技创新大赛，其中两人获得市级二等奖，两人获得市级三等奖。

4 月，学校决定对高一全体学生普及知识产权教育，分为两个步骤实施。第一步，专家引领。学校聘请山东省发明协会陈明泉老师开设科技创新课。规定每个同学必须接受不少于 18 课时的学习，培训内容以陈明泉老师研发的“突破发明——人人都是发明家”发明创造教育体系为核心。通过学习，进一步改变学生的观念和思维，让学生掌握发明创造的知识结构。第二步，必修课论证实验阶段。学校将发明创造课作为必修课列入课程表，每周安排 1 ～ 2 节课。学生可在消化、理解专家讲座的基础上，完善结构，丰富创意，提高能力，并把这种能力转化为其他学科的学习动力。经过 18 课时的集中培训，学生撰写有关创意的文字材料的积极性相当高。为了进一步激发学生的这种创造热情，学校印制了 3 万份创意纸放在各级部，让学生随用随取。每天领取创意纸、提交创意的同学络绎不绝。老师们深有感慨，说："有些学生平时让他交作业，他三番五次交不上来，没想到让他搞创意，热情却这么大呀！"

基于当时科技创新教育片面化问题，历城二中先行一步研究课程目标体系，"面向全体，惠及所有"的"普惠"教育理念逐步完善并进而目标化。

二是理论建构，统整课程阶段。学生们的奇思妙想以及高涨的热情让学校坚定了信心。同期，历城二中的创新教育正式更名为"普惠创客教育"，历城二中创客教育教研室随之成立，专职教师队伍组建起来，由我总管、李矿水副校长分管，张金宝副主任负责具体分管，高月锋任教研组长和专职教师，魏福盛为专职教师，还有另外 7 位教师为兼职教师。该教研室制定了《历城二中"普惠创客"课程实施方案》并负责具体实施。

学校把创客课程和国家新课改课程综合实践领域紧密结合，确定每周 1 课时的学习时长。高一年级系统学习校本教材，由专职老师对学生进行科技创新思维方法及知识产权的教育。高二年级重点突出科技创新课题的研究性学习，鼓励学生参加各级创新大赛。高三年级重点对学生进行高端引领，指导学生参加全国各高校的自主招生考试，开设与高校教学接轨的选修课，为学生进入高校学习做最充分的准备。

对于课堂教学及效果，学校也及时进行了评价、检测，且这种评价不再是单一的，而是一种多元的、科学的、客观的评价。比如，在学生自信心评价方面，学生要能够表达自己的观点，敢于表达自己的观点；在思维能力的评价上，学生要能够对同一问题从不同的方面分别加以考虑；再如，在学生创意效果的评价上，要求前期的方案可以借鉴别人已经成功的方案，但后期的创意要具有新颖性、创新性，对于比较优秀的创意，学校请专家加以提升后会进行专利申报和推广。

2008年9月—2013年，历城二中逐步形成了以知识建构理论等为导向的学生自主建构、老师价值引导的全创新动力机制，并基于创客舶来品的转化问题，深度构建了创客教育课程内容体系，开发了“开启创新之门”“趣味科学探究”等68门课程，引进中国科学院专家课程128门，于2013年完成并一直优化实施至今。

三是普惠实践，成果系统化阶段。2014年，建成并优化了高标准、泛在性的学校创客空间，这是基于“普惠创客教育”需求而建设的统一理念下具有多种形态的创客空间，已建成近7000平方米的基础型、提升型、引领型的创客空间，实现了“面向全体，惠及所有”的硬件、软件建设。2018年，学校新校区与新的创客教育空间以高标准再建完成。

2004—2018年，学校长期坚持的师资队伍培养在“普惠创客教育”领域投入力度更大，基于创客教育师资队伍的基本需求，依托中国教育学会专家团队，连续14年对全体教师进行培训，通过购买服务与时代智囊等组建骨干教师队伍，以团队的形式指导创客教育。

2014年起，学校以知识建构理论的学生创新实践、自主评价为指导，基于创客教育学生发展的质量考量，创建了促进“普惠创客教育”落地的一系列管理制度，完善了线上评价体系与线下评价档案建设，实现了对学生的精准评价。让学生的创造创新在线上、线下都留下生长痕迹。

至此，评价平台的建立标志着完整的“普惠创客教育”体系建立并得到论证。

2014年开始，基于“普惠创客”的常态发展与大众普及需要，历城二中将自身教学成果向校外提供服务与普及，最终形成了服务高中、初中、小学、大众一体化创客发展的理论与实践系统，并推动了基础教育“普惠创客教育”文化的诞生，在本校及山东省济南稼轩学校、郓城第一中学、新疆昌吉州第一中学、潍坊新纪元学校等200多所学校加以推广，并随山东省科协组织的山东省中小学科普报告团在全省进行宣讲推广。

“普惠创客”形成一个完整教育系统

“普惠创客教育”从“灌输”走向“引爆”，其实现基础就是学校独立探索的“普惠价值”观念和一直坚持的知识建构理论，其核心在于“知识是学生在学习过程中重建起来的”“学生既是课程的消费者，又是课程的创造者”。

1.“普惠创客教育”理论建构。一是服务全体的价值观。学校创客空间与课程建设是国家素质教育、教育信息化工作的有机组成部分，承担创新人才培养的重要任务，与教育的改革发展协调一致，服从服务于国家创新驱动发展战略和“大众创业、万众创新”的趋势要求。

二是育人伦理的渗透观。学校创客空间建设符合学生身心特点，尊重每一名学生个性发展需求，通过基础知识和基本技能的传授，激发学生创新潜能，培养学生跨学科解决问题的能力和团队协作能力，提升学生基础素质与关键能力。

三是开放共享的普惠观。坚持普惠原则，让每个学生都有机会参加创客活动，体验创新乐趣。面向区域和校际，无差别开放，扩大学生受益面。搭建创客竞赛活动平台，促进学生互动交流。主动对接社会创客资源，激发创新热情，引导初步的创业实践。依托互联网技术，基于开源文化，构建开放的创客文化，让学生共享创客资源，分享创意和成果。

四是机制创新的发展观。创新投入机制，有效整合资源，集约建设学校创客空间。创新师资建设机制，鼓励学校购买服务，充实师资力量。创新培养机制，将启蒙教育和专业培养相结合，提升创客空间运行效率。创新评价机制，记录学生创新发展的一手资料，为学生综合素质评价提供大数据支持。

五是知识建构的学生观。这是基础性理论之一。历城二中的每一名学生都能获得自己创造知识、展示知识、评价知识的平台和支架，知识建构系统下的学习环境是学生进行创客实践的有力支持，“普惠创客教育”的知识建构理论开始全面支撑学生发展。

2.“普惠创客教育”空间建设。学校创客空间主要承担创客启蒙教育，以体现创客教育的普惠性。我们依据《学校创客空间建设基本要求》建设创客空间、创客基地。

一是建设3类全覆盖式创客空间。1. 基础型创客空间。起初，学校本着整合资源、分步实施、量力而行的原则，将电脑创作、发明创造、三模一电、机器人、手工制作等现有科技项目进行整合，将原有的微机室、科技活动室、综合实践室、数字探究室、社团活动室等功能用房进行适当的布局调整和功能扩充，采用租赁、分期付款、购买服务、PPP（Public-Private Partnership，即政府和社会资本合作）等多种形式，多快好省地完成了学校创客空间基础建设。同时，开设了与学校自身特色相适应、能满足学生身心发展的创客课程，初步培养起学生对创客活动的兴趣。2. 提升型创客空间。学校在基础型创客空间的基础上，进一步拓展空间、精心布局、盘活现有资源，根据实际情况引进和购置适合学校特色课程设置的数字化创客设施和器材，选择开设电脑设计、人工智能、创意制作、影视创作等领域的新的创客课程，满足开展多层次创客教育的需求。3. 引领型创客空间。学校根据实际情况进行认真的规划和详细的方案设计，着力打造工具设备齐全、课程丰富、电子科技感十足的校园创客空间。同时，加强创客课程资源的开发与探索，初步形成具有特色的校本化创客课程体系。以创客空间为平台开展创新性研究，取得创新性成果和专利，形成鲜明的学校创客教育特色。

二是建设区域创客基地。创新投资模式，将学校创客空间升级为区域创客基地。注重创客能力的提升和拓展，输出创客师资人才，展示学校创客活动成果，弘扬优秀创客文化，使之与学校创客空间融合，令创客基地成为区域内创客集聚活动的主要场所。区域创客基地将提供最前沿的科技成果信息，着力提高学生创新能力，组织创客教育社团活动，起到典型示范引领作用。

创客空间的基本要求如下表所示：

领域	项目类型	项目说明	建议配置
电脑设计	电脑创作	按照明确的主题思想，使用电脑和相应软件，运用一定的技术手法进行创作。	1. 用房面积一般不小于标准教室。 2. 满足活动需要的相关软件、书籍、电脑、数位板、工作台、多媒体展示设备。
	程序设计	选用合适的编程语言或图形编程环境进行应用程序设计的项目。	
	3D 创意设计	按照自己的创作灵感，通过 3D 建模软件进行创作。	1. 用房面积应满足学生创客活动需求。 2. 基础知识技术资料、建模软件、切片软件、STL 数据处理软件、电脑、3D 打印机、3D 扫描仪、工作台、多媒体展示设备等。
	VR/AR	VR/AR 互动体验及资源创作的项目。	1. 用房面积应满足学生创客活动需求。 2. 相关开发语言和工具、三维建模软件、书籍、开发手册、虚拟现实显示设备、电脑、工作台、摄像机、多媒体展示设备等。
人工智能	机器人	结合硬件搭建、拼装，通过编写程序来完成特定任务的项目。	1. 用房面积应满足学生创客活动需要。 2. 书籍、创意机器人学习套件、机器人套装、无人机套装、开发手册、工作台、竞赛场地和附属装备、电脑、多媒体展示设备等。
	无人机		
创意制作	创意制造	以开源软、硬件为基础，紧密结合学习和生活，对相应装备进行优化改造和创作的项目。	1. 用房面积应满足学生创客活动需要。 2. 书籍、各类 Arduino 学习套件、互动媒体技术学习套件、Scratch 测控板、小型焊台、传感器套件、3D 打印机、激光雕刻、激光切割、焊接、多功能电钻、多用锯套装、数字示波器、实验室工具套件、电脑、防静电工作台、创客书籍、视频、多媒体展示设备等。
	三模一电	航空航天模型、车辆模型、航海模型、无线电侧向竞赛项目。	1. 用房面积应满足学生创客活动需要。 2. 书籍、工具箱、工作台、多媒体演示设备、橡筋动力模型、手模型风机、火箭模型、弹射留空模型、直线竞速模型、水上任务模型等套材，无线电测向机、发射机、指北针等无线电测套材等。
	手工创作	以木艺、陶艺、纸艺、布艺、书画等为代表的手工创作项目。	1. 用房面积应满足创客学生创客活动需要。 2. 书籍、原料、工具、工作台、展示柜、多媒体演示设备等。
影视制作	微视频	通过创意、编剧、导演、拍摄及剪辑、合成等手段创作视频短片的项目。	1. 用房面积应满足学生创客活动需要。 2. 具备演播室(=40 平方米)，拾音设备、高清摄像机、高性能计算机、混音器、非线性编辑系统。可选三维虚拟演播室、字幕机、题词器等。
	电视专题	以校园生活和社会实践活动为主题，进行校园新闻、专题创作的项目。	
其他	结合学校实际，开设其他特色创客项目，并为之配备相应的功能用房和设备设施。		

3. 创客师资队伍建设机制创新。创客教育是全科综合教育，创客教师是学校创客空间的管理者，同时也是学校创客活动的组织者，历城二中通过机制体制创新建立了强大的创客师资队伍。1. 学校自主造血。找准了创客项目与学科教学有机整合的切入点，遴选了一批创新意识强、综合素质高、技术能力好的优秀教师组建创客骨干教师队伍，以团队的形式指导开展创客教学；有这方面兴趣特长、爱好创客教育的教师主动转型或兼职。2. 购买专业服务。吸纳了高科技产业和高校优秀科研人员到学校兼职，发挥其在示范学习、启发引导、统筹规划等方面的优势和作用，为学生提供必要的引领和帮助，扮演教练的角色。3. 区域统筹调配。承担了多渠道、多形式、多层次的培训，走出去、请进来，不断加强创客团队建设，帮助创客教师提升理论认识与实践技能，切实承担起学校创客教育相关工作。4. 绩效考核到位。积极搭建多种平台，为创客教师提供展示与交流的机会，创客教师的工作量标准、绩效工资标准，参照任课教师标准有关要求执行。创客师资队伍进行走教统一调配、集中使用，以发挥其最大作用。

4.“普惠创客”课程体系建设。学校根据自身实际，系统建立与学生年龄段身心发展相适合的创客课程。同时，注重创客资源和典型案例的积累和整理，融合创新思维方法、问题解决方法等理论知识，结合学校实际，开发富有特色、结构严谨的创客课程系统。

一是普及性创客课程开发。以“普惠价值”和“知识建构”为理论指导，注重融入产业知识，让学生尽早了解产品设计、流水线制造、市场营销、知识产权保护、技术成果转化等产业基础知识。对于普及课程，结合了创客教育活动特点，将创客项目与学科教学有机结合，以学科教学为载体（如：电脑创作、程序设计等项目可以与信息技术课结合，创意智造、手工创作可以与综合实践、科学、美术课结合），形成多学科共同参与的课程机制。对于不易普及的课程，采用了引进改造、自主开发、个性生成等方式，形成小、初、高学段有机衔接、特色鲜明的创客校本或社团课程。

二是主体性创客课程开发。两个课程体系（以发展学生个性特长为目的的“必修＋选修”课程体系，学生全时空参与创客空间活动的“显性＋隐性”课程体系）

双向整体建构起来。必修课程为创客课程“创意与发明”（教材 12 万字）和“趣味科学探究”（教材 15 万字），通识课程为“中国科技史”“外国科技史”“中外科学家传略”“科技馆（科技长廊）”等。选修课程开设了锻炼课程，如创新思维训练、无线电测向、定向越野、航模、机器人、单片机等，以保证学生身心健康为目标的活动和讲座，如生理和心理健康教育、情商教育等，以及环保、地理观察、就业市场调查、知识经济讲座等。选修课实行课程精品化、小型化，推出“选修课程超市”，供学生自由选学。

三是链接性创客课程开发。对接中科院老科学家和科普专家，定期邀请他们为学生做科普报告，引领学生了解前沿信息。老科学家和科普专家们的精心指导对学生创新能力的形成起到了举足轻重的作用。

四是发散性科创课程。学校成立了科技创新协会、科技创新报社、青少年科学院、太阳能电站科学实验小组、星火科技创新社团等学生组织，创办了校报《科技创新报》。吸纳社会资金 500 多万元，建设了 7000 平方米（目前省内最大）的创客基地、4 个制作室和 1 个成果展览室、1 个综合科技活动室、1 个陶艺创客空间共 3 个艺术创客空间，并购买了科技创新活动工具和材料。每周列出 5 个课外活动课时，让学生到工作室自由进行创作实践。

5. 创客教育运作系统研究与实践。历城二中“普惠创客教育”体系，从创新人才必须具有的“创新意识”“创新思维”和“创新能力”三方面素质着手，努力打造具有中国特色的创客教育运作体系，强化教学过程的整体创新：一是创设两类创客空间（物理创客空间和在线创客空间）；二是进行有关创客教育的教师培训；三是实施创客课程并开展相关的创客活动；四是在已经开展创客活动与创客教育的基础上逐步培育创客文化。

课程理论部分的学习主要是通过案例式学习（CBL）来完成，学生每节课都要交一份创意方案（精神创新产品）；创客教育注重各学科知识的整合，注重教育与新科技手段的结合，跨学科进行创新能力的培养，强调行动、分享与合作，集创新教育、体验教育、项目学习等形式于一体，把各学科知识的学习、实践在创客空间中统一起来，让学生在情景中学会综合性学习，在实践中学会解决复杂问题；课程内容体现了创新意识、知识产权意识、创新思维和创新能力的培养。创新能力培养既体现在精神层面（创新意识、创新思维意识），也体现在实践层面（作品）。

创客教师按照课程要求，秉承跨学科学习（STEAM教育）理念，遵循“调研分析，制订方案，动手制造，评估反思”迭代步骤，通过组织规划、学习思考、信息处理、动手操作、沟通表达、团队合作和自我管理等环节，实现主动学习，开展创客活动。

课程实践上一直坚持历城二中耗时十年探索而得并获国家教学成果奖的“个性化思维建构教学”。在创客教育方面，其运用过程主要是通过项目式学习（PBL）来完成，每个项目学生都要上交项目成果（实体创新产品）。所设计的项目任务融合了STEAM教育理念，并且和日常生活探究相结合。通过项目式学习，学生能够锻炼综合运用各学科知识解决问题的能力，掌握正确进行科学研究的方法和流程。

6. 研究型创客竞赛活动探索。历城二中充分利用国家、省、市青少年科技创新大赛、中小学电脑创作活动和省级创客交流展示平台，以及区域层面举办的优秀创客空间、创客校本课程评选和交流研讨活动，提高学校和教师参与积极性。开展多项目、系列化创客竞赛活动，引导师生广泛参与，展示创客成果，分享创客经验，以竞赛带培训，以竞赛促水平。实现竞赛视频直播，发挥融媒体时效性强、覆盖面广、影响面大的优势，扩大创客活动的影响力，营造浓厚的创客文化氛围。

历城二中积极承办全国、省、市、区各级各类科技竞赛活动，包括历城区科技创新成果展示评比活动、济南市中小学创新实践能力大赛学生现场竞赛活动、第三届全国青少年创意大赛总决赛、第四、五、六届全国青少年创意大赛山东赛区选拔赛等，获得各级奖项840余项。学校激励师生实践“处处是创造之地、时时是创造之时、人人都是创客”的“普惠创客”文化。每学期结束时，学校组织科技冬（夏）令营，师生们在营内交流前沿科技信息，探讨科技创新小课题，增进情感。

7. 课题成果的实践迁移与应用。课题研究是深化科技创新教育的有效途径，是转变教师教学方式和学生学习方式的有效途径，也是深入落实创客教育的有效途径。为推动学校创客空间发展，把学生创客活动引向深入，依托中央电教馆教育研究机构，历城二中开展了理论研究、师资培训、资源建设、技术开发、专业咨询、赛事服务等工作。我们建立了学校、教师、学生三位一体的科技创新课题研究体系，申请了科技部、中央教科所课题《中小学生创造力培养案例研究》、中国教育学会“十一五”规划重点课题《发明创新体系的实践与研究》和国家社会科学基金“十一五”规划课题《基于素质教育的劳动技术教育实践深化研究》。2017 年，我们又申请了市教育科学“十三五”规划重点课题《中学阶段创客教育课程体系建设研究》，取得阶段性的成果。

8. 创客课程评价系统的研究与建立。历城二中经系统研究、论证，建立了以知识建构理论为指导的线上、线下评价平台。根据《山东省普通高中课程设置及教学指导意见》的精神，我们在评价中关注学生学习的成长过程，关注学生的情感、态度、价值观，以过程性评价为主。创意方案的评价和项目成果的评价，均采用过程性评价和结果性评价相结合的方式（侧重过程性评价）。过程性评价：创意数量、创意质量、专利数量、作品数量、作品质量、参加科技比赛获奖情况——每一种赋予一定的分数（百分制）。纳入学分认定：学习评价指标按 A、B、C、D 四等作等级评定，A 为优秀，B 为良好，C 为合格，D 为不合格。最终成绩以百分制计算，90 ~ 100 分为 A 等，80 ~ 90 分为 B 等，60 ~ 80 分为 C 等，60 分以下为 D 等。等级评价为 C 及以上的，给予本课程的规定学分。等级评价为 D 的不能获得相应学分。

辅助评价包括：每月创意之星评选、每学期知识产权之星评选、每年科学院小院士评选。并且给予宣传。

上述评价均留下线上、线下的评价信息，让学生在学校里既是课程的消费者，也成为课程的生产者。

知识建构理论的科技应用

学生是在自己的实践中进行自我建构的。当前，知识建构理论作为学习理论的实践先驱，正在教育质量提升的过程中起着愈发重要的作用，而创客具有知识建构理论应用优势。

1. 创客实现了类似科研的以假设引领行动，创客学习过程即知识建构过程。 上述创客的学习过程是从学生提出问题开始的。教师给出方向，学生提出问题，而且是每一个学生都提出问题，大家在自由交流中令核心问题得以聚焦，每一个学生的问题都经历了个性化、公共化、筛选化的过程。科学探究是从假设开始的，因此无论学生的问题是否具有探究的价值，学习都从学生提出问题开始，前提是每个学生都结合问题提出学习假设，这样学习过程就从假设开始了第一步的探究。对于学习而言，学生提出问题所带的强烈的探究与求新欲望，比问题所承载的知识本身更具意义。

信息技术背景之下的学习是一种跟进式探究。无论是自主学习还是讨论学习，都指向了自己的无知领域，学习过程即个体生命的社会化探究过程。简单重复的机械性学习在大数据背景之下是行不通的，特别是学生自己生发出来的课程资源，必然记录着学生自己的学习过程，体现着学生自己的学习兴奋点和切入点。在教师主导、知识学习主导的学习过程里，由于学生的目标与任务指向的是知识本身，学不会的自然需要通过重复学习来加以掌握，然而，由学生主导的学习过程并不是以学会某一知识为根本目标的，因此并不强调简单重复的机械性学习，学生是在新的学习探究过程中掌握知识的。

2. 创客实现了学习过程与学习结果的一体化，创客学习积累即课程建构过程。 在创客学习中，利用数字技术记录下来的学习过程即构成学生的学习成果，而这种成果包含了学生的信息素养、知识素养、人文素养、合作素养。某一学习目的的达到过程是有终点的，而学生的发展却是没有终点的，前者的终点可以称之为成果，后者的终点应该是过程。我们认可在大数据、云计算背景下，学习体现为“过程即成果”。

大数据、云计算背景下的学习过程显然是一个动态发展的过程，大数据促成大数据，螺旋的上升成为可能，也成为一种必然。这种上升的外显性成果体现为学生建构起来的课程，这也符合当前课程开发的学生主体理念。课程不再被视为固定的、先验的“跑道”，而是达成个人转变的通道，是一个过程。课程设计的标准提倡4R，即丰富性（Richness）、回归性（Recursion）、关联性（Relation）和严密性（Rigor）。课程内容不再是固定不变的、序列化的步骤材料。课程组织是非线性的，是师生共同探索新知的发展过程，文本/读者、教师/学生、体验/意识、结论/观念、结果/过程等都构成课程本身。

3. 师生在自主主动的学习过程中相互促进和发展。高中学校课程的必修与选修相结合，学校课程应是一种“云计算”形式的课程。既有平台，又有服务，学生的需要才能得到充分的满足。借助大数据与数字平台，自上而下的课程开发，被教师的课程理解所取代，以理解提供预测；自上而下的课程提供，根据学生的课程需要有所调整，以需要指引服务。

在课程实践中，通过提供课程的云计算服务，搭建课程的云计算平台，让学生体验一个一个完整的课程学习过程。学校将不再以提供课程为核心，而是以课程引领一段教育过程。从服务来看，学校课程是为支持、引爆学生的学习思维而服务的，要让学生提出问题，能够构建学生自己的课程框架；从平台来看，学校课程将是链接国家课程标准、实体的社区社会课程资源，是网络信息资源的综合平台，开放、统整成为学校课程平台的基本特征。

然而，教育不等同于服务，教育的本质里包含着生命对生命的唤醒与引领，教育过程不是学生单一或集体状态下与知识本身的对话，教育中更需要的是激发和生成，这是学校、教师的价值所在。因此，云计算并不能完全颠覆学校教育方式，不可能颠覆师生之间构建起来的教育生命链条。

“普惠创客教育”普及到学校教育深处

今天，在历城二中，“普惠创客”不仅仅是物理、化学、数学、生物等学科的专利，而成了一种具有普适性的学校教育思维方式。大数据突破人的认知思维，高中教育在新的高考与课程时代面临选择性挑战；云计算搭建了无时无刻、无处不在的服务平台，普惠的创客思维将会惠及每一个学生，这也是新的课程改革背景之下的伦理选择。总体来看，“普惠创客教育”促进了学校教育的发展，也成为学校教育行为的一种创新方式。

在历城二中，“普惠创客教育”体系的理论建构与实践探索取得了丰硕的成果，带来了新的思考空间。

1.“普惠创客教育”实践教育成果。在历城二中接受创客教育的学生达 2 万多人，学校共收到学生创意 45 万多份，其中 4168 项获得国家专利；学生在各级创新创意大赛中获得奖励 840 多项，一大批学生脱颖而出，被北京大学、清华大学、复旦大学等国内名校录取；有 100 多位同学被美国麻省理工学院、英国伦敦大学学院、澳大利亚国立大学、新加坡国立大学等世界名校录取。教学成果的实施有了丰硕的成果和回报，这不仅体现在数字上，更重要的是体现在学生的改变上，他们愿意去钻研、去创造、去付出，学生的潜能、思维和智慧得到有效运用，个性、能力和素养得到全面发展。

2.“普惠创客教育”理论创新成果。一是时代教育理论与学校教育本质深度融合的教育思维创新。面对教育的创客理论、知识建构理论、国家创新人才培养理论、优质教育均衡理论、课程改革理论等，历城二中以“面向全体，惠及所有”为思维导向，用“普惠创客教育”体系化繁为简，十年坚持，完成实践落地。

二是优质学校建设与教育服务均衡普及的教育价值创新。历城二中被公认为区域教育质量最好的名校，在新浪举办的“山东省最具综合实力高级中学”网上投票评选活动中连续 3 年荣获山东省第一名。“普惠创客”体系向所有人开放的智慧空间不仅惠及本校学生，也惠及校外学生。

三是以课程承载“普惠创客教育”系统的教育结构创新。从课程系统入手，从创客文化、创客空间、创客课程、创客活动、创客教学、创客师资等方面全面推进，探索出了适合中小学创客教育的路径。

四是校企、政校深度合作下的学校教育发展机制体制创新。校企深度合作、政校良性互动，建立了全科式创客专业教育队伍，人工智能、机器人、编程、机械结构设计等与学科关联的创客教师培训形成系统。

3.“普惠创客教育”社会影响。“普惠创客教育”成果不仅得到师生认可，也得到了社会各界的高度评价，各级媒体给予了宣传推广。学校先后被授予“全国十佳创新型学校”“全国中小学知识产权教育试点学校”“中科院老科学家科普基地”“山东省中小学素质教育先进单位”“山东省青少年科普系列活动先进单位”“中国宋庆龄少年儿童科技发明示范基地”“山东省科普示范学校”等荣誉称号。中央电视台、中国教育电视台、《中国青年报》《光明日报》《中国教育报》、新华网、人民网等各大媒体对学校的科技创新教育进行了全面报道，在社会上引起了很大反响。著名教育家顾明远先生高度评价了学校的“普惠创客教育”，并亲笔题词：“教书育人楷模，创新创意先锋”。中央电教馆副馆长丁新称其“是中国创客教育的样本和典范”。

附：部分“普惠创客教育”校本课程示例。

第一章 光影之绚——光学

第一部分：光学基础知识与原理

光的反射、光的折射、光的全反射、薄透镜、光的干涉、衍射和偏振、光的色散与合成、光学错觉现象与原理、立体成像

第二部分：光学科技展品介绍

穿墙而过、光学转轮、空中成像、深浅色吸热、同自己握手、普氏摆、动态视觉差、光的干涉、光纤空间造型、魔箱、画五星、天上来水、电影原理、忽隐忽现、你中有我、影子手、颜色体验台、笼中鸟、菲涅尔透镜、三角形测身高、腾空而起、镜子迷宫、万丈深渊、立体万花筒、隐身人、歪手投篮、消失的人影、眩光隧道、无弦光琴、变角多项镜、哈哈镜、光压风车

第三部分：光学拓展制作实验

恐龙眼镜、立体图像、随着目光移动的画像、笔帽套不上、单眼摸纸条、3D 眼镜制作、水中燃烧的蜡烛、水杯放大镜、潜望镜、奇妙的万花筒、奇妙的球链、三色陀螺、视觉大挑战、手心上的圆洞、蔚蓝的天空、小孔眼镜、小孔成像、逐步亮起的像、分光镜、弯曲的光线、烧不破的气球、光的合成、魔幻彩筒、光的色散

第四部分：光学优秀教学案例

神奇的 2D 变 3D

第二章 声音之韵——声学

第一部分：声学基础知识与原理

声音与声波、声音的频率、声音的强度、驻波、轮胎驻波、音爆、声音的传递方式

第二部分：声学科技展品介绍

雪浪声波、鱼洗、空中排箫、超声波测身高、声聚焦、声波看得见

第三部分：声学拓展制作实验

骨传导、会发笑的杯子、声音灭火、声音三明治、双耳效应、水瓶萨克斯、嗡嗡叫的蜜蜂、简易电话、自制听诊器、神秘的声音、火焰舞蹈、神奇的钢管、火焰驻波

第四部分：声学优秀教学案例

美妙的声音

第三章 电磁之妙——电磁学

第一部分：电磁学基础知识与原理

电磁感应、楞次定律、居里点、温差发电（热电效应）

第二部分：电磁学科技展品介绍

半导体制冷、空调原理、静电摆球、手不能抖、手摇发电机、静电转轮、太阳能发电、磁悬浮地球、雅各布天梯、跳跃的铝环、旋转的银弹、辉光球、仿真雷电、电磁加速、弯曲的光线、磁阻尼、磁力碰碰球、电子鞭炮、动手串并联、柔和电击、发电机与电动机、发电转盘、温差发电、急速制冰、静电离子风、无线输电、发电自行车、音乐特斯拉放电、法拉第笼、怒发冲冠、电磁炮、地球磁场

第三部分：电磁学拓展制作实验

铅笔芯电灯、没有灯丝的灯泡、自制检波器、手眼协调游戏、简易发报机、简易电磁起重机、居里效应、锡纸生火、自制纸杯扩音器和麦克风、神奇的断线耳机、迷你电磁列车、跳舞的机器人、无线输电、无形的转力、自制吸管小台灯、小小电动机、电动秋千、电动机的风铃、地球磁极模型、悬浮笔、电疗机、心灵感应线圈

第四部分：电磁学优秀教学案例

神奇的地球磁场

第四章 运动之律——力与机械

第一部分：力与机械基础知识与原理

虹吸现象、伯努利效应、大气压强、神奇的表面张力、重心与质心、寻找重心的方法、杠杆原理、单摆及摆动周期、摩擦及自锁、做功、平衡与稳定、应力与强度、曲率、碰撞、惯性、52 种机械结构

第二部分：力与机械科技展品介绍

准确通过、曲柄连杆、螺纹传功、凸轮传动、差动轮传动、行星轮传动、涡轮蜗杆传动、伞齿轮、齿轮齿条传动、直齿轮传动、拱桥、过山车、平衡骑士、汲水鸟、离心力与摩擦力、机械联动 1、越吹越近、水漩涡、看谁滚得快、圆变椭圆、往上滚、机翼升力演示仪、虹吸喷泉、欹器、比腕力、拿得起放得下、气流投篮、循环小球、蛇形摆、气流炮、作用力与反作用力、滑轮组、机械联动 2、胜负已定的拔河、水的表面张力、龙卷风、流态万千

第三部分：力与机械拓展制作实验

惊心的单摆、杯子吸水、玻璃火箭、不易洒的水、超级大泡泡、穿过玻璃瓶的气流、马略特瓶、恒压喷泉、逆风行车、浮针、火柴火箭、火箭发射器、火焰不透网、空气的质量、毛细现象、迷你船、迷你潜水艇、被气压扁的铝罐、巧吹粉笔头、认识能量、神奇的罐子、物体的惯性、吸管离心机、橡皮筋手枪、旋转喷水瓶、旋转降落的小飞机、烟圈发射器、一纸托水、一指神功、硬币浮在水面上、蒸汽反冲小马达、纸杯旋转灯、用纸盒烧水、动物爬绳、乒乓球投篮、无处藏身、以小称大、旋转水杯、巧找平衡、单转魔石、粉尘燃烧、橡皮筋动力车、气球动力小车、空气阻力管、越障车、水杯拿球、木牛流马、投石车、烟雾瀑布、小纸拿大纸、混沌摆、升降转轮、巧取纸片、最小表面积、浮力定律、掀不动的报纸、水瓶气炮、公道杯、巧拿钉子、有趣的陀螺、听话的轮子、空气动力吸管、不倒翁小车、空气涡流炮、酒精大炮、书的力量、水吸球、共振摆、平衡鸟、听话的圆筒、简易吸尘器、神奇的水瓶、冰糕棍大爆炸、趣味拱桥、飞旋的纸圈、旋转的纸飞机、漩涡模型、机灵鬼下楼梯、地震波演示器、液化现象、简易火箭、火箭打靶、自动上升的水、有趣的沉浮、水流控制、神奇悬挂、不倒的铅笔、飞旋的气球、悬崖勒马

第四部分：力与机械优秀教学案例

伯努利效应与生活

第五章 数学之魅——数学

第一部分：数学基础知识与原理

概率、正态分布、大数定律、排列、组合、拓扑学

第二部分：数学科技展品介绍

二进制编码、圆柱与圆锥、猜生肖、八皇后、正交十字磨、最速降线、莫比乌斯带、勾股定理、熊猫走直线、双曲狭缝、概率曲线、百发百中、水抛物面、世纪幻方、梵天塔、九连环、华容道、直轨方轮车、无规则摆动

第三部分：数学拓展制作实验

莫比乌斯带、宝石棋游戏、梵天塔、七桥问题、旋转的陀螺、掷骰子、赛马游戏

第四部分：数学优秀教学案例

拓扑数学与想象力

第六章 化学之谜——化学

第一部分：化学基础知识与原理

化学元素周期表，化学基本概念，身边的物质，H2、O2、CO2 的实验室制法，溶液，酸的知识，常见的碱，盐的知识，食品中的有机物，化学与社会发展

第二部分：化学科技展品介绍

分子运动模型、手蓄电池、与门捷列夫对话

第三部分：化学拓展制作实验

不怕烧的棉线、吹不灭的蜡烛、刀砍黄纸、发射小火箭、魔法粥、热炉、海底世界、会变魔术的字、火山喷发、火外生枝、火焰圆舞、净水神功、可乐消失、魔棒点灯、纸条消失、能沉浮的衣扣、能吹气球的瓶子、茶魔术、烧不着的布、点不着纸的火、神奇的墨水、消失的字、多变的花、棉线灰悬针、水果钟、雪球燃烧、寻找指纹、用 CD 唱片吹泡泡、单细胞有机体与磁场、降温比赛、提取植物中的 DNA、提取鸡肝中的 DNA、棕色叶子中的叶绿素、感官适应能力

第四部分：化学优秀教学案例

趣味化学

从艺术到审美的教育大格局

历城二中迁到新校区后，专门规划出一栋楼打造“闻韶艺术馆”。逐步开设乐理课、舞蹈课、艺术赏析课等“普惠性”艺术课程；成立艺术团，下辖国乐团、舞蹈团、合唱团三大社团；外聘专家培养学业优秀、有艺术专长的学生，别人在校外培训机构上一节艺术课的学费动辄数百元，而历城二中的学生如今在校内就可免费接受高水平的艺术教育。

中央音乐学院前副院长周海宏教授曾提过一个核心词——“感性文明”，感性文明的核心来自艺术教育。从艺术角度来讲，即要重视艺术，提高感性认知水平。我们在重视物质文明、精神文明、制度文明、生态文明建设的同时，还应该重视感性文明，这是我们创建艺术教育、创造教育大格局的一个出发点。

艺术是更高层次的素养

优质的学校会注重学生、老师的审美修养水平。艺术教育搞得好，学生才会有高素养，老师才会有气质。历城二中非常重视审美对人的由内而外的持续的影响力。

以音乐与美术为核心的艺术教育，其关键在于与人的相遇。当音乐遇到了人，人遇到了音乐，学习就发生了：

子在齐闻《韶》，三月不知肉味，曰：“不图为乐之至于斯也。”（《论语·述而》）

子谓《韶》：“尽美矣，又尽善也。”谓《武》：“尽美矣，未尽善也。”（《论语·八佾》）

如果孔子没有听到如此尽善尽美的音乐，大概不会产生“兴于诗，立于礼，成于乐”的判断。但有时候，有了尽善尽美的音乐，还需有共同的理解者：

伯牙鼓琴，志在高山，钟子期曰：“善哉，峨峨兮若泰山！”志在流水，钟子期曰：“善哉，洋洋兮若江河！”伯牙所念，钟子期必得之。子期死，伯牙谓世再无知音，乃破琴绝弦，终身不复鼓。

俞伯牙和钟子期的故事几乎人人皆知，耳熟能详：高山流水，伯牙绝弦，美到极致也悲到极致。在音乐与心相遇的那一刻，天籁之音与心底绝唱构筑了一种独特的音乐语言。而北宋时，大众俗世也曾“凡有井水处，即能歌柳词”。为什么在不同的时代、不同的文明里，总是有音乐产生并与人类相随呢？这就涉及音乐“是什么”与“为什么”的问题。音乐是什么呢？

凡音之起，由人心生也。人心之动，物使之然也。感于物而动，故形于声；声相应，故生变；变成方，谓之音；比音而乐之，及干戚羽旄，谓之乐。（《乐记》）

诗言志，歌永言，声依永，律和声。八音克谐，无相夺伦，神人以和。（《尚书·尧典》）

音乐起于心，感于物，应于声，并且形于器，可以说是道器一体、形神一致。

那么，音乐的价值在哪里呢？

凡音者，生于人心者也；乐者，通于伦理者也。是故知声而不知音者，禽兽是也；知音而不知乐者，众庶是也。唯君子为能知乐。是故审声以知音，审音以知乐，审乐以知政，而治道备矣。是故不知声者不可与言音，不知音者不可与言乐，知乐则几于礼矣。礼乐皆得，谓之有德。

《乐记》中的这段话很长，但是很好理解，文中将音乐的层次归为“禽兽之音”“众庶之音”“君子之音”。君子之音是什么？坐在维也纳金色大厅里听的就是“君子之音”？几千元一张票听的就是“君子之音”？显然也不见得。音乐学习与“先学做人”的“人”相关，与“尽善尽美”相关，这是历城二中音乐教育中的“本分”。

再来说一说另一门艺术学科——美术。历城二中的美术学习是师生亲近大自然的艺术之旅：开放的画室，优秀的美术老师，与月度教育主题紧密相扣的教学设计，将传神、传声、传情、传艺综合起来的活动设计；国画的意境、油画的质感、雕刻的精微、沙画的动态、陶艺的立体、书法的厚实、摄影的光影、设计的鼓荡都在学校的美术课上浮现出来，构成了同学们美好的美学世界。

近代西方文艺复兴中一批艺术巨匠的成就是人类文明史上浓墨重彩的一笔，这一时期的艺术辉煌显然不仅仅是艺术内部发展的成果，而是融合了思想解放、宗教改革、科学创新、文学开创的综合成就，而数学、解剖学、几何光学、天文学、物理学的发展，也为艺术编织出了融合思想、人性、美、技艺、创造的发展空间。如此看来，艺术并不仅仅由艺术技法构建。懂得画画，不一定懂得艺术。所以，历城二中的美术学习强调对人间大美的“痴”、对自身生命状态的迷恋，而不是对美术作品创作的“欲”。这样，学习就乐在其中了。

历城二中美术的“造型·表现”是指运用多种材料和手段，体验造型乐趣，表达情感和思想。历城二中美术的“设计·应用”是指运用一定的物质材料和手段，围绕一定的目的和用途进行设计与制作，传递、交流信息，美化生活及环境，培养设计意识和实践能力。历城二中美术的“欣赏·评述”是指学生对自然美和美术作品等视觉对象进行欣赏和评述，逐步形成审美趣味、提高美术欣赏能力。历城二中美术的“综合·探索”是指通过综合性的美术活动，引导学生主动探索、研究、创造以及综合解决问题。

所以，学校的美术学习是一种生命状态，意味着每一位学生的独立创想与创造；也是一种道德领悟，是学生对美的追求与向善的精神的同步成长；还是一种积极的情感体验，就像学习其他学科一样，学生学习美术时也需要积极投入。

在艺术教育的熏陶下，历城二中的学生培养出了大方有礼的气质，每每给人留下良好的印象。

审美的教育才是持久的

我常常对老师们说：“我们要为每一个学生搭建发展阶梯，提升艺术素养，让他最终找到适合自己的舞台。”

如今，迁入新校区的历城二中欣欣向荣。尤其是各类超一流场馆设施的建成，也为学校发展特色教育提供了有力保障。艺术馆里，现有高标准琴房 30 间，器乐排练厅 4 个，近 200 平方米的现代化舞蹈房 5 个，专业合唱排练厅 3 个，配备多媒体教学设备的音乐教室 7 个，钢琴 50 余架，以及一个能容纳 1500 人的剧场。学校还有陶艺馆 1 个、美术工作室 6 个、书法教室 2 个。“学生们学习累了，可随时到琴房弹琴放松，舞蹈团、国乐团、合唱团也有了更宽敞、更专业的排练厅。”“高大上”的艺术馆也成了各级领导嘉宾来校参观的必到场所，每一次给大家当“讲解员”时，赵立秋老师都充满了骄傲与自豪。

另一方面，陶艺馆的落成也让陶艺老师宋宝有了“自留地”。宋老师对陶艺馆的装饰比对自己家的装修都用心。陶艺展厅里，摆放着师生们的作品，有色彩精美的陶盘、造型各异的花瓶、栩栩如生的人物、憨态可掬的动物等。走廊里，有棱有角的陶瓷柱子、个性张扬的陶瓷塑像……陶瓷那质朴的色、凝重的材、灵动的韵与历城二中的人文特质巧妙融合。学校还对图书馆、教室、宿舍、长廊等都进行了装饰和美化，让学生能身处艺术文化氛围中，受到良好的艺术熏陶。

1. 学生不出校门即可欣赏顶尖演出。学校斥巨资建设了一流的艺体场馆，不是让其成为“摆设”，而是要真正发挥它的作用。在历城二中，艺术课并没因考试复习而停课，每一节艺术课学生都在期待和满足中度过，乐在其中，场馆和器材的利用率达到了100%。以前受场地设施等限制，很多赛事活动和演出学校都无法承接，现在硬件完善了，越来越多的专业团队陆续走进学校，学生不出校门就能欣赏各类顶级演出。

2019年3月28日，甘肃歌舞剧院的演员们携中国经典舞剧《丝路花雨》走进历城二中。大漠孤烟，长河落日，丝路驼铃，飞天乐舞，敦煌艺术美轮美奂，撼动了二中学子的心灵。4月26日晚，历城二中师生期盼已久的“2019顶尖舞者进校园”活动如约而至，2013年《舞林争霸》全国总冠军张傲月，CBDF全国锦标赛职业新星冠军夏天、曾聪等国内著名舞者悉数登场，为师生带来了一场流光溢彩的视觉盛宴。5月25、26日，由中共山东省委宣传部、山东省文化和旅游厅、中共临沂市委联合出品，山东歌舞剧院创作排演的大型民族歌剧《沂蒙山》走进校园，初中部、高中部的学生及老师观看了演出。两天之内4场演出，艺术馆大礼堂场场座无虚席。

在我看来，艺术教育是学校教育的核心学科，缺乏基本的艺术知识和技能的教育决不能称为真正的教育，没有艺术的教育也是不完整的教育。如果轻视艺术教育，学生将会长期生活在“灰暗”与紧张的学习和生活中，改变这种灰暗与紧张的状态是艺术教育的目的和责任。

2. 一支“走火入魔”的师资队伍。“历城二中的学生很拼，老师更拼。”这是很多人对历城二中的认知和赞美。大家口中的“老师”并不单纯地指语、数、外等主科老师，艺术老师也是把职业当事业的一员。音乐老师赵立秋就是其中之一。她16岁才开始接触舞蹈，却从此一发不可收拾。她不仅自己刻苦练舞、编舞，大学毕业被分配到历城区鸭旺口小学后，更是立志要让“零基础”的农村孩子登上大舞台。在赵老师的培育下，农村娃们后来站在了山东省大剧院的舞台上，他们所表演的《喜鼓》《激情奥运》等舞蹈让评委和观众赞不绝口。

因为工作需要，赵老师被调入历城二中。学校浓郁的文化氛围以及师生勤勉敬业的精神深深打动着她，也正是这种氛围让她不断产生灵感。伴随着师者与舞者的责任和使命，她开始用舞蹈的形式传递力量。在学生们眼中，赵老师既是“严师”也是“慈母”。她带舞蹈团训练时特别严格，学生们甚至都有点怕她，可走出排练厅，学生们都亲切地喊她“赵妈”。在专业上，她努力给学生创造平台与机会，以身作则，向学生传递满满的正能量；在生活中，她舍小家顾大家，用爱心、耐心、细心呵护着学生们的成长。专家们说：赵老师就是个拼命三郎！老师们说：赵老师是我们的榜样！

这些年，赵老师把所有的爱都倾注在她的舞蹈教学中。功夫不负有心人，她带领学生连续 4 届参加山东省中小学生艺术展演都获一等奖，舞蹈作品获济南市政府最高奖——泉城文艺奖、省政府最高奖——泰山文艺奖。她本人多次被评为“山东省优秀辅导教师”“济南市优秀教育工作者”，舞蹈社团被评为“济南市十佳社团”。

和赵老师一样，其他艺术老师们个个干劲十足。艺术教师在课题及科研方面不逊于主科教师，他们很有思想，成绩也很突出。每年的年度考核，艺术教师都占一定的优秀比例。每年举行的“优秀教师”“巾帼建功先进个人”“十佳青年教师”等表彰活动都有艺术教师的身影。比如，宋宝老师获全国优质课二等奖，美术作品入选山东省新人新作展；左斌老师获山东省音乐优质课评比一等奖第一名；李娜老师获山东省美术优质课评比一等奖第一名；刘锦老师获山东省第五届中小学音乐教师基本功比赛一等奖；田玉坤老师荣获“山东省优秀指挥”“山东省优秀辅导教师”称号。

3. 在玩泥巴中塑造优秀品格。众所周知，历城二中有“3 张名片”：科技创新教育、陶艺教育和艺体教育。原本应该属于艺体教育序列的陶艺，缘何能脱颖而出，在学校特色教育中占有一席之地？最初，学校要求艺术教师发挥个人特长，每人开发一门校本课程，汇总成艺术类校本课程菜单，然后由学生自主选择。而宋宝老师的陶艺课深受学生喜爱，选课的学生越来越多。于是，2005 年，历城二中把陶艺教育作为素质教育的突破口，与山东艺术学院合作，在全市率先将陶艺纳入正常的课程教学体系，建起了陶艺楼，设置了陶艺室、展列室、材料室、烘干室、窑炉等，还编写了校本教材、陶艺画册，让学生系统地接受陶艺文化的熏陶。已经考入山东财经大学的肖伟说：“我非常喜欢母校的文化氛围，尤其是陶艺课，觉得这种氛围让人变得细腻、认真，会让我终生受益。”

把陶艺这类小众的艺术发扬光大，并最终做成特色品牌，对此我们有自己的想法。在我看来，学生们捏泥巴的过程是一次次演变、细化，不断求异、求新的过程。自由的陶艺课，可以让学生主动探索，大胆创新，体验成功。我们开设陶艺课，并不是要培养艺术大家，而是要通过这个过程为学生的发展搭建阶梯。对于育人而言，塑造良好的品格远比艺术创作更有价值。

4. 多彩社团助学生多元发展。艺术教育不能仅局限于课堂上老师的教授，更应该让学生通过丰富的活动提升艺术素养。为此，学校借助学生社团这一有效抓手，建立并逐步完善了以社团为龙头的学生自主管理模式。学校改变了过去的兴趣小组模式，以级部为单位，组建学生社团，健全每个社团的组织机构、人员职责、活动方案、训练项目等，不仅为学生社团提供活动场地，还定期组织社团展示，对优秀社团进行表彰奖励，学生们的积极性和创造性一下子被激发起来了。更值得一提的是，历城二中专业艺术团自成立以来，发展充满活力，生机勃勃。舞蹈团、国乐团、合唱团三大团队师生已达 300 多人，师资雄厚，策略高远，多次承办专业的汇报演出，近几年的成绩更是硕果累累。在历城二中校庆 60 周年的文艺演出中，三大团队以骄人的姿态向全校师生展示了一场艺术的视听盛宴，丰富多彩的节目展现了学校素质教育成果，展示了师生良好的精神风貌。艺术团用实际行动诠释了“人生在勤，志达天下”的校训精神和对二中的热爱。

2019 年 1 月 4 日，历城二中新年音乐会在闻韶艺术馆隆重举行。省市区相关领导、友好单位、家长代表及全区区直学校、教办负责人、全区音乐教师，与历城二中全体师生共同观看了国乐团师生带来的精彩演出。12 首经典作品深入人心，展示出泱泱大国的文化辉煌，体现了二中人的精神传承与信仰追求。通过学校的艺术教育和丰富多彩的团队活动，越来越多的学生喜爱艺术，痴迷艺术。每年从历城二中考入中央美院、清华美院、中国传媒大学、武汉大学、中国音乐学院等知名学府的艺术人才比比皆是。

如今的历城二中，用多彩的特色课程和丰富的社团活动改变了大家对学校“只会让学生埋头书海”的传统认知，三大教育特色“名片”既提升了学生的艺术素养，塑造了其坚毅品格，又为其未来发展奠定了良好基础。二中的艺术教育工作呈现出蓬勃发展的新局面，也为学生的学习和生活增添了无限的绚丽色彩。

让艺术审美像呼吸一样自然

历城二中现有音乐教师近 30 人、美术教师 10 人。各级部成立了备课组，由备课组长组织组员备课，能做到每课一教研，上好每一堂课，积极讨论，集思广益，初高中统一管理。每一个老师都全力以赴为学校、为学生服务。学校集团发展化，努力与分校做到统一管理和发展。安排有经验的教师到分校跑课，统一标准，明确任务，积极对接。目前本校已经安排了 3 位音乐教师、2 位美术和书法教师在固定时间到分校上课，尽力做到教师资源优化和共享。制定测评方案，研发校本课程，开展艺术大讲堂。根据《山东省中小学生艺术素质测评指导意见》，制定了学校的艺术测评方案。学校除了正常开设音乐课、美术课，对学生进行课堂跟踪和评价之外，还不断地开发和完善校本课程，在初一开设钢琴、书法必修课，初二开设陶艺必修课。定期举行艺术大讲堂，用别样的课堂加强学科之间的交流，对学生进行艺术的熏陶。积极组织教师外出学习，提高教师业务水平；本校也多次承接市区业务培训，积极为市区活动做贡献，并且鼓励教师名师送教，宋宝、田玉坤两位老师作为名师人选，坚持到唐王送课，其他专业老师也定期受邀到周边小学进行指导。

为了让艺术植根学生的内心，历城二中实施了多项举措。

一是克服困难，坚持社团的常规训练。为丰富校园文化生活，发展学生的兴趣与特长，促进学生的全面发展，我校开展了舞蹈、国乐、合唱、钢琴、陶艺、书法等各项社团活动。利用每天下午大课间积极有效地坚持训练，用周末和假期集训，为喜欢艺术的学生、坚持梦想的老师搭建属于自己的平台。

二是“把艺术家请进课堂”，借助外部优质资源扩充学校的艺术师资队伍，让学生在每一个艺术领域都能得到最专业的指导，提升审美能力。艺术教育师资由两部分构成，一是校外专家，由国内艺术教育知名专家组成，二是本校专职教师队伍。两者共同组成艺术教研团队，在专家的指导下，统一研发、实施艺术教育课程，统一组织指导学生社团和演出活动。本校专兼职教师队伍庞大，包含声乐、器乐、舞蹈等专业，结合教师专业背景进行明确分工，为艺术课程的开展和实施打下了坚实的基础，让学生享受最专业的培养。

三是开展“高雅艺术进校园”的活动，让学生足不出校就能感受到艺术的魅力。学校邀请省内各大优秀艺术团体来校组织开展演出活动，以高雅的经典剧目为主要演出内容，以京剧、戏曲、交响乐、民族音乐、民族歌舞为主要演出形式，把优秀的艺术作品带进校园，丰富校园文化生活。自 2017 年至今，已有 17 个专业团队陆续走进历城二中，让二中的学生们有了一个更好地亲近艺术、聆听大师、提升艺术素养、感受艺术魅力的平台。

四是诚心、精心面向社会做公益艺术教育。每周日下午 2:00—5:00，学校提供场所、师资进行专业的团队训练和指导。自公益团成立以来，内强素质，外塑形象，定期举办大师公开课，让我们的团员在与音乐家们面对面的交流中进步、成长。用二中的师资以点带面，涉及更多的领域和范围，给更多热爱艺术的孩子提供更专业、更贴近、更实际的受教育机会。

五是坚持举办学校的五四青年节文艺演出、国庆班级合唱节，并承办了历城区舞蹈、器乐、合唱专场比赛，历城区艺术节展示、山东省中小学生艺术节专场等演出活动，努力协调，积极组织，受到领导和同仁的一致好评。

六是成立二中艺术团——坚守初心。2017 年 5 月 13 日，学校正式成立了二中艺术团，并承办了一台专业的文艺演出，舞蹈、国乐、合唱三大分团近 300 名师生为大家带来了精彩纷呈的艺术盛宴。学校还诚邀各界艺术家为学生进行指导，为有特长和喜欢艺术的学生搭建高层次的展示平台，促进学生创新精神与实践能力的精准提升。

七是内部培养，解决教师后顾之忧。在学校领导的支持和帮助下，我们组织专业教师利用周末和节假日对教师子女进行艺术培养，人数达到 121 人，解决了老师们的后顾之忧，增进了感情，加强了交流，也为我们的专业团队培养了后备力量。

在全体师生的共同努力下，学校艺术教育取得了骄人的成绩。

舞蹈团：

2010 年，《稼轩情怀》获山东省第三届中小学生艺术展演一等奖、全国第三届中小学生艺术节展演二等奖、泉城文艺奖。

2011 年，舞蹈《春蚕》获济南市舞蹈比赛一等奖。

2012 年，舞蹈《出发》获济南市艺术节舞蹈类一等奖。

2013 年，舞蹈《梦荷》获山东省第四届中小学生艺术展演一等奖、泰山文艺奖。

2014 年，舞蹈社团获济南市"十佳社团"称号，改编作品《岁月如歌》获山东省舞蹈大赛一等奖。

2015 年，原创作品《清荷伊人》获山东省第五届中小学生艺术展演一等奖。

2017 年，改编作品《八女投江》获山东省舞蹈大赛一等奖。

国乐团：

2011 年 11 月，获济南市中小学文化艺术节表演一等奖。

2012 年 12 月，获济南市中小学生艺术展演表演一等奖。

2014 年 10 月，获山东省中小学器乐大赛第一名。

2015 年 12 月，获济南市原创作品大赛一等奖第一名。

2017 年 1 月，参演济南市中小学生新年音乐会。

2017 年 10 月，获济南市中小学器乐大赛第一名。

2018 年 1 月，获山东省中小学生器乐大赛一等奖。

合唱团：

连续在 2014 年、2016 年、2018 年举办的山东省中小学生合唱比赛中获一等奖。

2018 年 6 月，获山东省合唱节济南市专场一等奖。

历城二中将继续遵循“以先进文化引导人、以高尚情操塑造人、以优秀作品鼓舞人”的指导思想，以“打造特色校园文化品牌”为目标，促进二中艺术文化发展，积极践行“为每一位师生搭建发展的阶梯”的办学理念，以艺术和科学搭建学生的精神家园，坚守教育的规律，走向创新的未来。

07

第七章

勤志服务，“影响力”担当名校公共大义

二中勤志服务故事：

下面是从历城二中教育集团走出的高玉岱校长的教育故事。

为了探索普通学校成长为优质学校的发展规律，进一步验证历城二中和稼轩中学的办学模式是否具有普适性，能否复制。我多次向教育局领导申请，到普通学校进行实验，教育局领导支持我的想法，先后安排我到万象新天学校和唐冶中学担任校长。这两所学校都是区域内的普通学校，学生学习基础薄弱、习惯不好、厌学情绪严重，师资以年轻教师为主、缺少骨干教师。

我以在历城二中以及稼轩学校的经验来开展德育工作：把德育融入到学生的日常生活中，润根育心。我提出熏陶式德育的理念，构建“活动育人、课程育人、环境育人”的德育教育模式。结合学生年龄特点、兴趣爱好，设计开发了系列活动，并对活动的意义、内容、形式和时间进行了精心设计，形成年度活动、月度活动、日活动。十大年度活动有：五四朗诵大赛、迎国庆合唱比赛、励志演讲大赛、体育

节、风筝节、科技节、读书节、冬季“一二·九”长跑、英语晚会、步行10千米参观地震博物馆。月活动有：疯狂英语背诵大赛、单词大赛、书法大赛、诗词背诵大赛、集体舞大赛。日活动有：每天上、下午课前一支歌，班级宣誓，10分钟演讲，10分钟书法，30分钟电视新闻。学生在活动中体验，在体验中逐步养成良好的思想品德和行为习惯。

设计开发艺术人文育人课程，开设多门艺术课程，学生至少学习一门艺术课程，并营造时时充满乐声、处处都是学生作品的校园氛围，通过艺术教育启迪智慧、以美辅德。打造优秀作品和经典课程，学校精选60篇优秀文章、30部名著，组织学生分学期在3年内读完，并组织读书交流、演讲、辩论活动。在优秀电影欣赏课程中，学校组织师生反复讨论，并争取专家意见，选定30部优秀电影，每月组织学生看一部电影并写观后感。这些课程滋润了学生的心灵，使学生的行为习惯和精神面貌发生了显著变化。同时，还开设新时代大讲堂，每周设定一个主题，每次持续一个半小时，共包括理想、纪律、规则、信任、感恩等16个专题。运用丰富的视频、图片、故事资料，对学生进行社会主义核心价值观教育和成人成才教育，开阔学生的视野，丰富学生的内心世界。

为了培养学生的好习惯，在新生入学的第一个月开展习惯专项训练：在卫生、纪律、课堂、作业、行为等方面按照详细的训练内容和方法逐项进行训练，直到学生形成好习惯为止。良好的开端为整个初中学习生活奠定了坚实的基础。

勤志服务思考：

历城二中历经60年风雨，伴随着近20年以来素质教育、课程改革、高考改革的推进，脚踏实地、锐意创新，不忘初心、砥砺前行，积累了丰富的教育改革创新与优质教育发展经验，积累了成熟的学校组织与架构建设、学校管理与制度建设、学校课程与教学建设、学校师资与育人模式建设经验。“近者悦，远者来。”历城二中的周边也形成了良好的社会生态，每年来校学习者络绎不绝。在社会需求越来越强烈、开放性办学条件日益成熟的前提下，如何发挥学校的办学优势，让名校的社会公共影响力增值，是学校面临的未来话题与未来使命。作为全国“领航校长”，我如何以历城二中的成功经验为依托领航教育，也是一个现实性的教育任务。

2017 年 9 月 24 日，中共中央办公厅、国务院办公厅印发的《关于深化教育体制机制改革的意见》中指出“要完善高中阶段均衡优质发展的体制机制”，特别明确了“改进管理模式，试行学区化管理，探索集团化办学，采取委托管理、强校带弱校、学校联盟、九年一贯制等灵活多样的办学形式”。2017 年 12 月，中共济南市历城区委办公室、济南市历城区政府办公室印发了《关于进一步深化历城区教育集团办学体制机制改革的实施意见》，并成立了“全区深入推进历城二中教育集团办学体制机制改革领导小组”，领导推进历城二中教育集团办学工作。根据区委区政府文件精神，经教育局多方论证和统筹设计，决定以历城二中及稼轩学校名校系统为范本，整合资源，构建山东省济南市历城二中教育集团。历城二中开始走向产生良好社会影响的大道。

集团化办学不是一个新鲜事物，从美国的常春藤联盟，到中国基础教育的“名校辐射弱校”等不同模式都是集团化办学的示范，而历城二中教育集团要走的是更为专业、更具黏性、更具时代性的教育发展之路。

以“示范·迁移·应用”来实现教育价值增值

集团化办学能最大限度地释放优质教育资源的均衡与共享，是一种以契约为纽带，通过优势互补或以强带弱的方式，建立起大规模、多层次的组织形态，增强优质教育资源的辐射力，推进教育资源优质均衡发展的再生模式。

历城二中教育集团以党和国家教育方针精神为指导，紧密结合历城区社会、教育发展实际，以推进教育均衡发展、加快区域教育现代化、让人民群众享受到家门口的优质教育服务为目标进行设计。

教育集团的意义与价值实现

历城二中教育集团体现优质教育资源共享的基本理念，从二中模式到二中集团模式，创造性地实现公共教育价值的再现。其基本意义与价值体现为以下几点：

1. 实现名校优质教育资源的均衡动态配置。充分认识历城二中在基础教育，特别是在高中阶段优质教育发展中的地位和价值，总结、提取历城二中在办学体制机制改革中积累的成功经验，深入挖掘学校办学过程中积累的优质教育资源，通过集团办学的方式，发挥龙头作用，让历城二中的名校影响力得以拓展，优质教育资源得以辐射和迁移，实现区域内优质教育资源的相对均衡分布和稳步动态配置。

2. 实现名校教育组织架构社会性迁移。基础教育发展要适度打破围墙效应，让真正具有可推广性、可迁移性的本地优质学校在组织架构上得到拓展空间。历城二中在济南市，乃至山东省的基础教育体制机制改革，特别是在素质教育实践中具有领先性。历城二中教育集团的模式赋予集团学校更多的自主办学权利，解放了人、财、物、事权，让束缚学校发展的行政性、组织性问题得以解决，释放了学校办学活力，建立起上下贯通、左右互联的大教育组织模型。

3. 实现名校区域公共教育责任的担当。历城二中教育集团的建立，激活学校内部单一流通的优质教育资源，让更多的名师、教育模式、管理经验走向更广阔的教育空间，真正让学校承担起国家社会事业的公共责任，名校区域的社会价值得到扩展。历城二中教育集团特别强化 12 年一贯制教育体制的扩展，将会对历城区、济南市，乃至山东省内外的教育优质均衡、高位均衡起到促进作用。

4. 探索前瞻示范性集团教育的“历城二中模式”。集团化办学从大学到基础教育逐步得到认同，但不可否认，在先行的许多学校里出现了资源稀释、校际同质、名存实亡、利益纠缠等现实问题，历城二中教育集团将以整体、严密的规划为起点，以过程性的精细化管理为保障，以阶段性的反思论证为机制，深入探索符合中国教育国情的、对基础教育以及基础教育集团化办学真正起到促进作用的“历城二中模式”。

教育集团价值实现的优势

集团化办学的基本特征决定了集团化办学的突出优势。历城二中基础教育集团化办学的主要优势有：

1. 行政支出减少，资源流动成本小。集团化办学，尤其是对独立法人的教育集团而言，从办学理念、管理模式、教师招聘、教师流动、资源配置、环境建设等方面实现了“组织的内部化”。在国外，基础教育集团化办学模式早已存在，校长是学校运作的管理人员，学校在财、物方面的所有需求通过校长向政府的外包机构提交。这种管理模式可以减少学校各自为政的管理弊端，提高资金的使用效果，防范各类腐败现象的产生，因此，对我国基础教育集团化办学具有重要的借鉴意义。当前，我国基础教育集团化模式在借鉴国外优良做法的基础上推行，行政管理节省的资金可用来确保教师的培训投入，提高教师教学水平和教师自身的素养，增加教师与社会接触的机会。同时，集团化办学可以促使教师资源发生定期或不定期的流动，让教师在不同的教学环境下进行教学，能有效地提高教师的竞争意识和教学技能，从而达到提升教学质量的目的。

2. 教师资源整合，实现优势互补。名校之“名”，在于其拥有理论水平高、实践经验足的师资队伍和深厚的文化底蕴。在基础教育发展的过程中，师资是核心竞争力，优秀的教师团队可以吸纳更多优秀的生源并形成正反馈关系。基础教育集团化是以一个总校和多个分校的模式来呈现的，有利于将各分校的优秀及骨干教师进行集中，并将团队重新构建和重新分工，从而高效地进行课程研发与教育教学工作，优秀教师可进行定期或不定期轮换，不断变换角色，从而达到“一加一大于二”的效果。当然，优秀教师也会流动到处于教育资源下游的分校，体验不同环境的教学经历，这将促使其在设计课程和教材的时候能更全面地思考问题和假设情景，从而在教学中实现优势互补，达到普通学校和名校齐头并进的发展效果。

3. 拥有品牌优势，易生辐射效应。集团学校特别重视品牌建设，一般采取统一校名、统一标准、统一管理等方式，形成统一规范的教育质量评价体系、学校管理标准体系、教育绩效激励体系和教育后勤保障体系等自我管理机制。当前，集团化办学基本都实行专业化、规模化的办学管理模式，在此过程中，可充分利用市场经济的手段，对基础教育集团化进行较大规模的宣传，从而不断提升相关教育集团的办学影响力和品牌号召力，发挥教育集团所具有的强势品牌效应，进而推动基础教育集团化办学的进一步发展，并逐步改善集团的运作效率，从而实现基础教育集团化办学的效益化、精品化、特色化。与此同时，基础教育集团也注重集团环境的建设——集团环境可分为外部环境和内部环境两种，目前基础教育集团的环境建设重点可放在外部环境的优化上，并以优化外部环境为立足点来提高基础教育集团化办学的办学地位，从中汲取各种力量、搜集各种信息加以利用。

4. 教育资源互补，各校合作共赢。在教育集团的内部，集团成员学校强化基础教育集团化的品牌优势，学习集团内部、集团之间先进教学、管理等相关理念，统整招生方式，统一进行集中宣传，从而提高了集团内部各成员学校的办学效益，避免了单个学校办学规模小、强度弱的问题。此外，教育集团和各成员学校之间的师资、基础设施、教学设备以及图书资源等都能在集团的管理下实现一定程度的交流和共享，教育集团同时还会组织一些活动，如国际交流、人力资源培训、研讨会、进修班等来推动集团各成员学校不断提高现有的教育资源利用效率。这些都为教育集团及其成员学校提供了一个良好的发展基础。

教育集团的一体化特征

历城二中教育集团实施基础教育 12 年教育一体化，其基本特征是由行政属性向专业属性过渡，最终实现二者的高位结合。

1. 做“懂教育”的教育研究者。以教育家的情怀，沿着中华民族发展的基本命脉，领航时代教育的基本方向，由点到面，从专业项目推进，创造中国专业教育智囊，践行集团化办学使命，具体包括：1. 中华优秀传统文化的学校行动；2. 课程教学为核心的学校内涵发展战略；3. 中华教育家型教师成长计划；4. 新高考、新课程、新教材的学校方案；5. 教育领导力研究行动计划；6. 区域教育发展的诊断与策划；7. 人工智能时代知识建构理论实践；8. 国内外研学教育的策划与实施；9.“唐冶新区”学校建设行动；10. 集团学校发展工具研究。

2. 做“引领型”的教育专家团队。构建由研究人员、教育学者、集团母体学校优秀校长、特级校长、名师、班主任以及专业技术服务人员组成的全面教育专家群，对学校与教师发展实现深度引领，进一步加强基层中小学，尤其是区域层面上普通中小学教育教学改革与创新的引领，引领学校走自主发展之路，将立德树人不断向纵深推进。

3. 做“最亲密”的联盟战友。借助专业力量介入式、社区化服务，助力学校突破发展瓶颈、提高办学效益。基于专业人员进入区域和学校所进行的专业诊断和自我诊断，明确发展方向，并研究制定切实可行的区域与学校个性化发展规划和行动计划。通过专业人员的持续跟进指导，激活集团学校自身发展的需求和愿望，帮助学校从开发内部潜能抓起，实现有指导性的发展。

4. 做“品牌化”的提升帮助。用集团化专业引领未来，遵循教育规律，整合和调动校内外一切可利用的教育资源，推动学校自主发展，借助“展示、研讨、推广、移植”的专业平台，培育普通中小学改革创新示范学校，在不同学段发挥引领带动作用，并为全国校长、教师跟进式培训搭建实践平台，进而成为推进全国基础教育事业全面健康发展的实践力量。

以“一体三类”基本体制实现二中经验迁移

在近20年里，基础教育集团化办学发展非常迅速，在办学范围上已经由经济发达的一、二线城市向全国扩展；在办学模式上实现了由单一化向多样化发展；在存在形态上，也由学区制向更开放的集团化发展。

当前，中国基础教育集团化办学的模式并不固定，一般来说，其模式是从一所名校出发，采取不同的组合方式带动区域内外相关学校的发展。历城二中的集团化办学模式基本融合了上述特点和优势。

国内基础教育集团的基本模式

根据颜嫦嫦的《义务教育集团化办学的模式、困境与出路》所总结的几种分类法，我们可以从4个角度来对国内基础教育集团化进行分类。

1. 根据教育集团对成员校控制的强弱程度，可分为3类：一是实体教育集团，二是联盟式教育集团，三是品牌式教育集团。

2. 根据教育集团的发展路径，可分为内部成长型和外部成长型。内部成长分为积累拓展型模式和连锁投资型模式；外部成长分为兼并托管型模式和品牌复制型模式。

3. 根据教育集团主体之间的组建关系，可分为 3 类：一是紧密型的组建模式，二是松散的组建模式，三是半紧密型的组建模式。

4. 根据教育集团的内部结构，可分为 4 类：一是“名校 + 新校”，二是“名校 + 民校”，三是“名校 + 弱校”，四是“名校 + 名企”。

历城二中的“一体三类”模式

历城二中教育集团的规划设计是经过对若干办学模式的分析论证，结合历城区教育发展实际以及历城二中的名校优势确立起来的，概括来说就是：历城二中教育集团发展“一体三类”综合式办学模式。

“一体”：即以历城二中为集团办学主体。

作为整个集团办学主体的历城二中，拥有独立的集团组织机构，统一实现对集团成员校的管理；实现教育集团总校长负责下的人权、物权、财权、事权、决策权的完全统一。

“三类”：即“联”“带”“管”3 类模式。在集团党委和校务管理委员会的综合管理下，设集团总校长，集团党委书记由总校长担任，领导这 3 类教育集团的工作。

第一类是历城二中“关联”稼轩学校等一体化教育集团模式。这是由历城二中“联”新校、子校的模式，关键在“联”，可以称作连锁化、一体式集团模式，由历城二中建设其下属的稼轩学校，以及联合区域内所属部分子学校组成一个完整的学校管理整体，完全由总校长统一管理。

这是历城二中教育集团的主要办学模式，也可视为连锁式集团，是现有条件最为成熟的模式，如今，历城二中主校区、稼轩学校初中部、稼轩学校小学部及唐冶新区新建设子校是这一整体的构成部分。初步确定发展为 1 所高中，即历城二中，以及包括稼轩学校初中部在内的 5 所初中及稼轩小学在内的若干小学。整个集团完全一体化建设，依据区委、区政府给出的办学政策，实施政府统筹、自主办学、自负发展的管理模式。新成立的成员校与总校之间实行单法人制，法定代表人由总校校长担任。各个子校管理人员由总校长任命，并完全执行总校长的办学思想和办学理念。

第二类是历城二中“带领”区域内公办学校的紧密型教育集团模式。这是由历城二中“带”成员校的模式，这些成员校主要是区域内的公办学校或部分名企主导的民办学校。成员校加盟历城二中教育集团并提供教育资金，历城二中输出教育管理模式、派驻管理人员带领成员校共同发展；实施契约化的管理模式。如今，区域内部分公办学校已经加盟，并组成了紧密型教育集团，如万象新天学校、历城实验初中（保利海德公馆）就与历城二中总校组成了这样的紧密型集团。各个成员学校为独立的法人单位，成员校数量不超过 5 处。

第三类是历城二中“管理”区域内外成员校的托管型教育集团模式。这是由历城二中“管”成员校的模式，所管理的成员校不限于历城区或者济南市，适当时候可以拓展到全国。总校与区域内外公办、民办学校之间建立托管模式，允许成员学校使用历城二中品牌，集团对外输出所有管理与课程、人力资源、组织文化等，成员校向历城二中教育集团缴纳服务费、托管费；实施契约化的管理模式。成员校数量不超过 20 处，其中山东省内不超过 10 处。各个成员校主要学校干部由集团总校培训或派驻，实行统一管理。

以“内善外达”探索教育服务路线

历城二中基础教育集团要解决的基本问题有：均衡和公平的问题，要更关注全体的提升，而不是关注某一个点上高位的突起；培养什么样的人的问题，这是一体化落实的关键问题；发展基本模式导向的问题，要努力消除空间差异，打造孩子成长的融合体系，实现有质量的导向，给学生最好的公平、公正的教育。

“独善其身”“兼济天下”，这两个任务不是分开的，历城二中教育集团“内善外达”的教育服务路线图就是要求在严格自修、健康发展的同时，实现对未来教育服务的探索。

关于集团教育发展路线的六大策略：

一是政策研究路线：合法合规、健康运行。建立“政策研究室”把握政策方向，教育集团的发展和管理严格遵循国家的法律法规，严格执行历城区委、区政府的文件精神，严格按照《历城二中教育集团章程》规定运行。集团成立政策研究室和质量监控室，将管、办、评适当分离，保障集团合法、科学、规范运行。

二是市场大数据路线：准确决策、统筹调控。建立“大数据信息中心”把握市场特征，收集教育发展大数据并进行分析，为集团规模、体量扩展做出合理评判，便于集团统筹教育资源，做好社会服务。市场大数据分析也将以教育集团购买社会专业服务等方式多角度、多层次来完成。

三是集束教研路线：专业先导，成果引领。建立“集团科研中心”负责历城二中教育经验以及集团办学经验、模式的总结推广；全力进行集团体制机制、课程资源、集团文化、管理制度、教学改革、学生发展等各个专业领域内的研究工作，并对集团成员校进行业务和学术指导。

四是发展优先路线：人才配套，名师名校。建立“人才共享中心”，制作详尽的人才统筹档案，负责集团教育干部、优秀教师、新教师的调配，用名师支撑集团学校教育的稳定、持续发展，将发展作为教育集团的核心追求，任何时候都以人员培训与储备作为集团发展的核心要务。

五是专属优势路线：形散神聚，一校一品。建立教育质量“监控中心”，既要保证在历城二中整体办学理念下的价值观一致、文化风格一致、教育质量追求一致，又要体现集团内不同学段、不同地域、不同发展背景下各个成员校的特长发展、特色发展，成就和而不同、周而不比的成员校专属发展路线，满足教育集团内部不同层次、不同领域的追求。

六是共促共赢路线：高端媒体，资源共享。建立“媒体应对与联络中心”，使之成为集团发展始终处于信息畅通的渠道中的保障。在不影响办学秩序的情况下，组织交流学习、沟通共享，并和国内高端媒体保持良好的教育联络关系，促进集团文化的传播。

关于集团教育服务路线的六大规划：

1. 历城二中教育集团综合功能形成。以历城二中为核心产品，形成纵向贯通基础教育 12 年，横向教育服务遍及全国，兼容国际高认可度课程体系的教育综合体系。在功能上实现教育研究规划与设计、教育领导与管理、教育公共服务以及国际教育一体化的大集团运作模式。形成关联国内 30 所成员校，培养 6000 名以上优秀教师，容纳 100000 名以上学生在校学习、跨校选修的教育格局，课程供给全国多个省市的教育系统。这是一个融合了国家标准教育体系和国际学校体系的教育集团，并且适时创办国际教育论坛，为教育国际化打开新的空间。

2. 历城二中教育集团共同目标认同。历城二中办学目标获得广泛认同，学校办学影响力由区域向全国乃至国际迈进，学生发展的人文精神目标、传统美德目标、核心思想目标从一所学校向多所学校迈进。历城二中的目标由一所区域优质学校跨越到具有目标影响力的教育体系，是要实现教育价值由物质传递、规模扩张到精神传播、文化扩张的转型，丰富基础教育价值内涵。

3. 历城二中教育集团“1+N”组织结构。从一到多，如何做到优质教育资源不稀释？如何达到“1+1”大于“2”的功能？这是历城二中教育集团规划发展的首要问题，也是基础理念。历城二中通过建立“一体三类”的集团模式，将基础教育集团化办学多样化、多维度的功能和价值发扬光大，继而形成动态发展的组织架构，既能实现集团内部同一类学校之间的交流，也在适当的时候，实现成员校在不同类之间的调剂，真正保障教育集团办学体制和办学机制的灵活性。

4. 历城二中 15 年教育质量体系的标准建立。从基础教育向前做适当延伸，逐步构建起教育集团从学前教育到小学、初中、高中的贯通式办学体系，并逐步建立具有历城二中教育集团特点和品质的教育质量体系。从高中阶段来说，这一质量体系对接国内高考、国际名牌大学的招生考试；从其他学段的发展来说，这是充分关注学生身心全面发展、核心素养发展、关键能力发展的综合性标准体系。质量体系的建立，有利于避免教育过程中产生浮躁、急功近利的现象，让学校教育回归理性，回归可测可评的标准化办学道路。

5. 历城二中教育集团品牌示范。着力打造历城二中教育集团自己的品牌特质，以“质量领先”为核心，通过打造“学科课程教育高地”，突显每一门学科的优秀教育质量。历城二中的教育质量长期在山东居于领先位置，集团学校扩展后，教育质量在其他的省、市、自治区也同样居于领先地位。在保障教育质量的同时，历城二中教育集团的科技教育、陶艺、艺术、创客基地建设同样走向全国，集团成为具有自主知识产权的教育孵化基地。

6. 历城二中教育集团服务效应。走教育公共性发展之路，集团基金不仅供给成员校用于建设和发展，也向社会提供服务。初步设计每年在教育集团自我发展的基础上，对贫困学生、薄弱学校实施免费的教师培训；举办免费的冬令营、夏令营，免费的周末特长生自学班等；创办历城区少年科学院、历城区少年文学院、历城二中创客中心、历城二中艺术中心，面对历城区所有学校的学生免费提供培训；完成政府交办的各项社会服务事业。

回到本源，我们常常在思考，文化是（用于）教育学生的吗？不完全是！在历城二中，我们可以看到，文化其实是由学生所提供的，是因学生的表现而产生的。人人都是文化的主人，平等、平衡地在学校活动，从而实现了每一个学生对“正面偏好”的理解、接受和向往，校园内充满着“人生在勤，志达天下”的正气。历城二中在“人生在勤，志达天下”的道路上所探索、追求的，就是“为每一位师生搭建发展的阶梯”，让每个学生都有自己的“正面偏好”，学校的特色与综合实力就从学生身上表现出来。

在历城二中，学生知道：人生旅途，奋发最重要。其中，顽强的意志品质是第一位的；其次是养成好的习惯，持之以恒，坚忍不拔；第三才是在前两个前提下水到渠成的优秀学习成绩。“高考可以失败，但是只要有良好的意志品质，你就能在人生的道路上获得成功。”

以“专业一体”来实现共同发展

历城二中教育集团国际城校区——济南市历城区义轩学校是一所按照高标准建设的新建学校，学校占地约 3.25 公顷，建筑总面积约 2.4 万平方米，可容纳 36 个教学班。在学校的发展规划与设计中，要全面落地历城二中“人生在勤，志达天下”的文化，办成一所具有这一风格与个性的学校。

为了实现自身作为集团成员校的专业发展，义轩学校从课程、教学、教研到学校文化建设都基本采取了同步进行并且各具特色的发展路径。在义轩学校的章程中，采取了如下的基本方式来实现教育科研的一体化：

与稼轩学校小学部共同开展各项教研活动，探索教育教学规律，提高教学质量和管理水平，用先进的教育思想和教育理论指导教育教学工作，推进学校的课程建设，全面实施素质教育。整合教育教学资源，与稼轩学校小学部达到资源共享，同频共振、协同发展。

第三十七条 加强对教学工作的管理和领导。与稼轩学校小学部协调安排课程、课时、教学内容、作业展评、期末检测等教学环节，共同开展集体备课活动，突出重点，兼顾全面。课堂教学提倡“问题驱动式翻转谐振课堂”，以学习小组的形式进行自主学习、合作学习、探究学习。实行课堂教学巡查管理。实施检查反馈制度，定期举行学生问卷调查、座谈会、满意率测评，了解教师教学履职情况，通过及时反馈，助力教师改进教学。建立并完善科学有效的教学质量检测、分析系统，完善无分数评价和过程性、多元评价机制。

第三十八条 加强课程管理，提高学校课程领导力。学校要严格按照山东省义务教育课程设置方案要求开全课程，开足课时。联合稼轩学校小学部对学校课程进行整体设计和系统规划。积极开展基于标准的国家课程的校本化研究，积极开发学校特色课程。全面实施国家新课程方案，整合国家课程、地方课程，开发办学理念统领下的校本课程，以完善的课程体系为学生实现全面和个性化的发展提供优质丰富的课程资源。教师要积极参与课程建设，铸造品牌课程，为学生的健康成长提供更多机会与可能。学校要制定合理的评价机制和支持办法，为教师的课程开发与实践提供帮助。

第三十九条 积极开展学生自主实践性学习，提倡布置探究性、实践性的作业。

第四十条 选用国家和省颁布的教学用书目录所规定的教材。教材的征订严格执行上级规定并由学校统一管理。校本课程使用稼轩学校小学部编印的《稼轩读书课》系列教材。

再比如，在课堂解决方案方面，义轩学校实施了“学教程一体备课”的方式，即实行“五部三标十要素”教学设计——第一部分：内容主题；第二部分：目标学习；第三部分：目标评价；第四部分：目标情境；第五部分：反思再设计。

第一部分：内容主题

学习内容与学习时间：大单元标题、课时标题、学习的知识在系统中的位置；依据进度规划学习课时与课外实践时间。

学情分析：前期学习经验，知识难易与易混淆分析，对应的学科核心素养关联分析。

示例：

一、内容主题

（一）学习内容与学习时间

1. 大单元标题：第一单元准备课。

2. 课时标题。

《数一数》	1课时
《比多少》	1课时

3. 学习的知识在系统中的位置。

本单元是人教版小学数学一年级上册第一单元的内容，是系统学习数学的开端、渗透数学基本思想的起始单元，初步培养学生的符号意识、数感及一一对应的数学思想。

本单元分为《数一数》和《比多少》两部分内容：第一部分为《数一数》，学生初步感知10以内数的概念；第二部分为《比多少》，让学生初步感知“同样多”“多”“少”的含义，学会用一一对应的方法比较物体数量的多少。为学生以后学习10以内数的认、读、写以及学习“基数与序数”“比大小”做准备，这将有助于提高学生思考数学问题的条理性，为今后的数学学习奠定基础。

（二）学情分析

学生刚进入小学，认知水平有限，对课堂学习还不能完全适应，专注时间比较短，观察能力有限，在观察教材的情境图时，只对其中的色彩、人物等感兴趣。因此，教师应从学生的兴趣和已有的知识经验出发，用生动有趣的情境来激发学生观察的兴趣，放手让学生在观察操作的过程中理解知识，并创造学生合作交流的机会，让学生在合作中互相启发和补充。

第二部分：目标学习

学习目标：依据课程标准、教材、学情、资源关联等进行设计；可观察、可测量，指向学科核心素养和显性关键能力；设置 3 ～ 5 条相互关联的目标；预设不同学生达成度。

内容关联：根据课程标准、学习目标等需要的知识储备、内容拓展进行关联；设置具体化关联的内容与题目等；以单元来设计并形成思维导图，关于课时则设计知识要点图。

示例：

二、目标学习

（三）学习目标

1. 在生活中数数方法的基础上，系统学习数数的方法，会数：1、2、3、4、5、6、7、8、9、10。按从小到大的顺序数出图中事物的个数，用 1 ～ 10 这 10 个数字中的某一个数字来表示。

2. 运用已有的学习经验，在具体情境中初步感知“同样多”“多”“少”的含义，掌握一一对应比多少的方法，初步形成仔细观察、认真思考的良好习惯。

3. 在动手操作数学学具的活动过程中，引导学生将数学与生活密切联系起来，调动学生学习的积极性，体会学习数学的乐趣，产生学习数学的愿望。

学习重点：1. 初步掌握数数的方法；2. 体验一一对应比多少的方法。

学习难点：1. 能正确数出事物的个数，并用语言表达观察结果；2. 理解“同样多”“多”“少”的含义；3. 逐步养成仔细观察、认真思考的良好习惯。

（四）内容关联

1. 人类最初也没有数的概念，在漫长的生活实践中，出于记事和分配生活用品的需要，才逐渐产生了数的概念。比如捕获了 1 头野兽，就用 1 块石头表示；捕获了 3 头，就放 3 块石头。“结绳记数”也是当时常用的办法。这些办法用得多了，就逐渐形成了数的概念和计数的符号。

2.“一一对应”不仅是研究函数的重要思想，还是用来研究计数问题的一种重要方法。引导学生在实际生活中开展操作、观察、比较、交流、概括等数学活动。

3. 知识结构（略）。

第三部分：目标评价

评价目标：对“（三）学习目标”能否达成的定量、定性检测目标，形成“三标对应”；涉及知识点评价、任务评价、情境评价；能够引出目标达成的表现性证据。

检测与作业：包括 1.“学生先学”的任务、标准、工具、完成时间、检测方法；2.“课中评价”要点、问题或者即时性评价作业；3.“课后作业”的详细与整体设计，具体到学生的分层次设计。

示例：

三、目标评价

（五）评价目标

1. 通过情景活动及自主、合作、探究方法的过程中学生交流所展示的情况，诊断学生对数数及一一对应比多少方法的掌握程度；2. 通过课堂中能否清晰表达观察结果的情况，诊断学生的观察能力、语言表达能力并助其加以发展；3. 通过对小组探究合作（你说我做）的参与度与活跃度的评价，诊断学生的动手操作能力及合作能力并助其加以发展。

（六）检测与作业

1. 课前：

（1）教具准备：PPT 课件（主题图）、小兔子图片、砖头图片、小猪图片、木头图片；（2）学具准备：直尺、练习本、数学课本、铅笔、橡皮、梨子图片、苹果图片、三角形卡片、圆形卡片、小花朵卡片等。摆放整齐，检查、表扬。

2. 课中：当堂检验，练习实践。

（1）学生分享具体观察到的事物，展示自己对数数及一一对应比多少的方法的运用；（2）小组内合作，利用学具动手实践练习；（3）检测学生掌握本单元知识的程度：完成 P8 练习一，请不同的学生回答。

3. 课后：提出一些启发性题目。

（1）基础型题目：面向全体学生，检验学生是否掌握本单元的基本知识。例如：通过本节课学习，你收获了什么？（2）拓展型题目：面向学有余力的学生，满足他们的求知欲，例如：①数一数校园内的其他事物，并与同学分享；②看一看、比一比教室里的物体，你发现了什么？

设计意图：分层次练习可以针对不同层次的学生进行有效的训练，达到不同的学习目标，突出本单元的重点、难点，实现因材施教。

第四部分：目标情境

情境目标：体现“学习目标”的活动化、问题化、过程化、资源化、工具化表达。

课堂学习：以学科构建课堂学习步骤、每个步骤的主问题及学生活动；含学与教的基本思路，过程评价的嵌入，学生互动、教师介入指导的要素，课后学习检测与指导原则。

示例：

四、目标情境

（七）情境目标

1. 学生在数数的场景图及比多少的故事情境中感知数学世界。

（1）“图中有几座房子？几面红旗？”在小组探究活动中交流如何数得又快又准，掌握数数的方法。

（2）“故事中小猪、小兔子、砖、木头等，什么和什么同样多？什么比什么多？”在小组探究活动中掌握一一对应比多少的方法。

2. 通过在日常生活中发现和提出简单的数学问题，养成仔细观察的习惯，从真实的问题走进数学的科学价值。

（1）“数一数校园内的其他事物，并与同学分享。”

（2）“看一看、比一比教室里的物体，你发现了什么？”

3. 通过动手操作数学学具的活动，小组合作探究，在与同学的交流讨论中发展合作交流能力。

（八）课堂学习

1. 复习旧知，引入新课 / 创设情景，导入新课。

从复习开始导入新课的设计意图：建构主义主张教学应从学生已有的知识体系出发，这样有利于引导学生顺利进入学习情境。

创设情景导入新课的设计意图：通过故事情景导入，激发学生的好奇心和求知欲，进而培养学生的探索能力和创新精神，有利于引导学生顺利进入学习情境。

2. 合作探究，学习新知。

设计意图：根据新课改提出的培养学生自主探究能力、小组合作能力，激发学生学习兴趣的要求进行设计。通过本单元的探究活动，学生的自主学习能力、小组合作能力都应得到锻炼和提高，这也符合新课改的要求。

3. 巩固新知，强化练习。

在这一环节，采用游戏或动手实践练习等方式进行，这样可以充分调动学生学习的积极性，让他们体会学习数学的乐趣。（具体课时具体分析）

例如，在《比多少》这节课中，学生动手操作数学学具：运用铅笔、橡皮以及各种图形的卡片来调动学生学习的积极性，让他们体会学习数学的乐趣，产生学好数学的愿望。

4. 归纳小结，布置作业。

（一年级尽量不留书面作业，可以适当留启发性的题目）

只有自己领悟的知识才是真正掌握的知识，因此在学生学习和巩固了新的知识后，针对学生的个体差异，本着因材施教的原则，作业一般也分层次设计：

（1）基础型题目：面向全体学生，检验学生是否掌握本单元的基本知识。

例如：①通过本节课学习，你收获了什么？②“本单元结束了，你想说些什么？”设计意图：培养学生自主总结的能力。

（2）拓展型题目：面向学有余力的学生，满足他们的求知欲。

例如：①数一数校园内的其他事物，并与同学分享。②看一看、比一比教室里的物体，你发现了什么？

设计意图：分层次练习可以针对不同层次的学生进行有效的训练，达到不同的学习目标，突出本单元的重点、难点，实现因材施教。

5. 板书设计。

一般采用多媒体和书面板书相结合的形式进行，这样的板书设计结构清晰，一目了然，重点突出，可以很好地帮助学生掌握本节课的重难点。

第五部分：反思再设计

学生梳理：当堂课、一周一赛、学期一次的学生自我总结、自我梳理，当堂课聚焦知识巩固，一周一赛聚焦学习的快乐体验。

教学改进：一课一得、一课一悟或者多悟。

示例：

五、反思再设计

（九）学生梳理

自己领悟的知识才是真正掌握的知识，因此在学生学习和巩固了新的知识后，每堂课的课结、每周周结以及每学期的期末总结能让学生进行自我总结、自我梳理，体验学习总结的快乐。

例如：一周一思

姓名：________________ 班级：一年级___班 日期：___月 ___日

第___周的快乐学习结束啦，快来写写反思吧。

课时标题	
学生表现与教学效果	
不足之处与改进方法	
成功之处与后期借鉴	
自我打分	☆☆☆☆☆☆☆☆☆☆
自我寄语	

（十）教学改进

每课时教学结束后，开展教学反思、一课一得、一课一悟或者多悟。

例如：一课一思

姓名：__________ 班级：一年级__班

日期：__月 __日 课次：第__次课

课时标题	
学生表现与教学效果	
不足之处与改进方法	
成功之处与后期借鉴	
自我打分	☆☆☆☆☆☆☆☆☆☆
自我寄语	

以上仅仅是教学设计领域内的一个案例。在集团的整体发展过程中，还会在各个不同的领域内进行专业设计和专业迁移，这就是接下来要讲的“价值之约”。

集团化学校发展价值之约

无论是学区制还是集团化办学，价值观的统一是最重要的。如何实现价值观一体化，如何在办学的基本道路上保持一致，是未来学校发展的基本增长点。因此，历城二中基础教育集团对学校的基本价值做了显性的界定，力图走出一条标准之路。

我们希望能为集团内的同学们、为中国基础教育建立一所又一所“二中特色学校”——具有学生立场的、教师自主的、具有中国特色的学校。这是“小”教育，是“居下”的思维，是“抱一”的持守，所期待的是不易中的“简易”与“变易”以及守“中”而“华”，也就是坚守与创新。

这是“老师能把更多时间用在学生身上”的学校

在历城二中集团成员校里，老师们的辛苦劳累都聚焦于一点，那就是“与同学们在一起”。教育是在场的，是生命与生命的相互促进。而校长所有的努力是为了创造条件，排除所有的教学之外的干扰，还给教学最大的学校地位，让老师的时间用在教学设计、教学组织、教学辅导和教学研究上。能把这一点做到极致，用数据来衡量老师们与同学们在一起的时间，进而把这个标准融合到学校细节之中，就形成了最好的教育生态，师生的幸福感就融汇其中了。

这是“为学生和学生的学习而设计”的学校

老师们每天都在想的一件事情是：把书本知识、定理概念转换成能唤醒同学们的教学活动！也就是让同学们喜欢上学习本身，让每一个同学体会到学习过程中的内在快乐，让学习兴趣、乐趣、志趣在“为学生而设计”的理念下生长起来。

这是创建了“关联万物课程与教材”的学校

专业的学校有关联万物的课程与教材。老师们研究“语、数、英、政、史、地、理、化、生、音、体、美、综合实践活动”课程标准、考试标准，并且把“经史子集、诗词歌赋、琴棋书画、乡土民俗”这些优秀文化放到国家课程中，这就是“关联”；运用多种版本的教材综合学习，学校自己编写水平高于“国家对同年龄孩子统一要求”的教科书，所学的知识、考的题目、思考的问题都在“同年龄基础上”再增加、再提高，这就是“万物”。用一句话概况就是：经典的教科书＋能力导向的考试＋学科素养导向的课程实施实现了“做人”的“生活教育”和“考学”的“生存教育”的结合。

这是实践“中国式问学课堂”的学校

什么样的课堂是好的？我们需要课程、教材、教学、考试、评价、改进一体化的思维行动，即在真实情境中的问学课堂里带领同学们和老师们走向学习的未来。我们要从“老师先教学生后学”转变为“学生先学老师后教”，再转变为“学生走上讲台老师走下讲台”，并且未来课堂的发展趋势应该是学生依据“信息大数据”和“人工智能机器”先往外走，再回头向老师求教，这就是“先学后问共思考”的问学课堂。问学课堂是《易经》中“童蒙求我”的渊源与老子“以身观身”的思想，特别是与孔子“学而时习之”教学行为的结合，是激活学生求知欲而创造出的新的课堂教学形态。

这是“人人读书人人写”的学校

好老师等于好教育，其实只用一句话就可以回答：“人人读书人人写”的教师专业发展模式在学校严格落地，那么教师专业发展的目标就是“最懂得”。老师们长长的学习书单是“中国的经典”和“西方的实用书籍”的结合，讲究道和术同步，特别是要对儿童发展心理学、行为主义心理学、认知主义心理学、知识建构心理学理论以及人本主义心理学等进行深入的比较研学，从心理学、脑科学、生命科学知识里去“懂得”学生的身心发展规律，打磨“最懂得”学生的教育、“最懂得”教育的教育。

这是“欣赏每一个学生”的学校

好的学校教育告诉我们：所有的人和人之间的比较都是一种伤害，教育的良知是要让每一个人都在自己的基础上提升自己。学校为不同的同学设计了不同的课程表和作业、配备了不同的学习用具，甚至设计了不同的教学方法。好学校尊重、关心并欣赏学生之间的差别。得到过欣赏的生命更能绽放，更能体会到成长的快乐。老师欣赏学生，老师之间也相互欣赏，每一个人都能实现个性发展。

这是“师生相互之间言传身教”的学校

孩子的发展是“遗传”和“环境”共同作用的结果。如果说“遗传因素”是先天注定，无法改变，那么学校就要为同学们创造可以成长的“环境”。环境分为精神环境与物质环境，在精神环境上，要做到“言传身教”，每个人都是其他人的行为榜样；在物质环境上，要做到“痕迹至上”，从一盆花的摆放、一张课桌的安置、一排牙具的整理上都能体现出教育思维。学校的教育功夫要体现在每一个细节上，“润物无声”。

这是“以德育引领优秀传统文化传承”的学校

学校承“学做人”的智慧，深耕细作；续“学做人”的道统，人为主体；做“学做人”的教育，大同天下。呼唤“国家标准、国学根基、国际视野”的未来，枝繁叶茂。学校以“做人”为核心理念，继承中华民族优秀传统文化，践行的是“继旧开新”的理念，引领学生走上“厚德健行”的中华传统美德道路，弘扬的是中华民族“明德天下”的人文传统。

这是“体现道法一体管理”的学校

学校的管理要顺应人之道，让人人法于自己，法于自己内心的信仰与梦想。怎样激活这种信仰？怎样拥有这样的梦想？这是学校领导与管理的核心。上有道，下有术，二者合一将产生最好的管理，这也是与现代管理要求相符的。

这是“与时偕行的自组织”的学校

学校的力量由学校发出，每一位师生都是知识创造者。这是有语境、有权力的“勤志一体”，从社会风尚、学校风气、班级风格上实现教育者的作为；这是有位置、有责任的“勤志一体”，时时处处自善其身，修己以安人。每一个时代都有伟大的梦想诞生，在当今这个伟大的时代，历城二中梦想的力量来自对“天地、先贤、现实”的敬畏与传承。历城二中将开启新的 60 年，与时代一起走进时代，与学生的未来一起走进未来，继续在“坚守与创新”中行动。